Truth In Fantasy

ギリシア神話 神・英雄録

草野巧 著
シブヤユウジ 画

新紀元社

はじめに

本書では、ギリシア神話に登場するおもな神、英雄たちごとに、それぞれの特徴的な性格や物語を紹介している。

ただし、最初に断わっておきたいのは、本書は神や英雄たちのことを調べるための事典とは違うということだ。本書では、一般の事典のように、それぞれの項目でそこに取り上げている神や英雄の特徴を紹介することを心がけてはいるが、だからといって、その部分だけを読んだだけでは、そこに書かれている神や英雄のすべてを知ることはできない。というのは、本書では、神や英雄ごとに項目を立てているが、全体の構成は、ギリシア神話の物語に沿って展開するようになっており、事典に見られるような数多くの重複をできるだけ省いているからだ。それぞれの神や英雄の物語と同様に、ギリシア神話全体の物語性を重要視したいことから、このような構成を選ぶことになった。

もちろん、ギリシア神話は最初から最後まで、一貫した物語になっているわけではない。しかし、ギリシア神話の物語が、神や英雄たちの血縁関係ごとに、いくつかの大きなグループに分けられることは確かだ。そして、そのグループ内では、しばしば祖父・父・子・親戚などを巻き込む形で、独自のストーリーを持つ物語が展開している。

そこで、本書ではそのような物語性を最重要視し、とくに英雄たちに関しては彼らを血族ごとのグループに分類し、物語の展開に沿って、個別の英雄たちを紹介することにした。最終章の《叙事詩の英雄たち》についても同様で、ここでは血族は関係ないが、あくまでも物語の展開に沿って英雄たちを紹介している。そんなわけで、冒頭から順番に読み進めることで、神や英雄の特徴とともに、ギリシア神話の物語が楽しめる構成になったと思う。

この本を読んで、神や英雄たちを知ると同時に、物語そのものを楽しんでいただければ、著者としてはこんなに嬉しいことはない。

一月吉日

草野巧

目次

三 叙事詩の英雄たち

❖アルゴー探検隊

❖トロイア戦争

◉付録

■ご注意

本書では、ギリシア神話の神・英雄・人間を紹介するにあたって、見出し部分に以下のような記号を用いています。

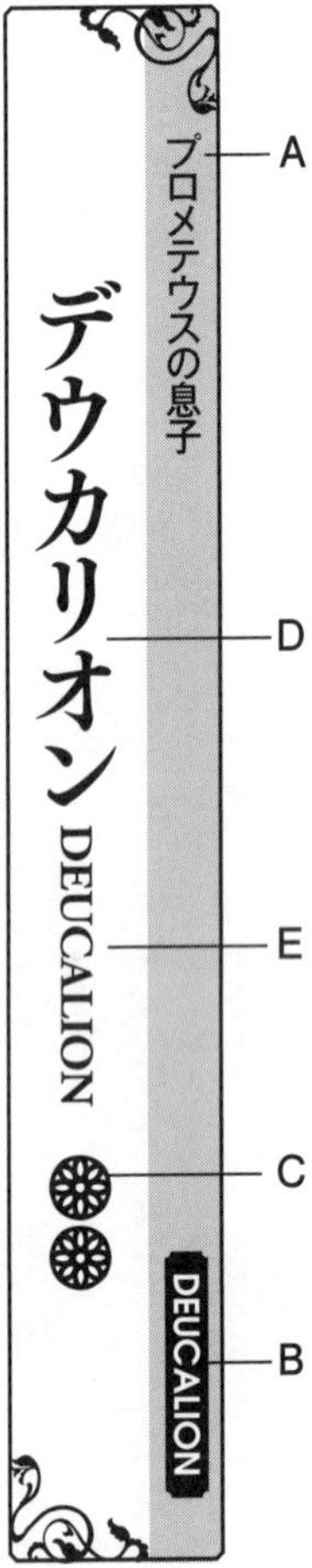

A……一章／二章／三章　：両親（片親）の名前を表しています。

B……一章／二章　：大きな血族の中での代表者、あるいは小さな血族の中での代表者を表しています。

三章　アルゴー探検隊：アルゴー探検隊の一員は「ARGONAUTS」、それ以外の登場人物は、その人物の地位を表しています。

三章　トロイア戦争　：ギリシア軍側の人物は「GREECE」、トロイア軍側の人物は「TROY」と表しています。

C……一章　：❁❁はゼウスの前の世代の神であることを、❁❁はゼウスと同世代の神であることを表しています。

二章　：❁❁は大きな血族の中の代表者であることを、❁❁は小さな血族の中の代表者であることを表しています。

三章　アルゴー探検隊：❁❁は物語の中心人物であるイアソンを、❁❁は物語の変わり目に登場する人物であることを表しています。

三章　トロイア戦争：❁❁はギリシア軍の大将であるアガメムノンとトロイア軍の大将であるヘクトルを、❁❁は物語の変わり目に登場する人物であることを表しています。

D……一章／二章／三章：ここで紹介する神（あるいは英雄・人間）の名前を表しています。

E……一章／二章／三章：ここで紹介する神（あるいは英雄・人間）の名前のアルファベットを表しています。

一

神々の誕生

ギリシア神話にはいろいろな能力を持った数多くの神々が登場する。ギリシア神話で語られる神や英雄の物語はとても豊かで多彩だとよくいわれるが、このような多彩さが生まれるのも、そこに数多くの神々が登場していることが大きな理由になっているだろう。なにしろ、これらの神々はみな、まるで人間のようにそれぞれの意志を持っていて、それぞれが自分勝手な行動に走りがちだからだ。

神々はみな不死であって、この世の自然現象や人間の心などを操る能力を持ち、人間とはまったく違っている。しかし、その種の能力を別にすれば、ギリシア神話の神々はあまりに人間的なのである。

それは、これらの神々が人間の世界によくあるような権力闘争の結果、主要な神々の地位にのぼったという歴史とも関係しているだろう。彼らは一歩間違えば、重要な神としての地位を追われていたかもしれないのである。

一応、最高神はゼウスということになっていて、他の神々と比べるとはるかに巨大な権力を持っている。その権力はとても大きいので、他の神々が一致協力しても、ゼウスの権力を打ち倒すことはできない。が、それにもかかわらず、他の神々はしばしばゼウスを裏切って、ゼウスの意志に反したこともやってしまうのである。こういう場合、ゼウスはしばしばそんな神々を罰し、二度とそんなことをしないように懲らしめもするのだが、それでも事態はあまり変わらないのである。それに、いくら最高神のゼウスであっても、なかなか頭の上がらない神というのも存在している。ゼウスの正妻である女神ヘラなどがそのいい例だ。力の大きさではゼウスの方がはるかに勝っているのに、正妻という地位は絶対的で、さすがのゼウスも彼女の意見を無視するわけにはいかないのである。また、ゼウス自身さえ、色好みで、美しい女性を見るとすぐに自分の愛人にしてしまうという性格を持っている。最高神でさえこうなのだ。他の神々がゼウス同様人間的になるのも当然といえよう。

ここではこれらの人間的なギリシアの神々がどんなふうに誕生してきたか、神々の歴史に沿って紹介したい。

原初の混沌カオスの子

ガイア

GAIA

GAIA

　現実の宇宙の始まりがどこか謎めいたものであるように、ギリシア神話でも、世界の始まりは漠然としていて、謎に包まれている。

　ギリシア神話の世界がある程度固まったとき、その世界にはゼウスを頂点とした神々のピラミッドが出来上がっており、自然や人間を支配するようになっていた。

　しかし、ゼウスを中心にしたこれらの神々が、この世の始まりからずっと世界を支配していたわけではなかった。

　もっと古い時代には、これらとは別の神々が存在し、世界を支配していたのである。

　このような神の系譜をさかのぼると、最終的に大地の女神であるガイアにいき着く。

　ガイアより以前には、宇宙には何もなかった。というより、その頃は宇宙全体が曖昧でもやもやしていて、はっきりと区別できるものが何もなく、何とも名づけようのないものだったのだ。

　そんな宇宙の中に、最初に誕生したものがガイア[*一]（大地）だったのである。

ガイアが誕生したとき、ほとんど一緒にタルタロス（冥界）、ニュクス（夜）、エレボス（暗黒）、エロス（愛）なども生まれた。

それから、いったいどれくらいの時間が過ぎたかわからないが、ガイアが自分自身だけで、空を覆うウラノス（天）と大地を取り巻くポントス（海洋）を生み出した。

こうして、おおよその世界の形が整うと、その後は神々が結婚して、あるいは自分だけで子供を作り、この世界の中に数多くの神々がうごめくようになった。

この世界を最初に支配したのは、ガイアが夫に選んだウラノスだった。

この二柱の神から、次の時代の中心的な神々が生まれてきた。それは、ティタンと呼ばれる六人の神と、ティタニスと呼ばれる六人の女神だった。ティタンたちの名は、オケアノス、コイオス、クレイオス、ヒュペリオン、イアペトス、クロノスで、ティタニスたちの名は、テイア、レア、テミス、ムネモシュネ、ポイベ、テテュスだった。

ところが、彼らの次に生まれてきたのはヘカトンケイルという百本の腕を持つ怪物三人と、キュクロプスというひとつ目の怪物三人だった。

これを見たウラノスは、彼らが生まれるとすぐに、タルタロス（冥界）の奥深くへ投げ込んでしまった。しかし、ウラノスのこの行為はガイアを激しく憤らせた。

ウラノスにしてみれば、優れた神だけを自分の子として残したかったのだろうが、ガイアにとってはそれどころではなかった。ヘカトンケイルもキュクロプスも、ティタンやティタニスと同じように可愛い子供だったからだ。苦しみ抜いたガイアは、ついにティタンたちの前に鎌を置き、父ウラノスを襲うように説得した。

こうして、ウラノスの支配を終わらせる神々のクーデタが起こることになるのである。しかし、ウラノスが失脚し、新たな支配者が登場した次の時代になっても、ガイアは隠然たる力を発揮し続けた。

ガイアはついに最後まで直接に世界の支配者となることはないのだが、ゼウスの支配が確立するまでの間、神々の世界で大きな影響力を持ち、神々の世界の波乱の原因となったのである。

さらに、ガイアはポントスとも床を供にして、別な系統の神々も生み出している。この系統の神々には、海神であるネレウスの他に、ハルピュイアイやゴルゴンのような、ギリシア神話に登場する多くの怪物たちの祖となるポルキュスやタウマスといった神々がいた。が、この系譜の者たちは、怪物が多いことからも予想できるように、ギリシア神話の中で主流の神となることはなかった。

＊一　**ガイアだったのである**　大地を取り巻くオケアノス（川）が万物の始まりというホメロスの説、ニュクス（夜）という巨大な鳥が生んだ銀の卵が割れて世界が創造されたというアリストパネスの説など、世界の始まりにはさまざまな説がある。ここでは、詩人ヘシオドスの説を取っている。

ガイアの一族

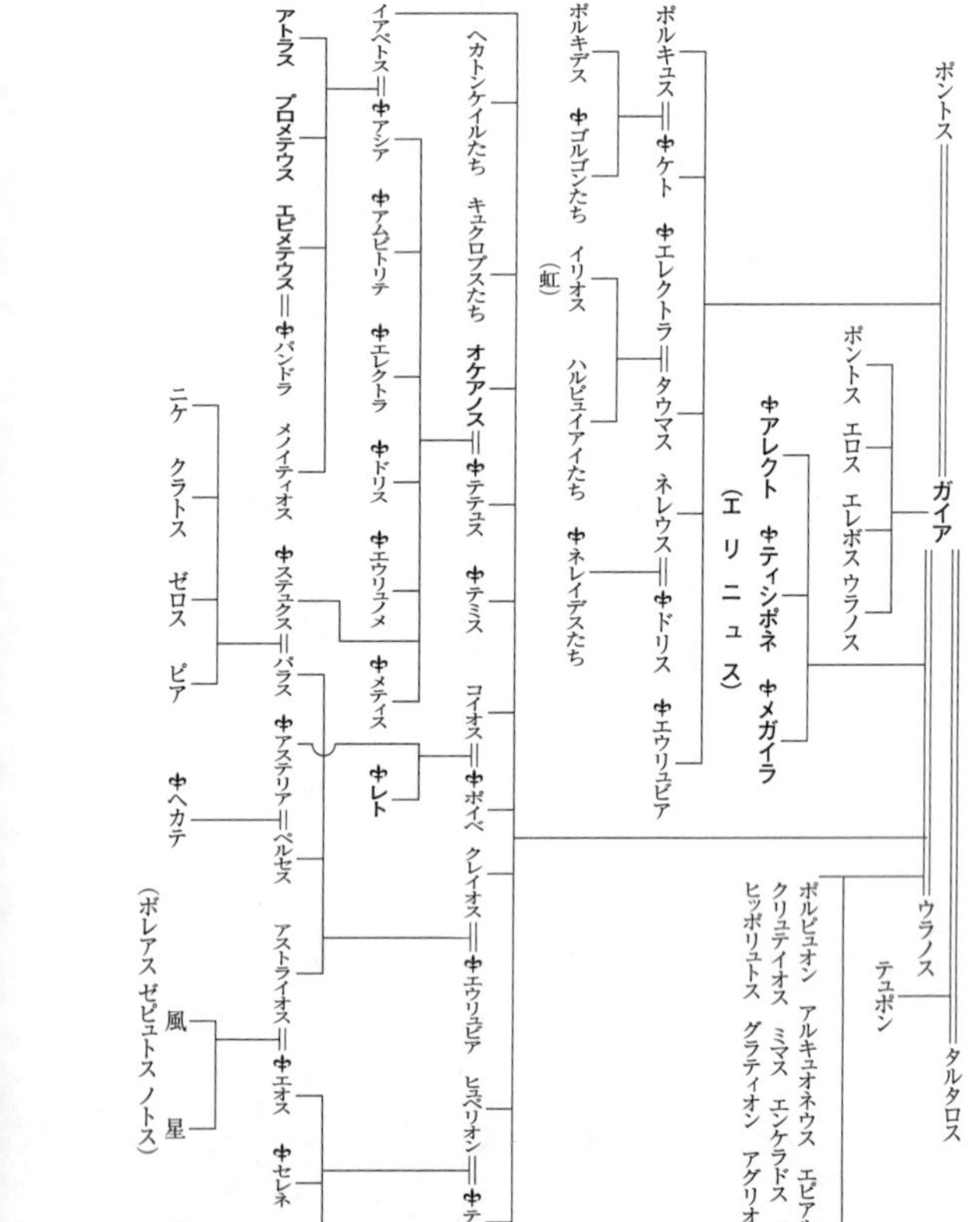
ポントス
ガイア
ウラノス
タルタロス
テュポン
ポントス　エロス　エレボス　ウラノス
ポルピュオン　アルキュオネウス　エピアルテス　エウリュトス
クリュティオス　ミマス　エンケラドス　パラス　ポリュデテス
ヒッポリュトス　グラティオン　アグリオス　トオン
♀アレクト　♀ティシポネ　♀メガイラ
（エ　リ　ニ　ュ　ス）
ポルキュス＝♀ケト　♀エレクトラ＝タウマス　ネレウス＝♀ドリス　♀エウリュビア
ポルキデス　♀ゴルゴンたち
イリオス（虹）　ハルピュイアイたち
♀ネレイデスたち
ヘカトンケイルたち　キュクロプスたち　オケアノス＝♀テテュス　♀テミス　コイオス＝♀ポイベ　クレイオス＝♀エウリュビア　ヒュペリオン＝♀テイア　♀ムネモシュネ
イアペトス＝♀アシア　♀アムピトリテ　♀エレクトラ　♀ドリス　♀エウリュノメ　♀メティス
♀レト
アトラス　プロメテウス　エピメテウス＝♀パンドラ　メノイティオス
♀ステュクス＝パラス　♀アステリア＝ペルセス　アストライオス＝♀エオス　♀セレネ　ヘリオス
ニケ　クラトス　ゼロス　ピア
♀ヘカテ
風　星
（ボレアス　ゼピュトス　ノトス）
パエトン

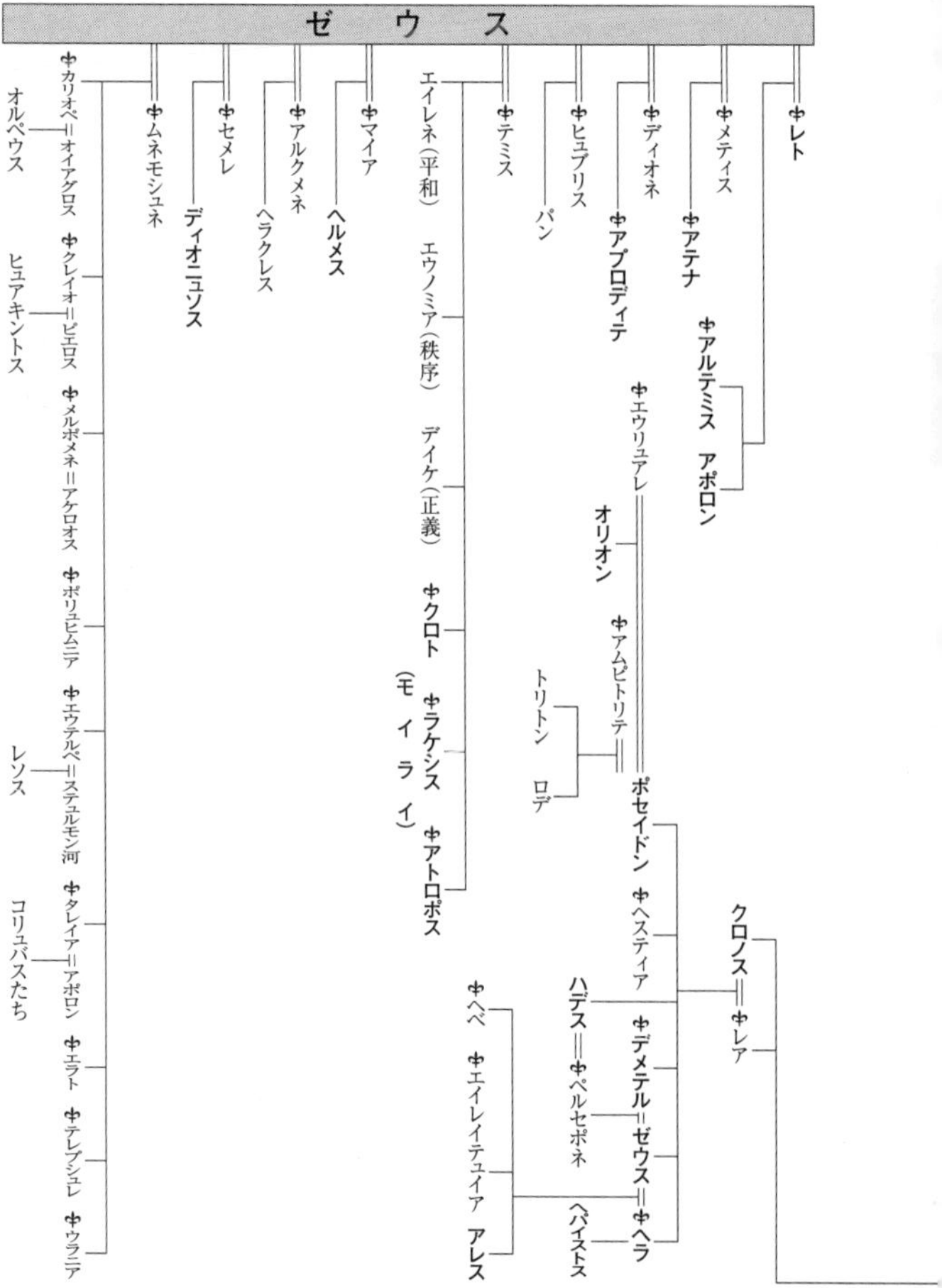
ゼウス
カリオペ＝オイアグロス
オルペウス
クレイオ＝ピエロス
ヒュアキントス
メルポメネ＝アケロオス
ポリュヒムニア
エウテルペ＝ステュルモン河
レソス
タレイア＝アポロン
コリュバスたち
エラト
テレプシュレ
ウラニア
ムネモシュネ
セメレ
ディオニュソス
アルクメネ
ヘラクレス
マイア
ヘルメス
エイレネ（平和）
エウノミア（秩序）
ディケ（正義）
クロト
ラケシス
アトロポス
（モイライ）
テミス
ヒュプリス
パン
ディオネ
アプロディテ
メティス
アテナ
レト
アルテミス
アポロン
エウリュアレ
オリオン
アムピトリテ
トリトン
ロデ
ポセイドン
ヘスティア
ハデス＝ペルセポネ
デメテル＝ゼウス＝ヘラ
ヘベ
エイレイテュイア
アレス
ヘパイストス
クロノス＝レア

ウラノスとガイアの息子

クロノス CRONOS

GAIA

ギリシア神話に登場する初期の神々の支配は、非常に不確実なものだった。ウラノスが第一代の王として世界に君臨していたが、彼は横暴な専制君主であって、王としてふさわしくなかった。

このとき、ウラノスの支配を打破し、第二代目の王として世界に君臨することになるのがクロノスだった。

クロノスは、ウラノスとガイアが生み出した十二人のティタンとティタニスの中の末子だった。しかし、彼は兄弟姉妹たちの中でいちばん悪賢く、果敢なところがあった。

自分の子である三人のヘカトンケイルと三人のキュクロプスを、ウラノスによってタルタロスの底に投げ込まれたガイアが、六人のティタンを集め、父ウラノスへの復讐を説いたときのことだ。

「母上、その役目は私が引き受けましょう。恥知らずな行いを最初にしたのは父上なのですから。あんな男のことは少しも気にすることはありません」

その他のティタンたちが、父ウラノスの威勢を恐れて沈黙する中、クロノスだけが進み出てこういったのである。

ガイアが喜んで、ウラノスに復讐するための細かな計画を話す間も、クロノスには臆したところは見られなかった。そして、彼は母から与えられた大鎌を手に、ウラノスを待ち伏せる場所に身を隠した。

やがて夜がきて、巨大な黒い影がガイアと床を供にするために舞い降りてきた。ウラノスだった。何も知らない彼が、いつもと同じようにガイアの上に覆いかぶさろうとしているのだ。

そのときだった。クロノスが隠れていた場所から飛び出し、大鎌を振って父の生殖器を切り取り、遥か遠くの闇の中に[*二]投げ捨てたのである。

「クロノスだな！」彼の姿に気づいたウラノスが、苦痛に顔を歪めながらいった。「おまえはこれで新しい王になったつもりだろうが、おまえもまた、私と同じように自分の子供たちのひとりによって王座を追われる運命だということを忘れるな！」

それから、ウラノスは天空へと去ると、二度とガイアと関係を結ぼうとはしなくなった。こうして、クロノスの時代が始まったのである。

クロノスの時代に中心的な神々となったのはティタンとティタニスだった。これらの神々から、次の時代の主要な神々が誕生するのである。

ティタニスのうちの四人が、ティタンのうちの四人と結婚した。

オケアノスはテテュスと結婚し、三千人の娘を残した。娘たちは海の妖精で、オケアニスたち（オケアニデス）と呼ばれた。地上にある河はこの夫婦の息子であって、その数も三千人だった。

コイオスはポイベと結婚して、次の時代に重要な働きをする女神レトを残した。

ヒュペリオンとテイアの結婚からはエオス（曙）、ヘリオス（太陽）、セレネ（月）が誕生した。

新しい王となったクロノスはレアと結婚し、次の時代の最も重要な神々を生んだ。生まれてきたのは、三人の女神ヘスティア、デメテル、ヘラと三人の男神ハデス、ポセイドン、ゼウスだった。

この他のティタンとティタニスは兄弟や姉妹と結婚せず、別な結婚相手を選んだ。

クレイオスはポントスの娘エウリュビアと結婚し、自然界の風やすべての天体、勝利や支配といった力を象徴する神々の祖先となった。

イアペトスはオケアノスとテテュスの娘アシアを娶り、プロメテウスやエピメテウスを生み、神々と人間の仲介役となった。

ティタニスのテミスとムネモシュネは、次の時代にゼウスと結ばれ、大きな力を得ることになる。

ウラノスがクロノスに予言したとおり、ティタンとティタニスの時代は間もなく終わることになるのだが、彼らはこのようにして次の時代への橋渡しをしたのである。

＊二　**投げ捨てたのである**　このとき投げ捨てられたウラノスの生殖器は海に落ち、その際にわき上がった泡からアプロディテが生まれたという説もある。

ウラノスとガイアの息子

オケアノス OCEANUS

GAIA

ティタン神たちの黄金時代に世界を支配したのは、もちろん、ウラノスを襲撃したクロノスだった。が、ティタン神たちの中には、クロノスを含むほとんどの神たちが次世代の神々に滅ぼされた後にも生き続け、古代ギリシア人たちによって、ときにクロノス以上の重要性を与えられた神がいた。ティタン神たちの中では、現代でも最も知名度の高いオケアノスである。

オケアノスが次の時代まで生き延びたのは、やがてティタン神たちと次世代の神々との間に起こることになる戦いに彼が参加せず、次世代の王ゼウスの支配に服したのが大きな理由だが、それによって、彼はある広大な領域の支配権をそっくりそのまま維持し続けたのである。

その領域は、大洋だった。

ギリシア神話に登場する海の神は数多く、特に大きな存在だけでも、オケアノス以前にはポントスがいたし、以降にはポセイドンが登場する。が、オケアノスが大洋を支配するやり方は、彼らのやり方とは違っていた。

ポントスやポセイドンと違い、オケアノスは根源的な水の流れそのものだった。オケアノスこそ大地を取り巻く海そのものであって、大地は島のようにその上に浮かんでいた。これが、オケアノスの本来のイメージだった。だから、オケアノスは地の果てを意味していた。しかも、オケアノスは地の果てに留まるものではなく、絶えず流れていた。地上を流れる河の源流や湖も、地下の水脈によってオケアノスと通じていた。そして、地上の水は再び地の果てのオケアノスへと戻っていくのである。

この世界の果てとして大地を取り巻くという意味では、オケアノスは北欧神話に登場する世界蛇ヨルムンガルド[*三]とも比較できるものだった。ヨルムンガルドが蛇の姿を持つのに対して、オケアノスはけっして具体的な姿を持たないが、絶えず流れ続けることによって、世界を支える神だったのである。

＊三　ヨルムンガルド　北欧神話の世界では、神々の国を取り巻くように人間の国があり、さらに人間の国を取り巻くように巨人の国、化外の地があると考えられていた。ヨルムンガルドは、これらのすべてを取り巻き、自分の尻尾をくわえている巨大な蛇である。

ウラノスとガイアの娘たち

エリニュス FURY

GAIA

クロノスが父ウラノスの生殖器を切り取って投げ捨てたときのこと、そこから流れ出た血が大地ガイアに落ちると、これによってガイアは妊娠し、ウラノスを父とする最後の子供たちを生むことになった。

この子供たちの中に、オケアノスと同じく新しい神々の時代まで生き残り、しかも、新しい神々に負けぬくらいに活発な活動を繰り広げることになる復讐の女神エリニュスたちがいた。

ウラノスの最後の子供という点で、ティタン神と同じく古い神々の仲間に属するエリニュスたちだが、彼女たちは次代の王ゼウスにさえ一目置かれる存在だった。

人間たちが血族を中心にまとまっていた古代社会にあっては、血の繋がった者を殺すこと、とりわけ親殺しは、社会秩序全体を壊しかねない大罪だった。エリニュスたちの仕事は、そのような大罪を犯した犯罪者の罪を追及することであって、それは正義に属していた。そんなわけで、多くのティタン神たちを滅ぼしたゼウスも、彼女たちを滅ぼすわけにはいかなかったのである。

彼女たちは三人姉妹で、それぞれアレクト、メガイラ、ティシポネという名だったが、普段は冥界のエレボス（暗黒）に住んでいた。いつも一緒に行動し、犯罪者がいるとどこまでも追い詰めた。そのやり方は常軌を逸してしつこく、彼女たちに取りつかれた犯罪者はしばしば狂気に陥った。もっと後になって誕生する怪物ゴルゴンと同じように、彼女たちの髪の毛は無数の蛇だったから、見た目も十分に恐ろしかった。

人間の世界には犯罪が絶えなかったので、彼女たちには休まる暇がなかった。トロイア戦争といえば、彼女たちの誕生したときから見ると遙か後代の事件だが、この戦争の後、ミュケナイ王アガメムノンの息子オレステスが母親クリュタイムネストラを殺したときにも、彼女たちは活躍した。彼女たちはオレステスをどこまでも追い詰め、その過程でゼウスの息子アポロン神と対立することさえ恐れなかったのである。

クロノスとレアの息子

ゼウス ZEUS

GAIA

父ウラノスを駆逐してわが世の春を迎えたティタン神たちだったが、彼らもまたウラノスと同様に神々の秩序を確立することはできなかった。ティタン神たちの多くが、次の世代の神々によって滅ぼされたとき、それは初めて確立されるのである。その時代に、神々の中の最高神として、世界に君臨するのがゼウスだった。

ゼウスはティタン神たちの王クロノスとレアの末子として誕生したが、生まれるとすぐに、母親の手でクレタ島の洞窟に隠された。その理由は父の横暴にあった。クロノスは、自分の子供のひとりによって王座を追われるというウラノスの予言を恐れるあまり、生まれてきた子供たちを次々と飲み込むことを習慣にしていたのである。ゼウスが誕生するまでに、三人の娘ヘスティア、デメテル、ヘラと、ふたりの息子ハデス、ポセイドンがすでにクロノスに飲み込まれていた。

そこで、レアは一計を案じ、ゼウスが生まれたとき、産着を着せた石をウラノスに飲み込ませ、生まれてきた赤子を救ったのである。

こうして、ゼウスはクレタ島でその地のニンフたちによって育てられ、成長するとすぐにクロノスを打倒しようと決意した。

ゼウスは秘かにクロノスに薬を飲ませ、以前に飲み込んだ兄弟と姉妹を吐き出させると、彼らと手を組んで、父に宣戦を布告した。

ティタン神たちはみなクロノスに味方し、戦いは十年間続いた。

その後、ガイアがゼウスに、タルタロスに幽閉されているヘカトンケイルとキュクロプスを味方につければ勝利を得るだろうと予言した。彼らはウラノスに追いやられて以来、クロノスにも救われず、その地に閉じ込められていたのである。

ゼウスが彼らを救い出すと、ガイアの予言どおり大いに役に立った。百本の腕を持つヘカトンケイルはそれ自体恐るべき威力を持っていたし、キュクロプスたちはゼウスに電光と雷霆を、ハデスに姿を消す帽子を、ポセイドンに三叉の矛を与えたからだ。

こうして、戦いに勝利を収めたゼウスは、古い神々をタルタロスに幽閉した後、兄弟のハデス、ポセイドンと宇宙を三人で分け合うことを決め、くじ引きをした。この結果、ゼウスは天、ポセイドンは海、ハデスは冥界を支配することになり、多くの神々が住む天界を支配するゼウスが、最高神となることが決まったのである。

ところが、これですべてが終わったわけではなかった。ティタン神たちの母ガイアが、子供たちをタルタロスに閉じ込めたことに腹を立て、ゼウスの支配を覆そうとしたからだ。

ガイアは、エリニュスたちと一緒に誕生した十三人の巨人ギガスたちに応援を求め、ゼウスたちに挑戦した。この頃にはゼウスの子供たちにあたる神々も数多く誕生しており、彼らはみなゼウスの味方になったが、ギガスたちについては、人間の味方がなければ神々でさえ滅ぼすことはできないとされていた。ギリシア神話では、この時代に人間はまだ誕生していないから、神々にとってこれほど困った状況はなかった。が、このときどういうわけかヘラクレスがやってきて味方になったので、神々はどうにかギガスたちを倒すことができた。

しかし、ガイアはあきらめず、今度はテュポンという最強の怪物を生んで神々に挑戦した。これは、下半身が蛇で頭は天まで届き、両手を広げると東と西に届くという巨大な怪物だった。これには神々もびっくりし、ゼウス以外はみな逃げ出してしまった。しかし、ゼウスは激しい戦いの後、テュポンをシチリアのエトナ火山の下敷きにして勝利を収めた。

こうしてゼウスの支配が確固としたものになった。これ以降、最高神ゼウスのもとに神々のピラミッドが組織されるが、その中でもとくに重要な神々がゼウスを含めて十二人おり、オリュムポス山頂で大神の会議を開催したことから、オリュムポスの十二神と呼ばれた。ゼウス、ヘラ、ヘスティア、デメテル、アプロディテ、アポロン、アルテミス、ヘパイストス、アテナ、アレス、ヘルメス、ディオニュソスの十二神がそれである。

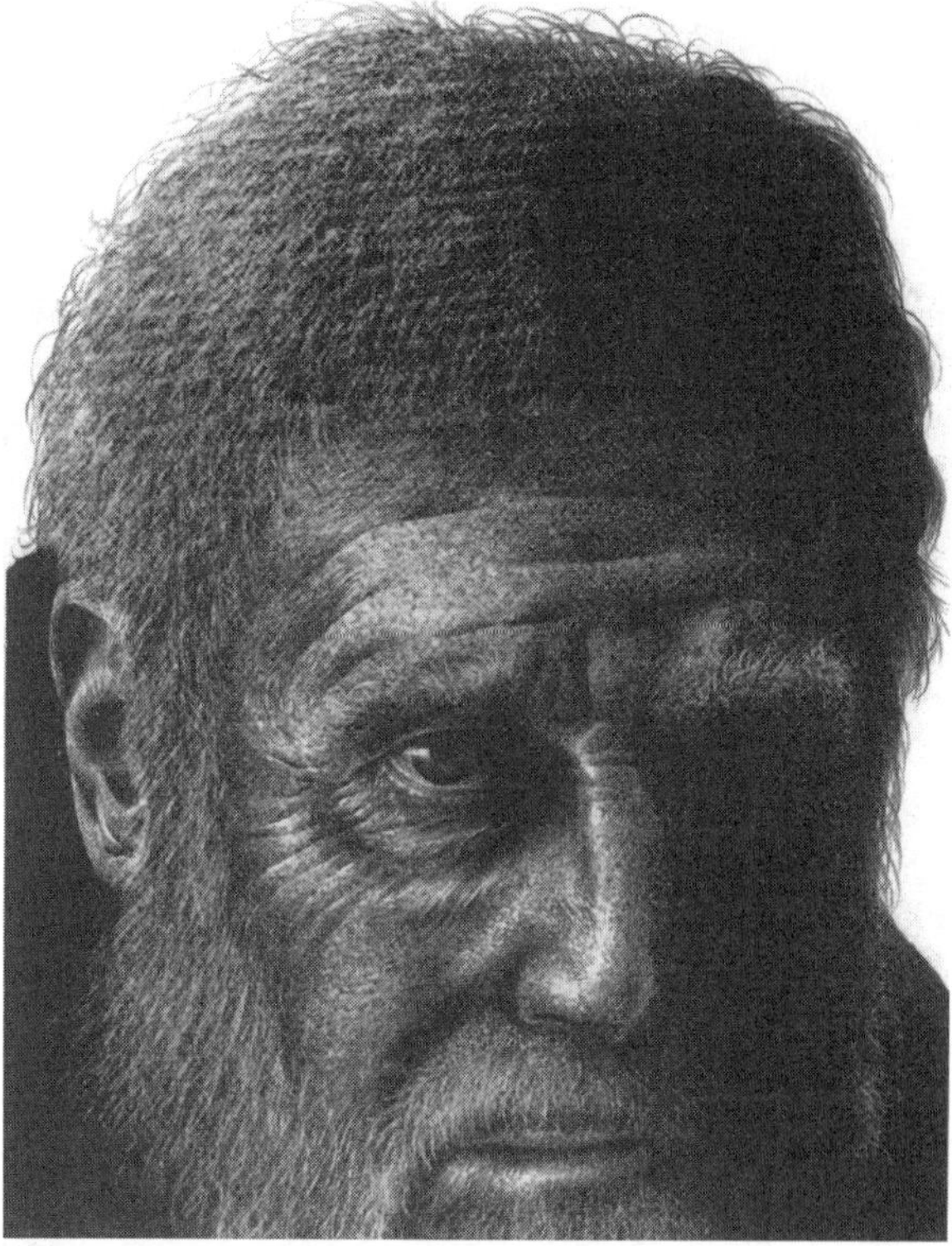

“ゼウス”とは、明るく輝く空を意味する。彼はオリュムポスの玉座に雲を天蓋として座し、稲妻を王勺《おうしゃく》とした。女好きであり、あらゆるものに姿を変えて女をたらした。が、正妻のヘラには頭があがらない。

GAIA

クロノスとレアの息子

ポセイドン POSEIDON

ゼウスの支配が確立した当初は、ゼウスの兄弟姉妹たちはみな、オリュムポス山における大神の会議を構成する重要な神だった。

しかし、オリュムポスの十二神は時代とともに変遷があり、とても重要な神でありながら、そこから出ていく者もいた。

ポセイドンもそのひとりである。

くじ引きによって海の支配者となったポセイドンは、ゼウスの兄であって、当初はオリュムポスでゼウスに次ぐナンバー2の位置にいた。が、なんといっても彼の領分は海であって、天ではなかった。そのため、新しい神々が次々と登場するにつれ、彼はオリュムポスの会議から疎遠になっていったのである。もちろん、このことでポセイドンの重要性が減じられたわけではなかった。

彼はエウボイア島アイガイ沖の海底に豪勢な宮殿を営み、そこを拠点に天界と冥界を除く至るところに出没した。彼は海や泉の神であって、水を自由に操る能力を持っていたが、馬の神でもあり、青銅の蹄に黄金のたてがみを持つ馬を飼っていた。三叉の矛を持ったポセイドンは、その馬の引く戦車に駕して、信じ難い速さで海上を疾駆した。ゼウス兄弟はくじ引きで宇宙を三分割して支配することにしたが、地上については共有の場所とされたので、地上もまた彼の活躍する場所に含まれていた。

男神の多くがいろいろな女性と交わるように、ポセイドンも数多くの女性から子供を得たが、海の女王として、彼が正妻に選んだのは海の老人と呼ばれた海神ネレウスの娘アムピトリテだった。ポセイドンは怒らせたら何をするかわからないような厳しい男だったから、彼女は彼を気に入ることができず、一度はこの世の西の果てのオケアノスの宮殿にまで逃げていった。ポセイドンは彼女の行方がわからず大いに困った。このとき一匹のイルカが彼女の居場所を通報し、彼はやっとのことで彼女とヨリを戻したのである。

この結婚から海神トリトン[*四]が生まれたが、彼は下半身が魚だった。

＊四　海神トリトン　常にほら貝でできた笛を携えているため、「海のラッパ手」と呼ばれている。優しい性格であり、難破しそうな船を見つけると波を鎮めてくれるといわれる。

クロノスとレアの息子

ハデス HADES

GAIA

クロノスの息子たちが宇宙を三分割したとき、人間の住む地上から最も遠く離れた冥界を任せられたハデスは、それ以降はほとんど地上に顔を出さない神になった。

死者の住む冥界は不吉な場所であり、ハデス自身が不吉な神と思われたため、彼はポセイドンよりも早くオリュムポスの十二神の地位を捨て、死者の世界に閉じ籠もることを選んだのである。

彼が地上に出現したのは、冥界の女王としてデメテル女神の娘ペルセポネを選び、彼女を誘拐するために現れたときだけだった。このとき、デメテルの娘はニンフたちと一緒に野原で美しい花々を摘んでいた。その花の中に驚くほど美しい水仙があった。その花は、ハデスの頼みでペルセポネを彼の妻にしようと決めていたゼウスが、彼女を美しい友人たちから引き離すために、あえてそこに置いたものだった。何も知らないペルセポネは、ゼウスの思惑どおり、水仙を摘むために仲間から離れた。このとき、大地がぱっくりと口を開いて、暗黒の深淵の中から神馬に乗ったハデスが出現し、彼女を誘拐したのである。

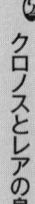

この後、彼女の母デメテルが大いに嘆き悲しんだことから、ゼウスはハデスにペルセポネを天上に帰すように命じたが、このときハデスは、秘かにペルセポネに冥界の柘榴《ざくろ》*五を食べさせた。このため、彼女は完全に天上に復帰することができず、一年の三分の一を冥界の女王として暮らすことになったのである。

こうして、地上とはほとんど縁を切ってしまったハデスだが、冥界における力は絶大で、冷酷非情な恐ろしい神だった。しかし、邪悪ではなく、常に正義を行使した。

彼の住む冥界は、地の果てにあるオケアノスのさらに西の果てにあったが、時として地下にあるとも考えられ、地上とは洞窟で繋がっていた。しかし、一度入ったら二度と帰ることはできなかった。その入口に三本の首を持つ番犬ケルベロスが見張っていたからだ。

＊五　冥界の柘榴　柘榴にかかわらず、冥界の食物を口にした者は客として扱われたことになり、冥界に留まらなければならなかった。ここでは、ハデスの花嫁になることを拒否し、それまで食物を口にしなかったペルセポネが誘惑に負けたのだった。

クロノスとレアの娘

GAIA

デメテル DEMETER

ゼウスが最高神となってから、ギリシア神話の神々は、みなそれぞれの職分を持って、その分野で大きな力を発揮するようになった。それぞれの権力の大きさは、基本的に神々の序列に従っていた。それは、ゼウスの兄弟姉妹を筆頭に、ゼウスの子供たち、その他の神々の子供たち、というぐあいに形作られた。

そんなわけで、ゼウスの姉に当たるデメテルは、女神の中でも別格であって、特別に重要な仕事を与えられていた。彼女は大地母神として、大地の生産力を司ったのである。

当然のことだが、このような仕事は気分屋の神には任せられない。毎年のように神が機嫌を損ねて大地が不毛になったのでは、人間はもちろん、彼らから犠牲を捧げられる立場の神々も困ってしまうのである。

女神の中でも優しく包容力のあった彼女は、その意味でも、大地母神にうってつけだった。

が、そんな彼女も、ヘラと結婚する以前のゼウスとの間に生まれた娘ペルセポネをハデスに誘拐されたときには、誰が誘拐したかもわからず、大いに取り乱した。

デメテルは後先のことも考えずにオリュムポスを抜け出して、ペルセポネが誘拐されたシチリア島のエンナの野に舞い降りた。それから、彼女は松明を片手に、九日九夜、食物も水も口にすることなく、世界中をさまよい歩いた。この事件が起きた頃にはすでに人間も誕生していたので、デメテルは娘を誘拐したのは人間ではないかと考えたからだ。

十日目の朝になって、デメテルは地母神のひとりである女神ヘカテに出会った。ヘカテは、ペルセポネが誘拐されたとき発した悲鳴を聞いたが、誘拐者が誰なのかは知らなかった。しかしヘカテは、地上で起こるすべてのものの目撃者である太陽神ヘリオスのところへデメテルを案内した。こうして、すべてがはっきりした。

ペルセポネを誘拐したのは、彼女を妻にしようとしたハデスで、父であるゼウスがデメテルには知らせずにそれを許可していたのである。

これを知ったデメテルは大いに立腹し、もう二度とオリュムポスには戻らない決心をすると、老婆の姿になってエレウシスの街を訪ねた。そこで彼女は、王ケレオスの后メタネイラと知り合い、王子デモポンの乳母として雇われた。

デメテルは王子を不死の子にしようと考え、神々の食べ物であって不思議な霊験のあるアムブロシアを毎日子供の身体に塗り、夜には子供の身体から死すべき部分を消し去るために、子供を火の上にかざした。

が、ある夜、メタネイラがこの光景を覗き見て悲鳴を上げたので、デメテルは腹を立て、作業を中断した。それから女神の本当の姿に戻って、エレウシスの地に彼女を祭る大神殿を築くことを命じた。

ケレオス王がこの話を聞いて神殿を造築すると、デメテルはこの中に籠った。

こうして、彼女が人間の世界に留まっている間、彼女は大地母神としての仕事を放棄したので、ギリシア中の大地が不毛になった。人間たちがいくら種を蒔いても、芽は出ず、収穫物は得られなかった。

多くの神々が彼女の怒りを鎮めようとしたが、彼女は頑として応じなかった。

これにはゼウスも根負けして、ペルセポネをデメテルのもとに返す決心をし、神々の使者ヘルメスを冥界のハデスのところへ送った。

ハデスは快く同意する振りをしたが、ペルセポネが黄金の馬車に乗っていざ出発しようというときに、秘かに冥界の柘榴《ざくろ》の実を食べさせてしまった。このため、ペルセポネはどうにか天界に戻ることはできたものの、一年の三分の一は冥界で暮らさなければならなくなったのである。

ペルセポネは母デメテルと一心同体の穀物の女神だったが、このとき以来、穀物の芽が出る季節に天界へ戻り、穀物の実らない冬の間、冥界で暮らすようになったのである。

クロノスとレアの娘

ヘラ HERA

GAIA

ギリシア神話の最高神ゼウスは、雷鳴や雷光、暴風雨などを自由自在に操る神で、その力は神々の中で最強だったが、女性関係においても他の神々の追随を許さなかった。最高権力者であるゼウスは、美しい女性を見初めると、手段を選ばず自分の愛人にしたのである。

こうして、ゼウスはオケアノスの娘であるエウリュノメ、ティタニスであるテミス、ムネモシュネなどの女神たちと次々と交わり子供を作った。

ゼウスの姉であるヘラも、最初はそのような女性のひとりだった。が、ヘラとゼウスの出会いは、他の女神との関係と異なり、決定的な結婚へと発展した。ゼウスは数え切れないほどの女性と関係を持ったが、正式に結婚し、妻としたのはヘラだけだった。ガイアはこの結婚を喜び、記念に黄金のリンゴの木を贈ったが、それはこの世の西の果ての園に植えられ、[*六]ヘスペリスというニンフたちによって守られることになった。

この結婚によって、天界におけるヘラの立場は、それまでよりも格段に強いものになった。神々の王ゼウスの正妻となったヘラは、ゼウスの支配する天の世界で第二の権力を手に入れたのである。

ゼウスの威光のもとに、ヘラはしばしば大きな力を振るった。

しかし、ヘラが活躍するのは、ほとんどの場合ゼウスへの嫉妬からであることが多かった。ヘラと正式な結婚をしてからも、ゼウスは派手な女性関係を控えることはなかったが、ヘラは女性の側から夫婦関係を守護する女神であって、夫の浮気を許せなかったのである。ゼウスが最高神である以上、后のヘラがどんなに嫉妬しても、ゼウスを打ち負かすことは不可能だったから、彼女が夫を牽制する方法は多彩を極めた。

ゼウスはヘラとの結婚でヘベ、エイレイテュイア、アレスを生んだ後、早くもオケアノスの娘メティスを愛人にした。この愛人から女神アテナが誕生するのだが、その誕生の仕方はとても不思議なものだった。このとき、ガイアがメティスから生まれた男子は天の支配者になるだろうと予言したので、妊娠した彼女をゼウスは即座に飲み込んでしまった。それからしばらくして、悪賢いことで知られるプロメテウスがゼウスの頭を斧で打ち、そこから女神アテナが誕生したのだ。

これを知ったヘラは、ゼウスが自分だけで子供を生んだと思い、対抗心から彼女もまた自分だけで子供を生もうと考え、一年間もゼウスとの交わりを絶った。そして、実際に自分だけで鍛冶の神へパイストスを生んだのである。

一度などは、ヘラはゼウスに愛想を尽かして、オリュムポスの宮殿から家出したことも

神々の女王ヘラ。その容姿は美しく、堂々としている。毎年春になると、カナトスと呼ばれる泉で水浴する。これにより、彼女は年齢といら立ちを洗い流した。

あった。これにはゼウスも驚いたようで、ヘラを連れ戻すために大芝居を打つことにした。樫の木で作った女性像にベールを被せて馬車に乗せ、ゼウスの新しい妻だといって行進させたのである。ヘラは嫉妬に狂ってすぐにも飛んでくると女性像のベールを剥いだ。そして、すべてがヘラを呼び戻すための演技だと知って、ゼウスと仲直りしたのである。

が、仲直りしたといっても、彼女は嫉妬することを止めたわけではなかった。この世に人間が誕生すると、ゼウスは女神の他に人間の女性にも手を出すようになったが、ヘラはしばしば彼女たちに苦難を与えた。これにはゼウスも手を焼き、ときに厳しくヘラを責めた。

ゼウスが人間の女性アルクメネとの間に英雄ヘラクレスを生んだときには、ヘラはヘラクレスを終生にわたって苦しめた。ヘラクレスの苦難はほとんどがヘラの仕業だった。このため、ヘラは腹を立てたゼウスによって、両手を鎖で縛られ、両足に鉄床《かなとこ》の重りをつけて、オリュムポスの頂上から宙吊りにされたほどだった。

しかし、一夫一婦制社会の夫婦の守護神であるヘラは、けっして自らは浮気をすることはなかった。ゼウスの方も、正妻の権威を知っていたので、浮気は止めなかったものの常に彼女の意見を重んじたのである。

＊六　**ヘスペリス**　天球を支えているアトラスの三人の娘たち。ヘラクレスが、十二の功業の中で取ってきた黄金のリンゴは、彼女たちの守るリンゴである。

ヒュペリオンとテイアの息子

ヘリオス HELIOS

GAIA

クロノスの子供であるゼウスを中心とした神々の世界の中で、クロノス以外のティタン神の子供たちが、神としてそれほど重要な役割を果たせないのは当然だった。

古い時代の太陽神だった父ヒュペリオンから、太陽神としての仕事を引き継いだヘリオスも、そのような神のひとりだった。彼は太陽神として大空を巡ることで、地上で起こるすべてのことを目撃していたが、そのことで大きな権力を持ったわけではなかった。

しかし、彼のおかげで地上に光が注がれたことは確かだった。

ヘリオスはこの仕事のために、東の果ての館に住み、朝がくるたびに、四頭立ての炎の戦車に乗って天空に駆け上がった。彼の姉妹である月の女神セレネと曙の女神エオスも、この仕事に参加していた。セレネもヘリオス同様に四頭立ての車に乗っていたが、彼女の車が西の果てに沈む頃、エオスが走り出し、その直後にヘリオスが戦車を走らせるのである。西の海に沈んだ後は、彼は黄金の杯に乗り、オケアノスの流れに沿って夜の間に東の館に戻ってきた。

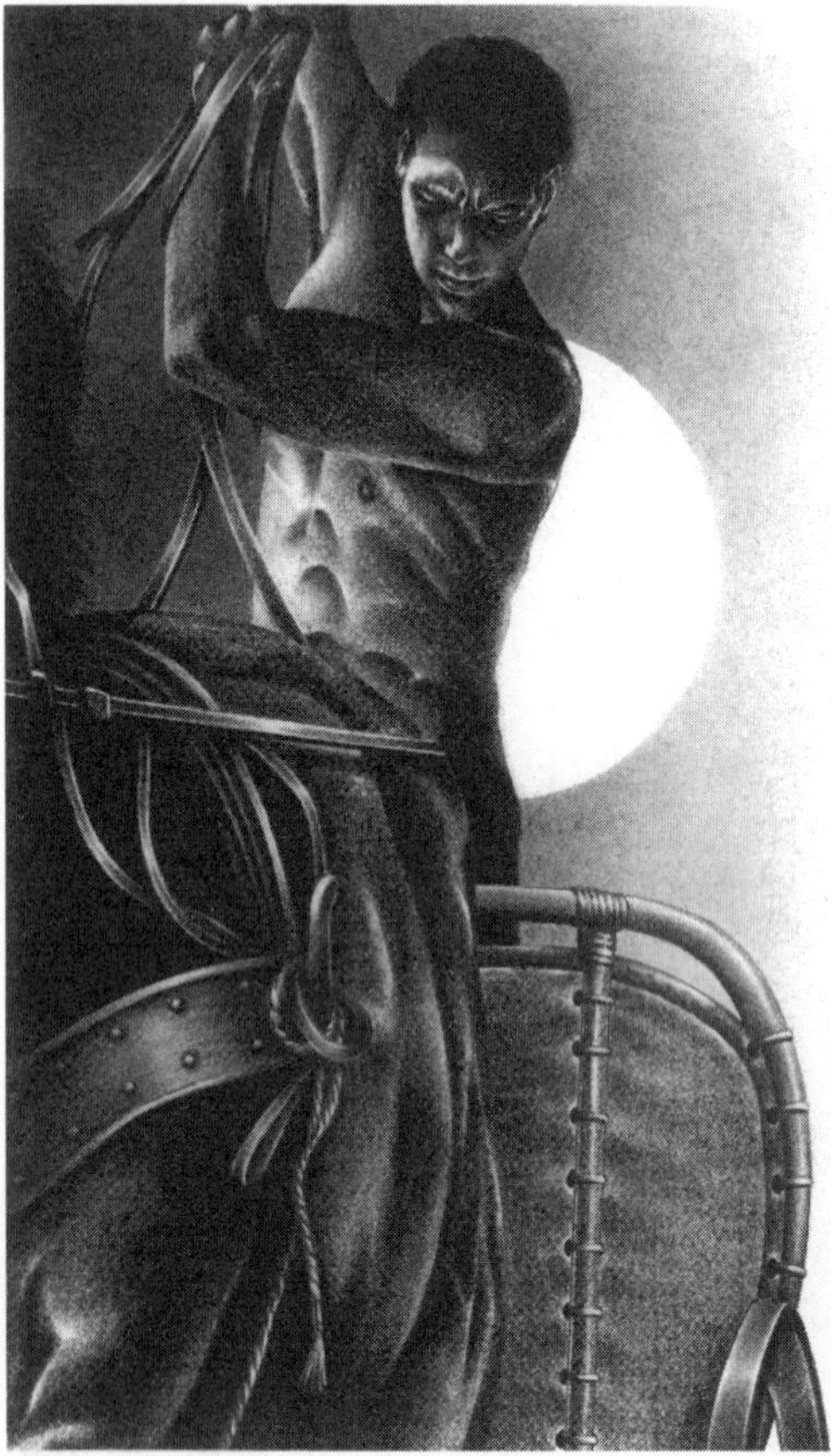

金色の馬車で太陽を運ぶヘリオスは、太陽の神、あるいは太陽そのものとも考えられた。月の女神セレネ、曙の女神エオスは姉妹である。

これはヘリオスの日課であって、彼は毎日欠かさずこの仕事を繰り返したが、一度だけとんでもない失敗があった。

息子パエトンが、一日だけ父の代わりに戦車を御して、天空を走りたいと懇願したときのことだ。ヘリオスは息子可愛さにそれを許可し、馬の操り方など細々と教えた後で、息子を出発させた。が、一度天空へ駆け上がった息子は、その楽しさに夢中になり、本来の軌道をはずれて走り出したのである。しかも、彼には馬たちを御するだけの十分な力がなかったので、炎の戦車は高く飛んでは天を焦がし、低く舞い降りては地上を焦がすというありさまだった。

事態の深刻さに驚いたゼウスは、すぐにもパエトン目がけて電光を発して太陽神の馬車を鎮めたが、このために彼は河の中に落ちて死んでしまったのである。

コイオスとポイベの娘

GAIA

レト LETO

ゼウスは姉に当たるヘラと結婚することで、オリュムポスの十二神に含まれるアレスを生んでいるが、従姉妹に当たる女神たちとも関係を持ち、十二神に含まれる重要な神々を生んでいる。

十二神の中でもとりわけ人気の高い青年神アポロンと女神アルテミスの母レトも、ゼウスの従姉妹に当たる女神だった。

彼女はギリシア神話の中でとくに大きな働きをする女神ではないが、ゼウスと関係を持ったために、ヘラの激しい嫉妬を受けたという点で、ゼウスの愛人の運命を象徴する女性になっている。

このとき、ヘラによってレトが受けなければならなかった苦難は、地上のどこにも出産[*七]する場所がないというものだった。ヘラが、太陽に照らされたことのあるすべての国に使者を派遣し、レトを受け入れてはならないと命じたからだ。

このため、レトは出産のために受け入れを求めたすべての国に拒否され、あちこちさまよい続けるしかなかったのである。

　だが、そんなある日、彼女の前の海に突如として岩の島が浮かび上がってきた。[*八] それは、後にデロス島と呼ばれる島で、これまで太陽の光を受けたことがなかったことから、唯一、ヘラの命令の届いていない場所だった。レトは喜んで、その島に上陸した。すると、女神たちの多くも、彼女に協力するためにその島を訪れた。

　しかし、ヘラはさらにレトの出産を妨害した。ヘラは、安産をもたらす出産の女神エイレイテュイアを自分のところに呼ぶと、レトが出産しようとしていることが彼女に知られないように細工し、彼女を引き止めたのである。このため、レトは九日間にわたって難産に苦しまなければならなかった。

　その後、女神たちが話し合い、贈り物を持ってエイレイテュイアを呼びにいったので、レトはやっと出産でき、アポロンとアルテミスが誕生したのである。

＊七　出産する場所がない　ヘラがひときわ激しくレトの出産を邪魔したのは、彼女の生んだ子供より輝かしい子が生まれると予言されていたからだった。

＊八　浮かび上がってきた　この島の出現はゼウスの力によるものである。

GAIA

イアペトスとアシアの息子

プロメテウス

PROMETHEUS

ヘリオスがそうだったように、ティタン神族[*九]の神々はオリュムポスの神々に比べて一段低い位置に置かれていた。が、神格としては低かったとしても、彼らの中には、もともと人間の存在していなかった地上に、最初の人間を創り出すという重要な仕事に関わった神々がいた。

ゼウスが天下を平定し、彼の子供に当たる神々が活躍するようになった時代のことだった。ゼウスは、神々を崇拝するものが地上にいないのを寂しく思い、ついに人間を創造することを決意すると、その仕事をプロメテウスに命じたのである。

プロメテウスはすぐにも泥土をこね、神々の姿に似せて数多くの人間を創った。この像に女神アテナが生命を吹き込んだ。

こうして人間が誕生すると、人間が神々に捧げなければならない犠牲について、神々と人間の間で約束が取り交わされることになったが、このときプロメテウスは、自ら創り出した人間のために、ある欺瞞を思いついた。彼は牛を切り分けると、一方には人間の食料となる肉をたっぷり詰め込んだ内臓を置き、他方には脂身できれいに包んだ骨を置いた。この欺瞞に、ゼウスがまんまとだまされ、骨の方を選んでしまったため、神の犠牲には骨が捧げられ、肉は人間が食べるようになったのである。

腹を立てたゼウスは人間に与える予定だった火を隠したが、プロメテウスは、ヘパイストスの鍛冶場から火を盗み、おおいきょう草の茎の中に隠して地上まで運ぶと、人間に与えた。

しかし、夜になって人間の世界で火が使われていることを知ったゼウスは、もはやプロメテウスを許すことができず、ギリシアから見て東の果てにあったカウカソス山の頂に、彼を縛りつけることを命じた。そして、一匹の鷲を遣わすと、毎日プロメテウスの肝臓をついばませたのである。プロメテウスは不死だったから、彼の肝臓は夜の間にもとどおりに戻り、この拷問ははるか後の時代に、英雄ヘラクレスが彼を救い出すまで続けられたのである。

＊九　ティタン神族　クロノス以外のティタン神とその子孫は、しばしばひとまとめにティタン神族と呼ばれた。ティタン神族という場合、ゼウスの兄弟姉妹は含まれない。

イアペトスとアシアの息子

エピメテウス

EPIMETHEUS

神々の火を人間に与えたプロメテウスは、人間のために大きな貢献をした神だった。反対に、人間の世界に大きな災いをもたらすことになったのが、彼の弟のエピメテウスだった。

火を盗んだという罪でプロメテウスをカウカソス山の頂に縛りつけたゼウスは、さらに人間に復讐するため、神々に命じてパンドラという人間の女を創らせた。プロメテウスは男しか創らなかったから、彼女は人間の最初の女性だった。鍛冶の神ヘパイストスが土をこねて女神に似せてその姿を作り、アテナが衣装を着せ、アプロディテが悩ましい魅力を与え、ヘルメスによってずる賢さを吹き込まれた女性である。

やがてパンドラが完成すると、ゼウスは彼女をエピメテウスへの贈り物とした。

エピメテウスは彼女を一目見ただけで彼女の魅力の虜になった。彼は、神々が人間に復讐するということを予見していた兄から、神々からの贈り物はけっして受け取ってはならないと注意されていたが、そんなことはすっかり忘れ、彼女を妻にした。

パンドラが開けた箱の中からは、毛むくじゃらの異様な動物たちがぞろぞろと出てきた。これらは病、貧困、犯罪などのあらゆる不幸だった。

これが、人類にとって大きな災いのもとになった。

彼女はゼウスから小さな小箱を贈られており、それを持って地上にやってきたのだが、その箱の中には苦労や病気など、人間にとってのあらゆる災いが詰め込まれていたのである。その箱の中にあって、人間の役に立つものは、希望だけだった。

もちろん、蓋を開けさえしなければよかったのだが、あるとき箱の中身を見たくなったパンドラは、ついに箱の蓋を開けてしまった。その瞬間、いっせいに災いが飛び出し、人間の世界に広がっていった。びっくりしたパンドラが慌てて蓋を閉めたときにはもう遅く、災いたちはみな逃げ出していた。ただ、動きの鈍い希望だけが箱の中に残ったのである。

こうして、人間はただ希望だけを財産にして、あらゆる災いと戦わなければならなくなったのである。

イアペトスとアシアの息子

アトラス ATLAS

GAIA

人間の味方をし、神々から火を盗んだプロメテウスは、ゼウスから恐ろしく苛酷な罰を与えられたが、彼の兄弟に当たるアトラスも、同じように苛酷な罰を与えられた神のひとりだった。

ゼウスの兄弟たちがティタン神たちと戦ったときのことだ。先見の明のある悪賢いプロメテウスは、ゼウスこそ次世代の王になる神だと考えたので、新しい神々の味方をした。だから、彼は新時代になっても罰を与えられることはなかった。

が、アトラスは古いティタン神の味方をし、戦いの後で特別な罰を与えられたのである。それは、無数の星々が輝く天球を、両肩で支え続けるという罰だった。

アトラスははるか西の果ての地で、その罰に服した。それ以来、アトラスには自由がなく、ギリシア神話のどの物語にも、両肩で天球を支えた姿で登場することになった。

はるか後代になって、英雄ヘラクレスが世界の西の果てにあるヘスペリスの園の黄金のリンゴを取りにきたとき、アトラスは一度だけ、天球を支える仕事をヘラクレスに代わってもらったことがあった。黄金のリンゴを守る女神であるヘスペリスたちはアトラスの娘だったので、ヘラクレスの代わりに彼がリンゴを取りにいくことになったからだ。

アトラスにとっては、これが刑罰を逃れる唯一のチャンスだった。彼もそう思っていたので、リンゴを取って帰ってきてからも、一度ヘラクレスに支えさせた天球を、再び引き受けようとはしなかった。

が、このときヘラクレスが、天球を支える仕事を引き受けるような振りをして、天球を支えるために必要な円座を頭の上に載せる間だけ、天球を支えてくれるようにアトラスに頼んだ。この言葉にアトラスはまんまとひっかかり、ほんのちょっとのつもりで、再び天球を支えてしまった。もちろん、ヘラクレスはもう二度と天球を支えてはくれず、アトラスは刑罰から逃れるチャンスを永遠に失ったのである。

ゼウスとメティスの娘

アテナ ATHENA

ZEUS

ゼウスを中心とした神々の世界では、ゼウスの兄弟姉妹の他に、ゼウスの子供たちの中から大きな力を持つ神々が誕生した。

戦いと技芸の守護神であるアテナは、中でも、いちばん早い時期に誕生した女神だった。

ティタン神たちの多くをタルタロスに投げ込んでしまった後、ゼウスはティタニスのメティスと関係を結んだが、このときガイアが、もしもメティスから女子が誕生したら、その次には新しい王となるべき男子が生まれるだろうと予言した。そこで、メティスの妊娠を知ったゼウスは、慌てて彼女を飲み込んでしまった。が、メティスの子供はゼウスの体内で成長した。そして月が満ちたとき、プロメテウスがゼウスの頭を斧で割ると、そこから完全に武装した女子が飛び出してきた。これがアテナだったのである。

彼女は女性でありながら、戦の神らしくとても男性的で、成長後は、数多くの英雄たちの冒険を助けたり、都市の守護神となったりした。

同時に、彼女は技芸の神として、機織りをする女たちの守護神でもあり、アラクネという少女と機織りの勝負をしたこともあった。この少女は小アジアの小さな街に住んでいたが、機織りの名手で、自分はアテナと勝負しても負けないと自慢していた。これを聞いたアテナは、老婆の姿になって彼女の家を訪れ、彼女の傲慢さに注意を与えた。が、アラクネが忠告に耳を貸そうとしないので、アテナはついに女神の正体を現して、彼女と機織りの勝負をしたのである。

このとき、アテナが織った布は目もくらむほど美しかったが、アラクネの布もそれに負けないくらい美しかった。これを見たアテナは大いに怒り、アラクネの織った布をふたつに引き裂き、さらに彼女の頭を機織りの杼《ひ》で打った。アラクネは自分のしたことの恐ろしさに気づき、首を吊ろうとした。しかしアテナは死ぬことを許さず、彼女を蜘蛛に変え、永遠に蜘蛛の巣を織り続ける罰[*十]を与えたのである。

＊十　**蜘蛛の巣を織り続ける罰**　アテナがアラクネを蜘蛛に変えたのは、罰ではなく、憐れみからであるという説もある。蜘蛛になれば無心に織り続けることができるからである。

ゼウスとディオネの娘

アプロディテ APHRODITE

ZEUS

オリュムポスの神々の中には、人間にとって必要不可欠な本能である愛や肉欲を司る神も存在していた。女神アプロディテがそうだった。

ギリシアの女神たちは、知的な美しさや技芸に秀でた美しさなど、さまざまな種類の美しさに飾られていて、誰がいちばん美しいか簡単に決めることは難しい。が、もしも人に恋情を起こさせることが美しいことだと仮定すれば、アプロディテこそいちばん美しい女神だった。海の女神ディオネの娘だったアプロディテは幼い頃は海で育てられ、ある日突然オリュムポスの神々のもとに連れていかれたが、彼女を見た神々は、誰もが自分の妻にしたいと望んだほどだった。

その後、彼女はどういうわけか足が悪くて醜かった鍛治の神へパイストスの妻となったが、愛の女神らしく、数多くの神々と関係を持ち、数多くの子供を残した。

しかし、彼女の仕事はなんといっても、神や人間に恋心を吹き込むことだった。アテナ、ヘスティア、アルテミスは処女神だったので、恋を吹き込むことはできなかったが、

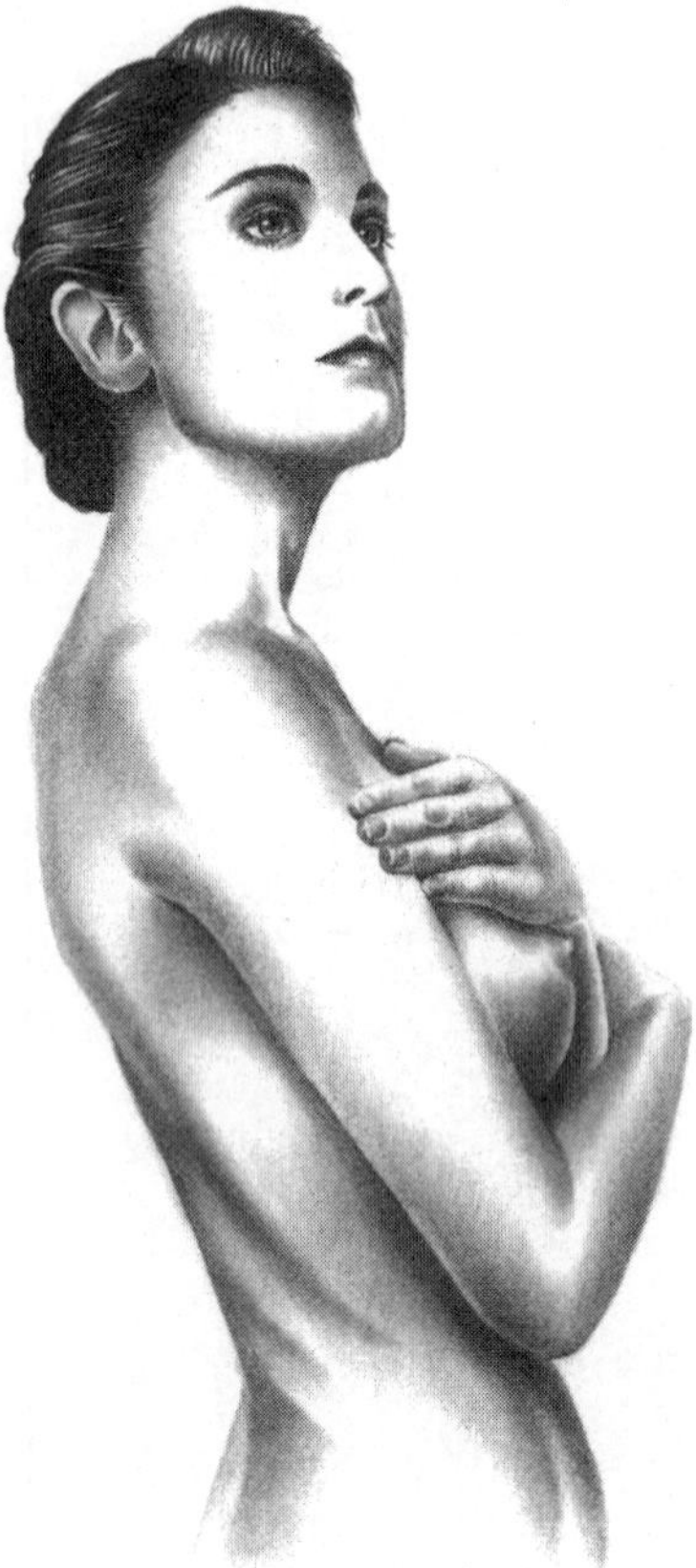

最も美しい女神であるアプロディテ。彼女の歩いた跡は花が咲き、小鳥が輪をかいて歌を歌うという。性に奔放であり、ヘパイストスの妻となった後もあらゆる男と関係を持った。子供も相当な数にのぼっている。

アプロディテはその他の神と人間すべてに、恋心を起こさせることができた。

　恋を成就させるためなら、彼女は象牙の像にさえ生命を与えることができた。キュプロス島の王ピュグマリオンも、アプロディテによって不思議な恋を成就したひとりだった。

　ピュグマリオンは、生まれてこのかた理想とする女性に巡り合ったことのない不幸な男だった。そこで、彼はあるとき理想とする女性の象牙像を作ったが、それを見ているうちにその像に恋をしてしまった。そのあげく、彼は象牙像と結婚し、一緒にベッドに入り込むほどだった。これを見たアプロディテは大いに同情し、ピュグマリオンの恋を成就させるために、象牙像に生命を吹き込んでやった。すると、像は本当の人間の女性に変わったので、ピュグマリオンはついに理想の女性と結婚することができたのである。

ゼウスとレトの息子

ZEUS

アポロン APOLLO

英雄たちの登場するギリシア神話では、しばしば神々の予言である神託が重要な働きをするが、その神託をもたらす聖域の中でも、大きな権威があるのはデルポイの神託所だった。この神託所を開いたのが、予言を司るアポロン神である。

彼は、女神ヘラの嫉妬に苦しめられたレトがデロス島で出産した子供だったが、生まれるとすぐに白鳥に連れ去られ、ヒュペルボレオス人（極北人）の国に一年間留まった。そこで成長した彼は再びギリシアに戻ると、予言を行う聖域として、大地に裂け目のある土地を求めてデルポイにやってきた。その地には大地の裂け目があったが、大地ガイアから生まれた竜のピュトンに守られていた。そこで、アポロンは肩に担いでいた弓を取り、ピュトンを退治して、その地に神託所を開いたのだ。

アポロンは予言の神であると同時に、医術や音楽の神でもあり、異母兄弟のヘルメス神から贈られた竪琴の名手でもあった。あるとき、シレノス[*十一]のひとりでフルートの名手だったマルシュアスが、アポロンに音楽の腕比べを申し込んだ。アポロンは即座に竪琴を逆さ

光輝く太陽の神アポロンは、戦いに強く、温かい心と冷静な頭脳を持った、ギリシア人の理想の男である。彼の神殿であるデルポイの神託所では、英雄たちにさまざまな助言を与え、その運命を決定づけている。

まにして弾くと、マルシュアスに同じことをするように命じた。が、彼はフルートを逆さまにして吹くことができず、敗北した。この勝負の前に、勝者が敗者を自由にしてよいという約束が交わされていたので、アポロンは愚かなマルシュアスの毛むくじゃらの皮を剥いで、彼を木に縛りつけた。

アポロンは、神々の中でもとりわけ若くて美しい青年神だったので、数多くの恋愛を経験したが、その多くは報いられなかった。テッサリアを流れる河神の娘ダプネとの恋もそうだった。ピュトンを退治して間もなく、アポロンが天界で愛の神エロスを嘲笑すると、エロスは黄金の矢でアポロンを射て、ダプネへの恋心を起こさせた。が、エロスはダプネに対しては鉄の矢を射て、恋への無関心を起こさせたのだ。このため、アポロンがいくら求愛してもダプネは受け入れようとせず、ついに月桂樹に変わってしまったのである。

＊十一　シレノス　サテュロスに似た野山の精。全体として人間のような形だが、馬の耳と二本の馬の足、馬の尾を持っている。

ゼウスとレトの娘

アルテミス ARTEMIS

ZEUS

女神アテナはいかにも戦の神らしい男勝りの処女神だが、オリュムポスの十二神には彼女に似た男勝りの処女神が、もうひとり含まれていた。狩猟と弓術の女神で、自ら弓矢を帯び、犬を連れて山中を駆け巡ることを好んだアルテミスである。

彼女は青年神アポロンの双子の姉妹だったが、アポロンよりも先に誕生し、生まれるとすぐに、母レトのためにアポロンの出産を助けた。このため、彼女には出産の女神という性格もあった。

母親のレトがヘラの嫉妬を受け、大きな苦しみの中でふたりを生んだためか、アルテミスもアポロンも母のことを深く思い、母を傷つける者を許せなかった。テュティオスは、ヘラの指図で妊娠中のレトに乱暴を働こうとした巨人だったが、アルテミスはアポロンと一緒にこの巨人を追うと、弓で射殺し、冥界のタルタロスへ突き落とした。テュティオスはそこで、永遠にはげ鷹によって心臓を突かれる罰を与えられた。

テバイに住む人間の女ニオベが、自分はレトよりも子供の数が多いと自慢したときも、ふたりは怒って、彼女の子供たちを皆殺しにしてしまったほどである。

アルテミスは処女神で、けっして男を近づけなかったが、山中で狩猟をして暮らす供として、あるとき父ゼウスに頼んで若いニンフたちをそろえてもらうと、その後はいつも彼女たちと一緒に暮らした。この若いニンフたちは、みなアルテミスを崇拝し、彼女と同じく処女でなければならなかった。もしも男と関係して妊娠するようなことでもあれば、アルテミスは厳しく罰し、追放した。

彼女が自分の生活を邪魔するものや自分を崇拝しないものに与える罰は、しばしば動物に関係していた。彼女のお供でありながらゼウスと関係したニンフのカリストは熊に変えられ、水浴中の彼女の裸体を見てしまったアクタイオンという男は鹿に変えられた。カリュドンの王が彼女へ犠牲を捧げるのを忘れたときは、彼女は狂暴な猪を送って暴れさせた。

ゼウスとヘラの息子

アレス ARES

ZEUS

女神ヘラはゼウスの正式な王妃だから、彼女から生まれた子供たちは、オリュムポスの神々の中でもとくに大きな力を持っていそうに思える。が、不思議なことに、実際はそうではなかった。

アレスはゼウスとヘラを両親とする子供の中で、ただひとりオリュムポスの十二神[*十二]に加えられた戦争の神だが、もうひとりの戦争の女神アテナよりもあらゆる点で劣っていた。

戦争の神といっても、アレスには戦略を練るといった知的な部分はなく、ただたんに争いと流血を好む神だった。彼は激しい争いの起こっている場所に、デイモス（恐怖）、ポボス（敗走）、ケレス（戦死）、キュドイモス（混乱）などの神を従者として出現すると、単純に血なまぐさい戦いをあおった。

が、彼が戦いに秀でていたかというとそうでもなく、英雄たちの間で起こったトロイア戦争のときには、彼はトロイア側の味方をしようとしてギリシアの英雄ディオメデスに槍で突かれると、大声でわめきながら逃げ出してしまったのである。

しかし、彼は見た目は美しい青年神で、ヘパイストスの妻アプロディテと浮名を流したこともあった。ただし、このとき彼はヘパイストスのために大恥をかかされた。すべてを見て知っている太陽神ヘリオスから、妻の浮気を知らされたヘパイストスは、しばらく留守にするという噂を流した後、身を隠して妻の動静を探った。そして、アプロディテがアレスとふたりでベッドに入ると、あらかじめ仕掛けてあった網を落とし、裸で抱き合っているふたりを捕まえたのである。しかも、彼はその直後に他の神々を呼び集め、網に捕えられたまま抱き合っているふたりを見物させた。女神たちは気を使ってやってこなかったが、男神たちはやってきて、ふたりを笑い者にした。この争いは、ポセイドンの意見で、アレスがヘパイストスに賠償金を支払うことで決着したが、網から逃れたふたりは、顔を真っ赤にして逃げ出した。

＊十二　彼女から生まれた子供たち　アレスの他には、ヘラがひとりで生んだヘパイストス、出産を司る女神のエイレイテュイア、神々の酌取りとして仕えたヘベの三人がいる。

ヘラの息子

ヘパイストス HEPHAESTUS

ZEUS

オリュムポスの神々は、たとえ知性のかけらもないアレスであっても、見た目は美しくたくましかったが、そんな神々の中にたったひとりだけ、醜い神も混じっていた。鍛冶の神ヘパイストスである。

ゼウスが頭からアテナを生んだのを見た女神ヘラは、自分もひとりだけで子供を生もうとして、夫と交わらずにヘパイストスを生んだが、その子があまりに醜かったので、一目見ただけでオリュムポスの山頂から海中に投げ捨ててしまったほどである。

幸いにも海の女神テティスが、落ちてきた彼を受けとめたので、彼は海のそばの洞窟で九年間育てられた。その間に、彼は女神たちから鍛冶仕事を学ぶと、みるみる上達し、名匠といわれるまでになったのである。

彼の噂を聞いた神々は彼をオリュムポスに迎えようとした。が、彼はまだ母に恨みを持っていたので、復讐のため秘密の仕掛けのある黄金の玉座を母に贈った。ヘラが喜んで腰かけると、突然細い鎖が身体に巻きついて身動きがとれなくなってしまった。ディオニュ

鍛冶の神ヘパイストスは、火山の火口をその仕事場としている。弟子としてキュクロプスたちを使いながら、多くの英雄たちの武器を作っている。

ソス神がヘパイストスに酒を飲ませ、酔っ払った隙にオリュムポスに連れてきて、ヘラはやっと解放されたのである。

ヘラが英雄ヘラクレスをひどく迫害したために、ゼウスによってオリュムポスから吊り下げられたときには、彼は母と仲直りしていたので、母を弁護して父と争った。が、これが原因で、彼は今度はゼウスの手でオリュムポスから投げ落とされてしまった。彼は丸一日落下し続けてレムノス島に落ち、このために足が不自由になり、まともに歩けなくなってしまった。

しかしレムノス島では、彼は住民たちに大事にされた。そこで、彼はレムノス島にあった火山の地下に鍛冶場を作ると、以降はその仕事場でいろいろな物を作り出した。彼が作ったものはオリュムポスの宮殿の他、コルキス王アイエテスの火を吐く牡牛や英雄アキレウスの武具など、実にさまざまなものがあった。

ゼウスとマイアの息子

ヘルメス HERMES

ZEUS

オリュムポスの神々の中には、信じ難いほど狡猾ですばしこく、権威の高い他の神々[*十三]の使者として働く者もいた。死者の案内人で、盗人と商人の神でもあるヘルメスである。

ヘルメスはアルカディアのキュレネ山中の洞窟で生まれ、生まれるとすぐにその才能を発揮した。母マイアは早朝に生まれた彼を帯で巻いてゆりかごに入れたが、昼頃になると母の目を盗んで歩き出した。洞窟を出て一匹の亀を見つけた彼は、即座に亀の甲羅を剥ぐと、羊の腸で七本の弦を張り、この世で最初の竪琴を発明した。

それからさらに歩き続けた彼は、その日の夕方にははるか彼方のマケドニアまでやってきた。そこで、ヘルメスはアポロンの所有する牛の群れから、牛を五十頭盗み出した。用心深い彼は、牛の足跡をつけられないように牛たちをロープで結ぶと、後ろ向きに引っ張って進んだ。自分自身も不思議な形のサンダルを履き、誰が盗んだかわからないようにした。

牛を連れてペロポネソス半島のアルペイオス河まで戻ったとき、彼は二頭の牛を処分し、それを十二等分して神々への犠牲とした。そして、履いていたサンダルなど、証拠となるものを河へ投げ捨てた。

こうしたことをやってのけてから、彼は再び自分の洞窟へ戻ると、まるで何事もなかったようにゆりかごに横たわったのである。

もちろん、占いの神でもあるアポロンは翌日になって牛が盗まれたことを知るや、すぐにも犯人を察知し、ヘルメスの洞窟を訪れた。それでもヘルメスがとぼけ続けるので、アポロンは無理矢理に彼を追い立てて牛のところに案内させようとした。が、その途中でヘルメスが竪琴を奏でるのを聞くと、アポロンは急にそれがほしくなり、ふたりは牛と竪琴を交換することで争いをやめることにし、これ以降は親友として付き合うことになったのである。

ヘルメスのシンボルに二匹の蛇の巻きついた伝令の杖ケリュケイオンがあるが、これもアポロンから譲り受けたものだった。

＊十三　神々の使者　神々の使者として働くヘルメスはまた、多くの英雄を助けている。メドゥサ退治に向かうペルセウスに羽のはえた靴を与え、ケルベロスの捕獲に向かうヘラクレスを冥界まで案内し、オデュッセウスに薬草を与えて魔女キルケの魔法から守ってやった。

ZEUS

ゼウスとセメレの息子

ディオニュソス

DIONYSUS

ゼウスの子供たちの中で、いちばん最後にオリュムポスの神々の列に加わったのは、ギリシアの神々の中でも一風変わった神だった。現在でも葡萄酒の神として有名なディオニュソスである。

彼はテバイの建設者である英雄カドモスの娘セメレの子で、十二神の中で唯一人間の母から生まれた神だった。が、出生の仕方は普通でなかった。ゼウスが人間の姿でセメレのところに通っていることを知ったヘラは大いに嫉妬し、ある日セメレの乳母の姿で彼女を訪れた。そして、通ってくる男はゼウスの名を騙る嘘つきかもしれないから、だまされないためにも彼の本当の姿を見た方がいいと告げたのである。そういわれるとセメレにも疑念が生じ、本当の姿できてくれるようにゼウスに頼んだ。

ゼウスは彼女のいうことは何でも聞くと約束していたので、やむなく雷鳴を轟かせ、雷光を抱えた本来の姿で彼女を訪れた。すると、ゼウスの雷光に打たれて、セメレは死んでしまったのである。

　このとき、セメレはすでに妊娠していたので、ゼウスは彼女の胎児を取り出すと自分の太股を裂いてその中に埋め込み、再び縫いつけた。

　そして、月が満ち、生まれてきたのがディオニュソスだった。

　しかし、子供を生んではみたものの、ゼウスにはその子をどうやって育てたらいいかわからなかった。困った彼は、子供をセメレの姉妹でオルコメノス王アタマスの妻となっていたイノに預け、ヘラの目を逃れるために女装させて育てさせた。が、ヘラはすべてお見通しで、アタマスとイノを発狂させ、自殺させてしまった。

　ゼウスは残されたディオニュソスを助けると、今度はエチオピアの山奥に連れていき、子山羊の姿に変えてニンフたちに育てさせた。

　こうして成長した彼は、間もなく葡萄と葡萄酒の製法を世界で初めて発見したのである。ところが、ヘラが彼を発狂させたので、彼は狂気のうちに世界中をさまようことになった。彼はギリシアを出て、シリア、エジプトなどを放浪した。そしてプリュギアにきたとき、女神キュベレに清められ、やっと正気に戻った。

　さらに、彼はキュベレから不思議な秘儀を授けられたので、彼のまわりに最初の信者たちが集まってきた。半人半獣のシレノスやサテュロス、それに熱狂的な人間の女性信者たちだった。

　そこで、彼はこれらの信者たちを連れて、伝道の旅に出発した。

この伝道のために、彼はインドにまで旅をして信仰を広めた。が、これはほとんど狂乱の集団だった。彼らは酒を飲んで踊り狂い、いたるところで相手かまわず性的な濫行を行ったのである。

ディオニュソスの故郷であるギリシアでは、信者たちの濫行のために多くの都市で迫害された。しかし、ディオニュソスは、彼を信じない者や迫害する者たちを残酷な方法で殺して報復し、信者の数を増やしていった。トラキア王リュクルゴス、テバイ王ペンテウスなどが、ディオニュソスによって殺された。

ついにギリシア本土における彼の地位が確立したとき、彼はエーゲ海の島々に伝道するため船に乗った。が、このために雇った船員たちは実はみな海賊で、旅の途中で船を乗っ取り、まだ若いディオニュソスを奴隷として売り払おうと企んだ。このとき、不思議なことが起こった。船に乗せていた葡萄の蔓が突然伸び始めると、船体やマストに巻きついて船を動かなくしたのだ。さらに、船に取りつけられた櫂という櫂がみな蛇になり、海賊たちを襲い始めたのである。驚いた海賊たちは次々と発狂して海に飛び込んだが、海に入った瞬間にみなイルカになって泳ぎ始めた。

地上での仕事を終え、ギリシア人から完全に神と認められた彼が最後に訪ねたのは、母セメレのいる冥界だった。そこで彼は母に出会うと、自らの神性の一部を分け与えることで彼女を神に変え、ふたりして神々の住む天界へとのぼっていったのである。

ディオニュソスは、人間に葡萄の栽培を教えて歩く葡萄の神である。火の中に生まれたため、血管の中には火が回っており、体の内部から光を放っているという。

モイライ FATES

ティタン神たちの時代に誕生したエリニュスたちと同様、新しい時代に誕生した神の中にも、時としてオリュムポスの神々よりも優位に立つ神が存在していた。人間の運命を決める女神モイライである。

モイライは三人一組の女神で、運命の内容を決めるクロト、運命を割り当てるラケシス、運命を突然断ち切るアトロポスがいた。

彼女たちは天界の池のほとりの洞窟に住んで、地上で人間の子供が生まれるたびに、一生の運命を決めて分け与えたが、この決定にはゼウスでさえ従うしかなかった。英雄たちが戦うトロイア戦争のとき、ゼウスは英雄同士の戦いに際して、どちらの英雄が死ぬべきであるかを秤で量って調べるが、それはあくまでもモイライの決定を知るための手段に過ぎなかった。たとえ一方をゼウスがひいきにしていたとしても、彼には運命を覆す力はなかったのである

ゼウスは最高神であって人間の運命を決定するようにも見えるが、モイライの決定がは

っきりしているかぎり、それに従った。

モイライたちの決定は、人間が生まれると同時になされ、すべての人間に与えられた。だから、すべての人間は生まれた瞬間から決まった運命を生きるわけだが、モイライの決定自体が別な事柄と結びついていることもあり、偶然が入り込む余地も残されていた。

カリュドン地方の英雄メレアグロスの場合がそうだった。彼が誕生したとき、モイライは彼の運命を決定したが、それは炉の中にあった燃え木と関係していた。メレアグロスには、その燃え木が燃え尽きたときに死ぬという運命が与えられたのだ。

そんな運命を知った彼の母親が燃え木の火を消し、秘密の場所に隠すことで、彼は無事に立派な英雄に成長することができた。ところが、偶然のいたずらから、メレアグロスは母親から憎まれることになり、怒った母親は隠してあった燃え木に火をつけてしまった。燃え木が燃え尽きてしまうと、モイライの決定どおり、彼は死ぬことになったのである。

ポセイドンとエウリュアレの息子

オリオン ORION

ZEUS

オリオンは神ではなく、ゼウスの時代に生まれた数少ない巨人のひとりである。神と人間が主人公のギリシア神話では、巨人たちのほとんどが滅びる運命を持っている。オリオンの場合もそうだった。

彼には何人もの妻がいたが、あるときキオス島に赴き、オイノピオン王の娘メロペに求婚した。王は島の野獣を退治してくれるならという条件を出した。巨人の狩人だったオリオンにはそれは簡単なことだったが、それをやり遂げたオリオンを王は裏切った。オリオンに酒を飲ませて酔っ払わせると、彼を盲目にして海辺に捨てたのである。

気づいたオリオンは海の中を歩いて、やがてレムノス島に到着した。彼は背が高く、海底に立っても両肩が海上に出るほどだったので、目が見えなくても死ぬことはなかった。レムノス島で、ヘパイストスの鍛冶場にいた少年ケダリオンを肩に乗せると、彼を目の代わりにして太陽ののぼる方向へ歩いた。やがて、太陽の光を受けたおかげで、彼の目も回復した。

オリオンはさっそく復讐しようとしたが、オイノピオン王はヘパイストスが作った地下室に隠れたので、復讐は果たせなかった。

仕方なくクレタ島に向かったオリオンはそこでアルテミスと知り合い、しばらくの間、狩をして過ごした。そうするうちに、オリオンはアルテミスに恋をし、結婚を望むようになった。もちろん、処女神アルテミスが結婚するわけはないが、彼の望みを知ったアルテミスの兄弟アポロンは、オリオンを殺そうと考えた。ある日、アポロンはアルテミスと海辺にいるとき、沖の方に浮かぶ小さな岩のようなものを指差して、いくらなんでもあれを射ることはできないだろうと彼女を挑発した。その岩は実は沖の海を歩いているオリオンだったが、アルテミスは知らずにそれに向かって弓を射、オリオンを殺してしまったのである。そして、彼の死を悲しんだアルテミスは彼を星座[*十四]に変えたのだった。

＊十四　**星座**　オリオンは、十六個の星からなるオリオン座と呼ばれる星座となった。オリオン座は天の赤道上に位置している。

二

英雄の物語

ギリシア神話になくてはならない登場人物に、数多くの英雄や人間たちがいる。ギリシア神話の多くの物語は、これらの英雄と人間の物語である。

実際に長い歴史を生きてきた人間がそうだったように、これらの英雄や人間たちも数多くの困難や苦しみ、悲しみの中で生きている。英雄と呼ばれる人たちは、ほとんどの場合に神々と特別に近い血縁関係にあり、普通の人間とは明らかに違う能力を持っているが、だからといって人生が楽になるわけではない。それどころか、ギリシア神話では英雄であればあるほど、苦難に満ちた人生を生きるように運命づけられている。むしろ、そのような苦難を生き抜くことで英雄となったといってもいい。ギリシア神話中最も偉大で、現在でもよく知られている英雄にヘラクレスがいるが、そんな英雄である彼が最も苦難に満ちた不幸な人生を生きているのもそのためだろう。

もちろん、ここにも神々は登場する。もともと困難な人間の人生に、神々がさらにいろいろな影響を与えるのである。

人間の世界には当然、人間同士の権力闘争や愛憎といったものが存在しているが、このうえさらに、神々が人間に味方したり敵対したりするのである。神なのだから、人間のためになることをすればよさそうなものだが、けっしてそうとは限らない。ギリシア神話の神々は好き嫌いが激しいので、気に入らない人間にはとてもつらくあたる。しかも、神々は人間と違って絶大な力を持っている。人間を生かすことも殺すことも、大きな苦難を与えることも、彼らにとっては簡単なことだ。神々はその力で、人間を石や植物や星に変えることさえできるのである。

こうして、ギリシア神話の英雄や人間たちの多くが波乱に満ちた、ときに奇想天外な物語を生きることになるのである。

ここでは、これらの英雄たちを基本的に血族ごとに分けて紹介したい。主な英雄や人間たちはみな神々の子孫なので、祖先となる神々によっていくつかの血族に分かれているし、この血族ごとにいくつかの物語圏を作っているからである。

プロメテウスの息子

デウカリオン DEUCALION

DEUCALION

ギリシア神話の大神ゼウスは、数多くの女神やニンフ、人間の女たちに手を出しては、子供を生ませるようなことばかりしているので、わたしたちはついうっかりと、彼が恐ろしい大神だということを忘れてしまうことがある。しかし、ゼウスはギリシアの神々の中で最大の権力を持っているので、地上で暮らす人間の運命を左右することなど、彼にとっては簡単なことなのである。

大地に青銅[*1]の種族の人間たちが住んでいた時代のことだ。

「こんなことなら、ギリシア中に大洪水を起こし、地上の人間たちを皆殺しにしてしまおう」

地上の人間たちを見てひどく腹を立てたゼウスは、突如としてこんな恐ろしいことを決心した。青銅時代の人間たちは、傲慢で、暴力的で、少しも神のことなど敬おうとせず、争いばかり起こしていたからだ。

怒ったゼウスは手がつけられなかった。すぐにも、どこからか黒々とした雷雲が集まって厚く空を覆うと、その日から、激しい雷雨がまるで滝のようにギリシアの土地に降り注いだ。

この雨は、九日九夜勢いを弱めずに降り続いた。当然、地上は大洪水で、高い山々の頂付近を除いては、ギリシアの土地はすべて水の底に沈んでしまった。さすがに剛胆な青銅時代の人間たちも、次から次と水に飲まれて死んでいった。

ところが、こんな大洪水にもかかわらず、すべての人間たちが死に絶えたわけではなかった。たったふたりではあったが、この洪水から生き延びた人間がいた。

デウカリオンという男とその妻のピュラという女だった。

デウカリオンはプロメテウス[*二]の子供だった。プロメテウスは土をこねて人間を創ったといわれるが、別にれっきとした男の子供がいた。これがデウカリオンで、エピメテウスとパンドラの娘ピュラを娶って、テッサリア地方を統治していた。

あるとき、先のことを見とおすというプロメテウスがデウカリオンにいった。

「頑丈な箱船を作り、必要品を積み込んで、乗り込みなさい。もうすぐ、大洪水が起こるから」

デウカリオンはいわれたとおりにし、ピュラと一緒に乗り込んだ。

それから、ふたりは大洪水の中をさまよったのだが、やがてふたりの乗った箱船はパルナッソス山の峰に流れ着いた。その頃、ちょうど大雨も上がったので、ふたりは山の上の大地に降り立った。

救われたことを知ったデウカリオンとピュラは、すぐにもパルナッソスの頂で、ゼウスに感謝するために犠牲を捧げた。

彼らが犠牲を捧げると、ゼウスは使者であるヘルメスに彼らの願いを聞きにいかせ、すぐにもその願いを叶えてやることにした。

デウカリオンとピュラは洪水の前からとても敬虔で、神を敬うことを忘れなかったので、ゼウスは初めから、彼らに対して特別な愛情を持っていたのだ。大洪水で助かったのもそのためだ。

このおかげで、大洪水の後にも、ギリシアの地に華々しい繁栄の時代が訪れることになった。というのも、デウカリオンとピュラは再び地上に人間が生じることを望んだからだ。そして、ふたりはゼウスに教わったとおりに、大地に転がっている石ころを拾い上げては、肩越しに後ろに向かって投げ始めた。と、その石が人間に変わった。男たちはデウカリオンの石から、女たちはピュラの石から生まれたのである。

デウカリオンとピュラはふたりの間にも子供を残し、これら子孫の名前から、ギリシア人を意味したヘレネスという名やたくさんの種族の名前が取られている。そして、その一族はギリシア神話の中でもとても大きなものになっている。

こういう意味では、デウカリオンは人類の父に当たる人物といってもいいのである。

デウカリオンの一族

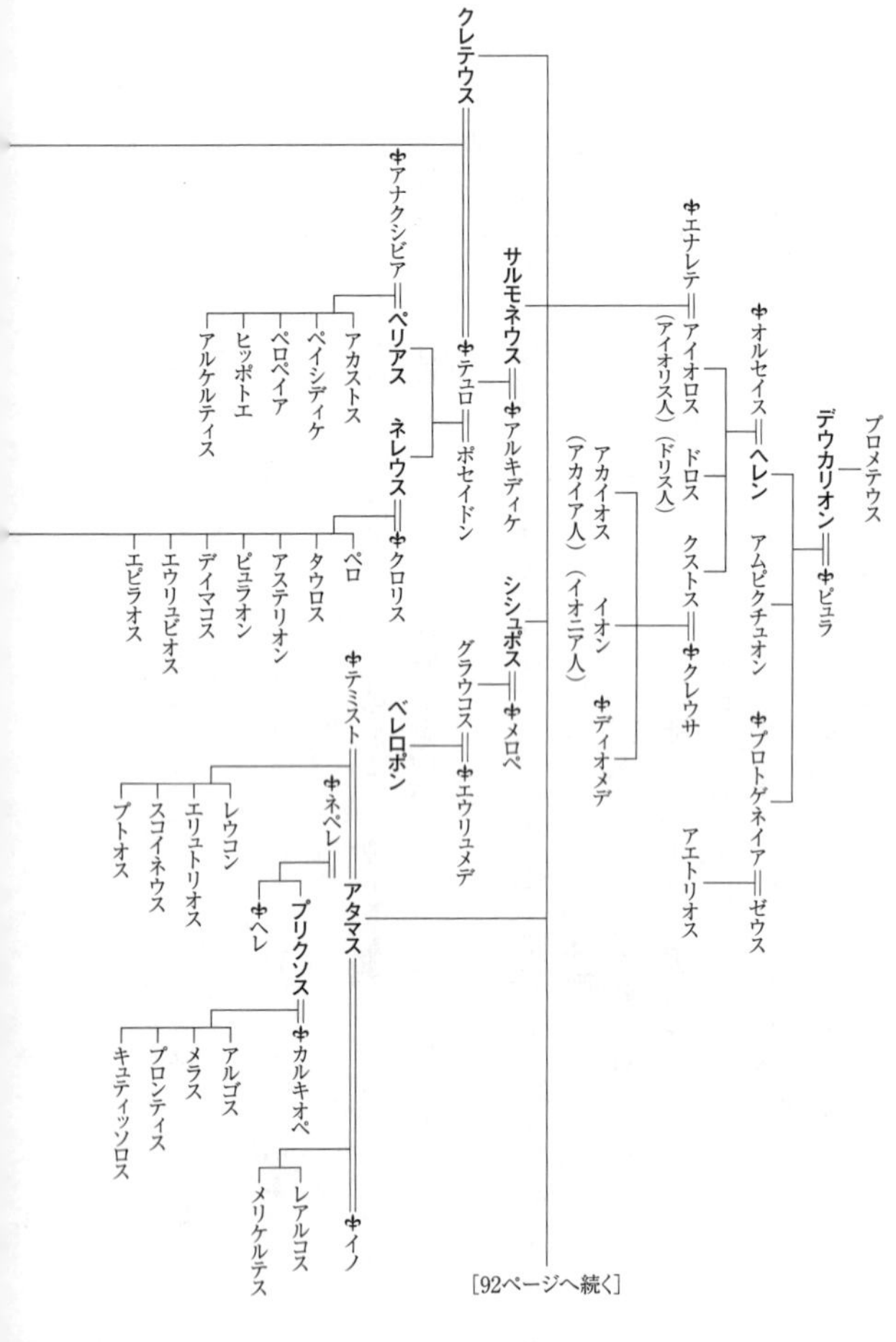

プロメテウス
デウカリオン
ピュラ
ヘレン
オルセイス
アムピクチュオン
プロトゲネイア
ゼウス
アエトリオス
エナレテ
アイオロス
（アイオリス人）
ドロス
（ドリス人）
クストス
クレウサ
アカイオス
（アカイア人）
イオン
（イオニア人）
ディオメデ
サルモネウス
アルキディケ
シシュポス
メロペ
グラウコス
エウリュメデ
ベレロポン
クレテウス
テュロ
ポセイドン
アナクシビア
ペリアス
ネレウス
クロリス
アカストス
ペイシディケ
ペロペイア
ヒッポトエ
アルケルティス
ペロ
タウロス
アステリオン
ピュラオン
デイマコス
エウリュビオス
エピラオス
テミスト
アタマス
ネペレ
イノ
レウコン
エリュトリオス
スコイネウス
プトオス
プリクソス
ヘレ
カルキオペ
アルゴス
メラス
プロンティス
キュティッソロス
レアルコス
メリケルテス

［92ページへ続く］

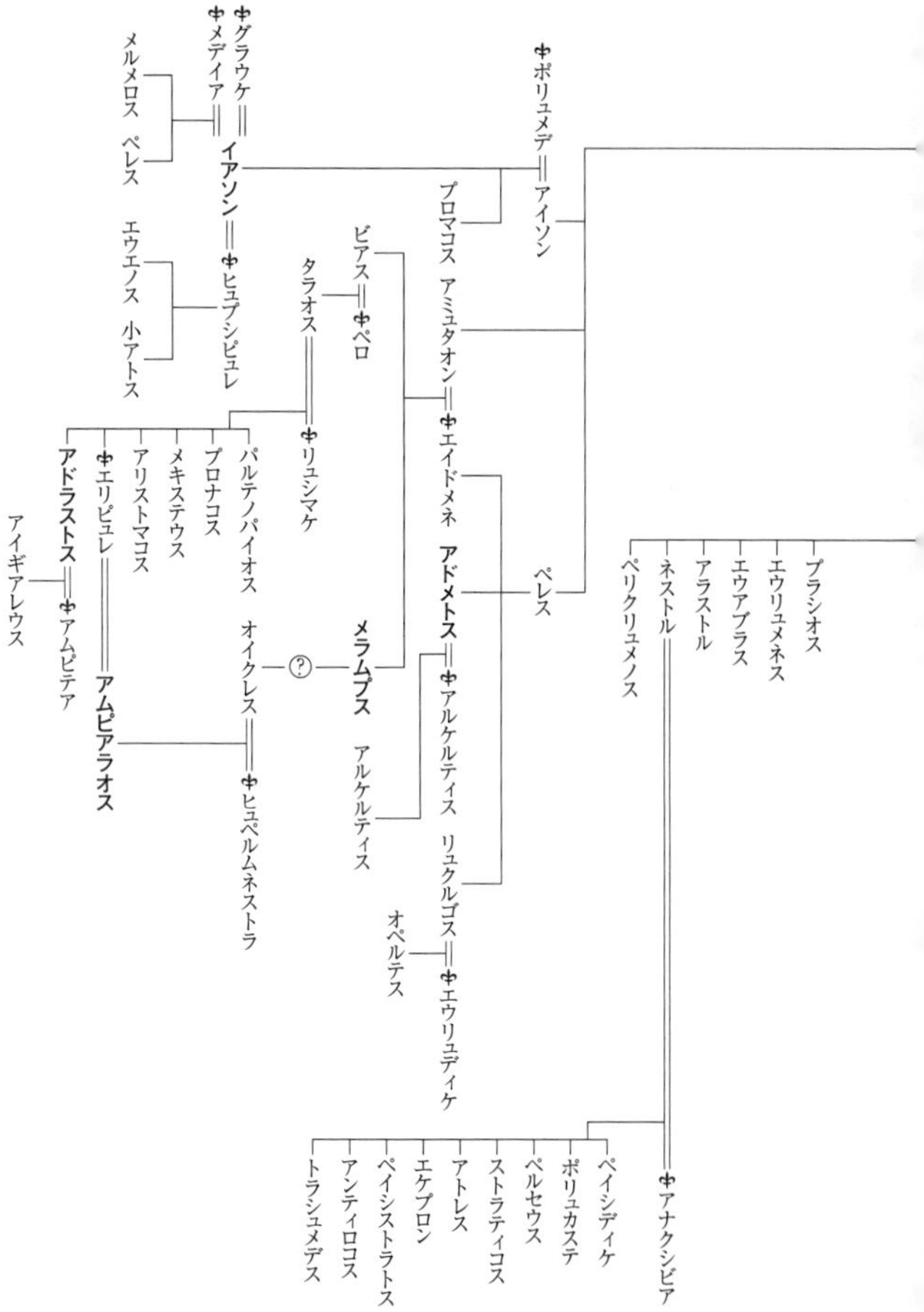
⚜グラウケ
⚜メデイア
メルメロス
ペレス
イアソン
エウエノス
小アトス
⚜ヒュプシピュレ
⚜ポリュメデ
アイソン
プロマコス
アミュタオン
ビアス
⚜ペロ
タラオス
⚜リュシマケ
⚜エイドメネ
パルテノパイオス
プロナコス
メキステウス
アリストマコス
⚜エリピュレ
アドラストス
アイギアレウス
⚜アムピテア
アムピアラオス
オイクレス
?
メラムプス
⚜ヒュペルムネストラ
アルケルティス
アドメトス
⚜アルケルティス
ペレス
リュクルゴス
オペルテス
⚜エウリュディケ
ペリクリュメノス
ネストル
アラストル
エウアプラス
エウリュメネス
プラシオス
⚜アナクシビア
ペイシディケ
ポリュカステ
ペルセウス
ストラティコス
アトレス
エケプロン
ペイシストラトス
アンティロコス
トラシュメデス

デウカリオンの一族（続き）

[90ページへ続く]

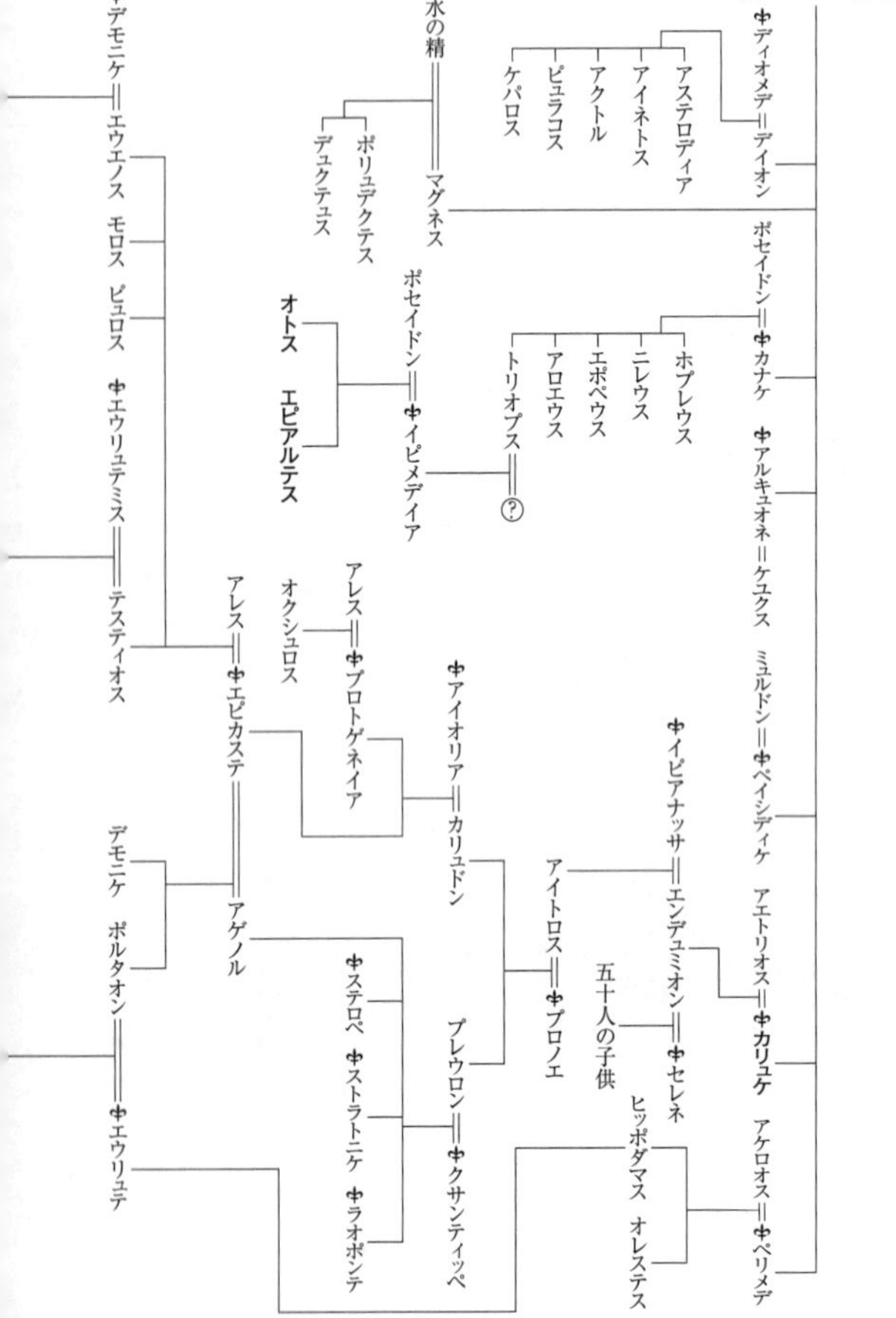

ディオメデ＝デイオン
アステロディア
アイネトス
アクトル
ピュラコス
ケパロス
水の精＝マグネス
ポリュデクテス
デュクテュス
ポセイドン＝カナケ
ホプレウス
ニレウス
エポペウス
アロエウス
トリオプス＝?
ポセイドン＝イピメデイア
オトス
エピアルテス
アルキュオネ＝ケユクス
ミュルドン＝ペイシディケ
アエトリオス＝カリュケ
イピアナッサ＝エンデュミオン＝セレネ
五十人の子供
アイトロス＝プロノエ
アイオリア＝カリュドン
プレウロン＝クサンティッペ
ステロペ
ストラトニケ
ラオポンテ
アレス＝プロトゲネイア
オクシュロス
アレス＝エピカステ＝アゲノル
デモニケ
ポルタオン＝エウリュテ
アケロオス＝ペリメデ
ヒッポダマス
オレステス
デモニケ＝エウエノス
モロス
ピュロス
エウリュテミス＝テスティオス

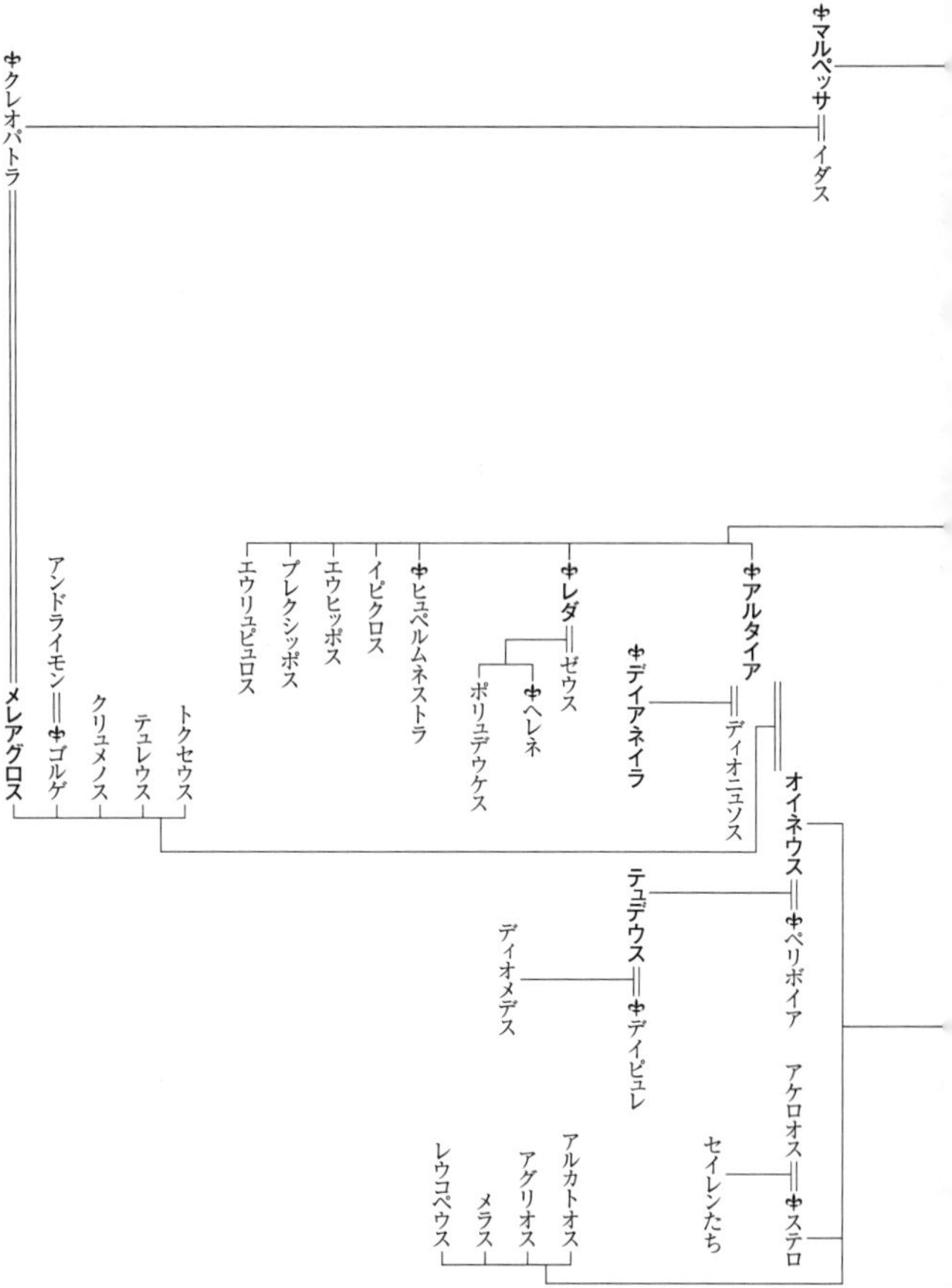
マルペッサ
イダス
クレオパトラ
アルタイア
レダ
ゼウス
ヘレネ
ポリュデウケス
ヒュペルムネストラ
イピクロス
エウヒッポス
プレクシッポス
エウリュピュロス
ディアネイラ
ディオニュソス
オイネウス
ペリボイア
テュデウス
デイピュレ
ディオメデス
アケロオス
ステロ
セイレンたち
アルカトオス
アグリオス
メラス
レウコペウス
メレアグロス
アンドライモン
ゴルゲ
クリュメノス
テュレウス
トクセウス

＊一　**青銅の種族**　青銅の種族は、地上に栄えた三番目の種族といわれている。最初に栄えた人間が「黄金の種族」、次に栄えたのが「銀の種族」。この世代までの人間は、素直で神の意のままに暮らしていたらしい。デウカリオンの洪水以降に栄えた人間は「鉄の種族」と呼ばれている。

＊二　**プロメテウス**　最初に人間を創ったといわれる神。水と土を混ぜ、神々の姿に似せて人間を創ったという。ゼウスの意に逆らって人間に火を与えたため、山に縛りつけられたうえ、鷲に内臓をついばまれるという罰を受けている。

デウカリオンとピュラの息子

ヘレン HELLEN

DEUCALION

人類の父であるデウカリオンはその名に恥じぬ立派な子供たちを残している。その代表が、デウカリオンとピュラの長男であるヘレン[*三]である。なにしろ、ヘレンの子供たちの名前から、ギリシアの各部族の名前が取られているのである。

ヘレンはニンフのオルセイスと結婚し、ドロス、クストス、アイオロスという男子を儲けているが、このうちドロスからドリス人、アイオロスからアイオリス人の名が取られた。また、クストスはアテナイの王エレクテウスの娘クレウサを妻とし、アカイオス、イオン、ディオメデという二男一女を儲けているが、アカイオスからアカイア人、イオンからイオニア人の名が取られている。

子供たちからギリシアの各部族の名前がつけられたことから、ヘレンの名から、ギリシア人を表すヘレネスという言葉も生まれたのである。

これら、ギリシアの部族名となった人物については、残念なことに、まったく物語が残されていない。しかし、物語が存在しないからといって、これらの人物がどうでもいい存在だったとはいえまい。ギリシアの各部族に属する人間にとって、ギリシア神話の中にこれらの人物が存在しなければならなかったことは確かだろう。彼らが、人類の祖先であるデウカリオンの子孫であることも重要だったに違いない。

悲劇詩人エウリピデスが、『イオン』という戯曲を残しているのも、その名がギリシア人の中にはっきりと記憶されていたからだろう。これは捨てられた子と捨てた母親とがデルポイの神託所で出会い、母子であることを認め合うという物語だが、これによれば、クレウサはまだ娘だった頃のある祭の夜に、アポロンに犯されて子供を生んだことがあったという。しかし、このことを恥じた彼女はその子を箱に入れて捨ててしまった。それがイオンで、やがて麗しい青年になって神託所の衛士を務めるようになったが、そこへ、クストスと結婚しながら子供のできないクレウサが神託を伺いにきて、ふたりが出会ったというのである。

＊三　ヘレン　ヘレンはゼウスとピュラの子供だともいわれている。

SISYPHUS

アイオロスとエナレテの息子

シシュポス SISYPHUS

ヘレンの子供たちの中で、ギリシア神話の中でもとりわけ大きく、重要な一族を形成したのはアイオロスだった。アイオロスにはクレテウス、シシュポス、アタマスなどの子供がいたが、彼らはみな、ギリシア神話の豊かな世界を形成するのになくてはならない登場人物なのである。

だが、これらアイオロスの子供たちの中でも、最も強く、祖先であるプロメテウス――天界の火を盗み出した策士プロメテウス――の血筋を感じさせる者といえば、シシュポスをおいて他にいないだろう。彼はギリシアの諸都市の中でも最も古い部類に属するコリントスの創建者だが、その悪知恵には神々でさえ手を焼くような存在だったのである。

ゼウスがアソポス河神の娘アイギナを誘拐し、ある島で犯したときのことだ。ゼウスが犯人だと知っていたシシュポスがアソポス河神に事実を教えたため、ゼウスはタナトス（死）を送り、シシュポスを冥界へと連れ去った。つまり、シシュポスはこのとき一度死んだのである。

ところが、シシュポスはただ死んだのではなかった。彼はこんなこともあるだろうと察知していたので、たとえ自分が死んでも、死体の埋葬など一切の葬礼の儀式を行わないようにと、妻のメロペに言い残しておいた。このため、何も知らない冥界の王ハデスは、夫が死んだのに、決められた葬礼をまったく行おうとしないメロペの様子を冥界から見て腹を立てた。シシュポスの計算どおりだった。彼は即座にこういった。

「これからわたしが妻のところにいって、わたしの死体を埋葬するようにいいつけてきましょう」

こうして生者の国に舞い戻ったシシュポスは、死体を埋葬させるどころか、コリントスの地で十分に長生きしたのである。

しかし、本当に寿命がきて死んだ後に、シシュポスには大きな罰が待っていた。彼は冥界にあるタルタロス[*四]という地獄で、巨大な石を山の頂上まで運び上げる罰を与えられた。しかも、その石は頂上まで運ばれるたびに転がり落ちてしまい、その罰は永遠に終わらないのである。

＊四　タルタロス　地の底にある地獄。大地から十日間落ち続けてやっと到達できるほど深い所にある。タルタロスでは、シシュポスの他にも、イアペトス、実の子を殺して神々に供したタンタロス、夫を殺したダナオスの娘たちなどが罰を受けている。

SISYPHUS

グラウコスとエウリュメデの息子

ベレロポン BELLEROPHON

ギリシア神話の英雄というとすぐにもヘラクレスやテセウスの名前が思い浮かぶ。彼らはたったひとりでさまざまな冒険を乗りきった英雄なので、多くの英雄が登場するギリシア神話の中でも、とくに印象に残りやすいのだ。

だが、デウカリオンの子孫の中にも、たったひとりで、とてつもなく困難な冒険を乗りきった英雄は存在している。シシュポスの孫に当たるベレロポン[*五]だ。

ベレロポンは人間の中でただひとりペガソス[*六]を乗りこなした英雄である。ペガソスといえばあまりにも有名だ。翼を持ち、自由自在に空を飛び回る、美しい天馬である。この馬は、もともとゼウスの使いとして働いていた神聖な馬で、人間などが乗りこなせる馬ではなかった。だが、コリントスの泉に水を飲みにくるペガソスを目撃したベレロポンは、どうしてもその馬に乗りたいと思った。と、夢の中に女神アテナが現れ、彼に黄金の手綱を手渡した。この手綱は、夢の中で渡されたのに、目覚めたときにもベレロポンの手の中にあった。

こうして、ついにペガソスを乗りこなすようになったベレロポンは、いまや押しも押されもせぬ英雄といってよかった。

ベレロポンはコリントスの王家の生まれだったが、ある年の競技の際に身内の者を誤って殺してしまい、国を去らなければならなくなった。しかも、彼が最初に寄寓したアルゴス王プロイトスのところでは、王の妻アンテイアが眉目麗しいベレロポンに恋心を抱くという、ギリシア神話の中でもよくある恋愛事件が起こってしまった。ここで、ベレロポンが彼女を冷たくあしらうと、アンテイアは自らの衣服を引き裂き、ベレロポンが自分を犯そうとしたと、プロイトスに訴えたのである。

プロイトスにしてみれば、飼い犬に手をかまれたようなもので、どうにかしてベレロポンを亡き者にしたいと考えたが、彼が客人である以上は、直接手を下すこともできなかった。そこで、彼はある策略を思いつき、この者を殺してくれるようにという手紙を持たせ、ベレロポンを小アジアのリュキアを統治するイオバステ王のところに送った。

こうして、この手紙を読んだイオバステ王から、ベレロポンはキマイラ退治を命じられることになったのである。

キマイラは獅子の頭と前足、牡山羊の胴体と後ろ足を持ち、尾は蛇で、胴体の中央部分から牡山羊の頭が突き出しているという奇怪な怪物である。有名なエキドナ[*七]と大巨人テュポンの娘で、リュキアの火山に住んでおり、ときどき街に出てきては、口から火を吐いて

女神アテナから黄金の手綱を受け取ったベレロポンは、天馬ペガソスを乗りこなし、みごとにキマイラを退治した。しかし、謙虚さを忘れたとき、彼の運命は下降線を辿ることになった。

暴れ回っていた。イオバステ王にしてみれば、ベレロポンがどれほどの英雄であっても、相手がキマイラでは確実にやられてしまうだろうと考えたわけだ。

しかし、イオバステ王の企みはうまくいかなかった。神馬ペガソスに乗って、空からキマイラに近づいたベレロポンが、その口めがけて、鉛の塊を投げつけたからだ。その塊はキマイラ自身の吐き出す炎でどろどろに溶け、キマイラの臓腑に流れ込むと、身体の内側から、その怪物を燃やし尽くしてしまったのだ。

イオバステ王はその後も、ベレロポンに命じて、古くからリュキアと敵対していたソリュモイ人征伐やアマゾン征伐に向かわせたが、ベレロポンはこれらの困難すべてに打ち勝ったのである。

これは本当にただ者ではない……最後にはイオバステ王もこう認めたのだろう、ベレロポンにすべての事情を打ち明けると、仲直りし、娘を与えてリュキアの国の跡継ぎにしたのである。

しかし、ペガソスに乗ったベレロポンが、ついに神々の住む天にまでのぼろうとしたとき、彼の運命は大きく変わった。腹を立てたゼウスが小さな虻《あぶ》を送ったからだ。それがベレロポンの乗ったペガソスを刺すと、ペガソスは痛みのためにベレロポンを振り落としてしまった。ベレロポンは地上に墜落し、片足を失うと、その後は落ちぶれて、各地をさまよい歩いて暮らしたのである。

＊五　ベレロポン　ベレロポンはポセイドンの子ともいわれている。

＊六　ペガソス　全身白色、黄金の翼、たてがみ、蹄を持つ天馬。ペルセウスがメデゥサの首を切ったとき、その切り口から飛び出したという。

＊七　エキドナ　上半身が美しい女性、下半身が大蛇の怪物。美しい上半身を餌にして通行人をおびき寄せては喰い殺していた。双頭の犬オルトロス、地獄の番犬ケルベロス、ヒュドラ、スフィンクス、ネメアの獅子等、多くの怪物を生んでいる。

アタマス ATHAMAS

アイオロスとエナレテの息子

ATHAMAS

デウカリオン一族の物語の中で最も有名なのは、ヨーロッパ諸国の教科書には必ず登場するというアルゴー探検隊の物語だ。これは数多くの英雄たちが、ギリシアから、当時の地の果てともいえる黒海の東岸地方まではるばると旅していくという壮大な冒険航海譚だが、それだけにこの大きな事件と関連する小さな事件が、デウカリオンの子孫となった人々の物語の中にしばしば登場する。

なかでもアタマスの家系には、その序幕ともいえる物語がある。

ボイオティア地方に君臨していたアタマスは、雲のニンフ*八であるネペレと結婚し、プリクソスとヘレという一男一女を儲けた。それから、ネペレと別れたアタマスはテバイ王カドモスの娘イノと結婚したのだが、ここに新しくふたりの子供が誕生した途端、イノは前妻の子であるプリクソスとヘレが邪魔になり、ふたりを殺そうと考えたのだ。

ある年のこと、イノは配下の女たちに畑に蒔くための種麦をあぶっておくように命じた。当然、その年は不作となった。ここでイノは不作の原因についてデルポイの神託を求めるよう夫に勧め、同時にデルポイへの使者を呼ぶと、プリクソスとヘレをゼウスの犠牲として捧げれば飢饉《ききん》は救われるという託宣を、アタマスに伝えるように説き伏せたのだ。

アタマスはその託宣を信じはしなかったが、土地の住民に強制され、やむなくプリクソスとヘレを殺そうとした。ふたりは住民の見守る中、祭壇に連れていかれると、その喉にぎらぎら光る刃が当てられた。が、このときのことだ。いち早く事態を察知していた母のネペレがヘルメスに頼んで譲り受けたという金毛の羊が、空を飛んでふたりの前に舞い降りてきたのだ。そして、祭壇の上で殺される寸前だったプリクソスとヘレをその背に乗せると、再び空高く舞い上がったのである。

こうして、プリクソスとヘレはすんでのことで犠牲に捧げられるところから救われたのだが、ここで登場した不思議な黄金の羊こそ、アルゴー探検隊の探検の目的となるものなのである。

＊八　ニンフ　精霊のこと。女性である場合が多い。ギリシア神話には、水のニンフ、山のニンフ、森のニンフなどがしばしば登場する。彼女たちは概して美しい若者が好きであり、自分のテリトリーに引き込もうとする。

アタマスとネペレの息子

プリクソス

PHRIXUS

ATHAMAS

アタマスの項で、アルゴー探検隊の目的となる黄金の羊が登場したが、この金毛の羊がその後どうなったか、これを知るにはアタマスの子であるプリクソスの運命をもう少し先まで追う必要がある。

ゼウスの犠牲とされるところを、金毛の羊にまたがって空を飛んで逃げ出したプリクソスとヘレの兄妹は、エーゲ海を越え黒海の方へと飛んでいった。だが、ヘレの方は長生きできなかった。金毛の羊がある場所まで飛んできたとき、あまりの高さに目がくらんだヘレは、びっくりして羊の背から落ちてしまったからだ。その場所は現在のダーダネルス海峡で、ヘレが落ちた海であることからヘレスポントスと呼ばれた。

妹がこんなことになっては、兄が落ち着いていられるはずはなかったが、幸いなことに、このとき金毛の羊が人間の声を出してプリクソスを励ましたという。おかげでどうにか気を取り直した兄は、黒海東岸にあるコルキス国まで飛んでいくことができたのである。

継母イノに命を狙われたプリクソスとヘレは、あやういところを黄金の羊に救われた。この羊の起源には、牡牛に化けたポセイドンの交わりにより生まれたという説、昔からイデ山に棲んでいた黄金の羊の種族の最後の生き残りであるという説など、諸説ある。

コルキスはアイエテス王の治める国だったが、この王はプリクソスを歓待した。プリクソスの方では、羊自身の望みもあって、自分を救ってくれた黄金の羊をゼウスに犠牲として捧げると、その皮、金羊毛皮をアイエテスに贈った。そして、アイエテスは、この金羊毛皮を軍神アレスの聖地とされている森の奥にある一本のかしわの木に掛けると、火を吐く竜に守らせたのである。これが、アルゴー探検隊の目的となる金羊毛皮の物語で、やがて大勢の英雄たちがはるかギリシアの地から、この土地を目指して航海してくることになるのである。

このように、重要な金羊毛皮をコルキスの地までもたらすことになったプリクソス自身は、この土地で長く暮らし、四人の子供を残したという。アルゴス、メラス、プロンティス、キュティッソロスの四人で、彼らはやがてコルキスを脱出すると、漂流の後、偶然にもアルゴー探検隊に救われ、英雄たちの乗ったアルゴー号をコルキスの地まで案内するという役割を演じることになるのである。

アイオロスとエナレテの息子

サルモネウス

SALMONEUS

SALMONEUS

物語にはしばしば仇役というものが存在する。デウカリオン一族の最も大きな物語であるアルゴー探検隊にも、それに相当するものが登場する。この仇役を演ずることになるのが、同じ一族に属するサルモネウスの子孫たちである。

サルモネウスは、仇役となるにふさわしい性格を持っていた。彼はもともとテッサリアの王であり、兄弟のシシュポスに追放されたものの、エリスに移ってそこに一市サルモネを建設するほどの実力者だった。だが、彼はあまりにも傲慢だった。彼は自分の権力に酔い、まるで自分はゼウスと同じだというように、稲妻を真似て火のついた松明を投げながら、雷鳴のように大音響を立てる青銅の道具を引きずって戦車を暴走させたりしたのである。これでは本物のゼウスが腹を立てるのも当然だった。ちょうど旧約聖書のソドムやゴモラが神の怒りで滅ぼされたように、サルモネウスの建設した市も住民も、もちろんサルモネウス自身も、ゼウスの雷に打たれて、あっという間に地上から消えてしまったのである。

しかし、それでもサルモネウスは子孫を残した。彼にはテュロというひとり娘がいた。これが父とは違って、優しく美しく、水の神ポセイドンの心を引きつけたのである。彼女自身はエニペウス河神に恋をして、いつもその河で遊んでいたが、これを知ったポセイドンはエニペウス河神に化けて彼女を犯したのである。こうして、双子の子供が生まれた。まだ、父であるサルモネウスが生きているときだったので、父の怒りを恐れたテュロはこのふたりを山中に捨てた。これがペリアスとネレウスで、このうちペリアスが、長じて後にアルゴー探検隊の隊長イアソンと敵対する存在になるのである。

サルモネウスの家系の中で、例外的にも美しかったテュロ自身は、この後に父の兄弟であるクレテウスと結婚し、アイソン、アミュタオン、ペレスという息子を生み、このうちのアイソンがイアソンの父となる。アルゴー探検隊と彼女の関係はきわめて微妙だといえそうだ。

ポセイドンとテュロの息子

ペリアス PELIAS

SALMONEUS

傲慢なサルモネウスの孫であって、アルゴー探検隊最大の仇役となるペリアス[*九]は、その役割にふさわしく不遜な人間である。ペリアスはネレウスと双子の兄弟で、生まれるとすぐに母の手で捨てられ、偶然にその場所を通りかかった馬飼いに育てられたのだが、成長した後、すぐに大きな罪を犯した。彼の母であるテュロにはシデロという継母がいたが、この女がかつて母を虐待したというので、相手がヘラの神殿内に逃げ込んだのにもかかわらず、その場所で切り殺してしまったのである。このために、彼はヘラに憎まれるのだが、それでも彼はヘラを軽んじ続け、犠牲を捧げることもしなかった。

権力に対しても、彼は同じくらい頑固で貪欲だった。彼の母テュロは彼を生んだ後、サルモネウスの兄弟であるクレテウスと結婚し、三人の息子を儲けた。クレテウスはイオルコス国の創建者で、その王位は三人息子の長男であるアイソンが受け継ぐはずだった。ところが、ペリアスは、アイソンの手から王位を簒奪《さんだつ》してしまったのだ。幸いにも殺されずに、イオルコスに幽閉されたアイソンは、まだ幼かった子供を、秘かにケンタウロス[*十]族のケイロンに預けることができた。これがアルゴー探検隊の隊長となる英雄イアソンだった。

こうして、イオルコスでは何年もの間、ペリアスの時代が続くのだが、あるときのこと、片方だけサンダルを履いた者に殺されるだろうという神託がペリアスに下った。彼はそれがどういう意味なのかわからなかったが、やがて理解した。成長したイアソンが、河の中で一方のサンダルをなくし、片方のサンダルだけを履いてイオルコスに戻ってくると、正当な継承者として王位を要求したからだ。しかし、ペリアスは少しも驚いた様子を見せず、反対に、「自分を殺そうとしている人間がいたら、おまえならどうするか」と質問した。「金羊毛皮を取りにいかせますよ」とイアソンは答えたが、これが彼自身の運命を決定し、ついにアルゴー探検隊が編成されることになったのである。

＊九　ペリアス　ペリアスは馬飼いの馬に蹴られ、顔に赤痣（ペリオン）ができたので、その名がついたという。

＊十　ケンタウロス族　半人半馬の種族。ケイロンは、最も賢いケンタウロスで、音楽、医術、弓術等に秀でている。ヘラクレス、アキレウスなど多くの英雄を育てている。

ポセイドンとテュロの息子

ネレウス NELEUS

SALMONEUS

サルモネウスの家系は、サルモネウス自身やペリアスに代表されるように、神をも恐れぬ不遜な人間を生み出すという特徴があるが、その根底にあるのは、どうやら一種の頑固さであるといえそうだ。

ペリアスと双子の兄弟に当たるネレウスもそうで、とくに傲慢というわけではないが、頑固な一面があって、そのために自分の身を滅ぼすことになったのである。

ペリアスとともに母に捨てられ、ふたり一緒に馬飼いに育てられたネレウスは、ペリアスがイオルコス王国を簒奪した後に、彼との行き違いからイオルコスを追われると、ペロポネソスの西南に移り、ピュロス市を創建した。

そんなあるとき、テッサリアにあるオイカリアの王エウリュトスの息子イピトスを殺してしまったヘラクレスが、血の穢れを清めてもらうために、ネレウスのところを訪れたことがあった。ところが、ネレウスはエウリュトス王と親しかったので、相手がヘラクレスなのに、断固として彼を清めることを拒絶したのである。確かに立派な態度だが、これがヘラクレスの怒りを買ったことは確かだった。

何年かして、このことを根に持つヘラクレスがピュロス市を攻撃し、ネレウスとその息子たちを皆殺しにしたのである。彼には十三人の息子がいたが、助かったのは留守にしていたひとりだけだった。

ただ、このときの戦いのおかげで、ネレウスの息子のひとりであるペリクリュメノスが特別な能力の持ち主だったことが知られている。彼はポセイドンから変身の能力を授けられていたのだ。ヘラクレスとの戦いでも彼はその能力を十分に発揮した。彼は獅子や蛇や蜜蜂に変身して、ヘラクレスと戦ったのだ。最後に、彼は鷲になって、ヘラクレスの顔を傷つけるほどの活躍をしたが、ついに毒矢で射られたのだという。

ペリクリュメノスはこの戦いよりも前に、アルゴー探検隊にも参加している。

ポセイドンとイピメデイアの息子たち

オトスとエピアルテス

OTUS & EPHIALTES

CANACE

デウカリオンの一族に属するからといって、すべての人物がアルゴー探検隊と関係があるわけではない。その中には大きな物語と関係のない小さな物語もたくさんある。

オトスとエピアルテスの神話もそうで、小さいながらも完結し、素朴で原初的なイメージに溢れている。

オトスとエピアルテスはアイオロスの娘カナケの家系に属する。カナケの孫娘イピメデイアがポセイドンに恋し、毎日欠かさず海へと通い、波打ち際で波と戯れた。こうして生まれたのが双子のオトスとエピアルテスなのだ。

しかしこのふたりは、デウカリオンから数えると六代目にもなる人間の子孫ではあるが、その姿や振舞いはどう見ても巨人族のように見えるものだった。

彼らは毎年身体の幅が一キュービット（約五十センチメートル）、高さが一尋（約一・八メートル）大きくなった。このように急激に身体が大きくなる巨人の物語は、ヒッタイト[*十一]のクマルビ神話にもあって、ウルリクルミと呼ばれているが、ついには神々と戦う運命になっている。ギリシア神話のこのふたりの場合もそうだった。九歳になり、背丈が九尋、幅が九キュービットになったとき、彼らはついに神々への挑戦を決意した。ふたりは、神々の住む天上界にのぼろうとして、高い山々をいくつも積み重ねたのである。この挑戦が成功したかどうかははっきりしないが、ちょうど同じ頃、ふたりは軍神アレスを捕まえて、青銅の壺の中に十三か月間も閉じ込めたこともあった。

そのうえで彼らは女神たちに恋し、オトスはアルテミスに、エピアルテスはヘラに言い寄ったのだ。

だが、彼らは怒ったアルテミスの計略で殺されることになった。ふたりが狩猟に出たおりに、アルテミスが一匹の鹿に変身して、彼らの間を走り抜けたのだ。ふたりは同時に槍を投げ、それが互いの身体を貫いてしまったのである。

＊十一　クマルビ神話　ヒッタイトの神話は、ギリシア神話やメソポタミア神話とつながる部分もあるが、クマルビ神話は系統不明の物語。クマルビとは、北シリアの先住民フルリ人の神の名である。

アイオロスとエナレテの娘

カリュケ CALYCE

CALYCE

デウカリオン一族の中で最も大きな家系となったアイオロスには、息子ばかりでなく数人の娘もいた。その娘たちの代表といえるのがカリュケである。カリュケ自身はアイオロスの娘で、ゼウスの息子であるアエトリオス*十二とのあいだにエンデュミオンという息子を儲けたというほか、物語は伝えられていない。しかし、息子のエンデュミオンにはロマンチックな物語が残されている。

エンデュミオンはエリス市を創建したといわれているが、あらゆる人間の中でとび抜けた美貌だった。その彼が山の中で羊の放牧をしていたときのこと、月神のセレネ*十三が彼に一目惚れした。セレネ自身、ゼウスと結ばれてふたりの子供を生んだという伝説があるから、かなり美しかったろう。エンデュミオンもセレネを愛し、ふたりの間には五十人の子供まで生まれた。が、ここに問題があった。女神というのは不死であって、老いることもない。しかし、人間の方は徐々に老いていくし、いつかは死ぬ運命にある。この考えがセレネを脅かしたのである。愛するエンデュミオンが老い、そして死んでしまえばセレネはひとりになってしまう。セレネはエンデュミオンを心から愛していたので、そんな別れに耐えられなかった。彼女はエンデュミオンが永遠に若いままで生き続けることを望んだのである。

セレネはついに決心し、カリア地方のラトモス山の洞穴の中でエンデュミオンを永遠の眠りにつかせた。それは、老いることも死ぬこともない永遠の眠りだった。そして、セレネはそれから夜になるたびにその洞穴を訪れては、眠っているエンデュミオンと逢引きしたのである。相手が眠っているのでは逢引きといえないような気もするが、セレネにしてみれば、エンデュミオンの美貌を見ているだけで満足だったのだろう。

エンデュミオンは、セレネ以外の女性との間にも三人の息子がいて、そのうちのアイトロスの流れから、カリュドンの猪退治の物語が生まれてくるのである。

＊十二　アエトリオス　ゼウスとプロトゲネイアの子。

＊十三　セレネ　エンデュミオンと恋に落ちたのは狩の女神アルテミスだという話もある。その話ではアルテミスは眠っているエンデュミオンに恋し、彼に危害の加わらないよう番をし続けた。永遠の若さもゼウスから与えられている。

CALYCE

エウエノスとデモニケの娘

マルペッサ
MARPESSA

いつかは必ず老いて死ぬというのは人間にとって宿命であって、拒否することのできないことである。カリュケの子孫の神話の中では、この問題が繰り返し重要なテーマになっている。エンデュミオンの伝説はもちろんだが、マルペッサという女性の物語もこの問題を考えさせる。

マルペッサは軍神アレスを父として生まれたエウエノスの娘だが、父は娘が勇者と結婚することを望み、あるとき娘の求婚者たちに戦車競争を挑んだ。この競争で彼に勝った求婚者には娘を与えるが、負ければその首を取って壁に掛けるというのである。

これにイダス[*十四]という勇者も参加した。彼はポセイドンの子とも伝えられる男で、彼が乗ったのはポセイドンから与えられた有翼の戦車だった。これでは、どんな戦車乗りの名手でもかなうはずはなかった。イダスはエウエノスに勝つと、マルペッサを奪い、有翼の戦車で走り出した。エウエノスは追いかけたものの、ついに追いつけず、最後は嘆きのあまり河に身を投げたという。

ところが、マルペッサとイダスはすぐにも結婚というわけにはいかなかった。神であるアポロンもまたマルペッサを愛しており、イダスが故郷メッセネまできたときに突如出現して、彼女を奪おうとしたからだ。このときアポロンはマルペッサをカワセミに変えたともいわれる。イダスは腹を立て、アポロンと殴り合いの喧嘩になった。

マルペッサは、目の前でふたりの男が争うのをただおろおろしながら見ているしかなかった。だが幸いにもここにゼウスが出現し、ふたりの喧嘩を止めると、マルペッサ自身にどちらを選ぶか決めさせたのである。

マルペッサはイダスを選んだ。神は不死だから、自分が老いた後は自分のことを見捨てるだろう。しかし、イダスは同じ人間なので、自分と一緒に老い、やがてふたりとも黄泉の国で暮らすだろうと考えたからだ。

こうして結ばれた人間同士の愛は深いものだったのかもしれない。イダスの死後、マルペッサは自害したといわれている。

＊十四　イダス　槍使いに秀でた優れた戦士。リュンケウスという双子の兄弟を持つ（三百三十六ページ）。

レダ LEDA

テスティオスとエウリュテミスの娘

CALYCE

神話の中にはその人物自身よりも、子供たちが有名であることから、重要な位置を保っている人物が多い。レダという女性もそのひとりだ。

レダ自身はアイトリアの王テスティオスの娘で、カリュケの子孫に属しているが、スパルタ王テュンダレオスの妻となって子供たちを生んでいる。この子供たちの中に、アルゴー探検隊にも参加しているカストルとポリュデウケス兄弟や、アガメムノンの妻となったクリュタイムネストラ、トロイア戦争*十五の原因となったヘレネがいるのである。

これらの子供たちはみなあまりにも有名で、四人ともゼウスの子だといわれることがある。あるいは、ポリュデウケスとヘレネだけがゼウスの子だといわれることもある。後の話によれば、ある夜、ゼウスが白鳥の姿になってレダを誘惑し交わった。同じ夜、夫のテュンダレオスも彼女と交わった。こうしてレダは二個の白鳥の卵を生んだが、ここからゼウスの子とテュンダレオスの子がふたりずつ生まれてきたのである。

ひとりの女性の胎内でふたりの男性の子供が一緒に育ってしまうというのはいかにも不

ゼウスは、女性に求愛するとき、さまざまなものに変身している。ここでの白鳥をはじめ、うずら、牡牛、黄金の雨、人間等々枚挙にいとまがない。これは正妻であるヘラの目をごまかすためのようだが、結局ほとんどの場合ヘラに見破られている。

思議な事態だ。しかし、ヘラクレスの出生に関しても同じような物語があるので、神話の世界ではとくに驚くには当たらない。

ヘレネの出生については、別な物語もある。それによれば、ヘレネはネメシス（報復）とゼウスの子だという。ネメシスはいろいろな姿に変身して、ゼウスの求愛を逃れたが、最後に鵞鳥《がちょう》になった。すると、ゼウスが白鳥になって交わり、卵を生むことになった。この卵を羊飼いが見つけ、レダに与え、これから生まれたヘレネをレダが自分の子供として育てたというのである。

もしそうだとすると、レダはたんにヘレネの育ての親になってしまう。だが、この話は一般的ではない。それに、レダがディオスクロイ（ゼウスの子たち）とも呼ばれるカストルやポリュデウケスを生んだことは確かだから、彼女がギリシア神話の中でとても重要な女性であることには変わりはないのである。

＊十五　トロイア戦争　前一一八四年。ヘレスポントス（ダーダネルス）海峡近くの都市トロイアとギリシア諸国の間で起こったとされる戦争。ギリシア軍が十年がかりでトロイアを陥落せしめたとされている。ギリシア神話中最大の物語。三章参照。

CALYCE

ポルタオンとエウリュテの息子

オイネウス

OENEUS

アイトリア地方を流れるエウエノス河の下流近くにあったカリュドン市は、ミュケナイ文化の遺跡を残すほど古い都市だといわれている。神話の中では、この市がカリュドンの猪退治の舞台となるわけだが、事件の原因を作ったのはカリュドン王オイネウスだった。

オイネウスはとても敬虔な人物として知られていた。困っている人にも親切で、トロイア戦争でギリシア軍の総指揮官となったアガメムノンが亡命してきたときも、大切にもてなした。

ところが、ある年のこと。その年の最初の収穫物を神々に捧げるという慣例の行事の中で、オイネウスはうっかりして女神アルテミスへの捧げ物を忘れてしまった。これにアルテミスが腹を立てた。普段のオイネウスの敬虔さを知っているなら、少しくらいの失敗は許してやるべきだと思うのだが、彼女はそうはしなかった。そのかわりに、巨大で獰猛な猪をカリュドンの地に送り込んだのである。

この猪は目がぎらぎらと輝き、身体の毛はまるで針金のように硬いというとんでもない猪で、カリュドンに着くやいなや大いに暴れ回った。畑を荒らし、家畜や人間を襲った。

そこで、オイネウスはギリシア全土から名だたる英雄たちを集めることを決意し、ついに英雄たちの手によるカリュドンの猪退治が始まることになるのである。たかが猪を退治するのにと思うかもしれないが、ヘラクレスの十二の功業の四番目にエリュマントスの猪退治の物語があるように、ギリシア神話では猪といえば怪物と同じなのである。

こうして、数多くの英雄たちがカリュドンに集まってきた。オイネウスの息子のメレアグロスはもちろんだが、アルゴー探検隊の隊長となるイアソン、イダスとリュンケウスの兄弟、カストルとポリュデウケスの兄弟までやってきた。

しかし、この猪退治の結果、オイネウスの息子メレアグロスは不幸な死を遂げることになるのである。

テスティオスとエウリュテミスの娘

アルタイア ALTHAEA

CALYCE

巨大で獰猛な猪を退治するためにカリュドンに集まってきた英雄たちは、カリュドン王オイネウスに歓待された後、いよいよ猪退治に乗り出すことになった。これに、オイネウスの息子であるメレアグロスも参加するのだが、彼には本人さえ知らない、運命に関わる秘密があった。

この秘密をこの世でただひとり知っていたのが、オイネウスの妻で、メレアグロスの母であるアルタイアだった。

アルタイアがメレアグロスを生んだ夜のことである。

「暖炉の燃え木が燃え尽きるとき、おまえの息子は死ぬだろう」

モイライと呼ばれる三人の運命[*十六]の女神が、秘かに彼女の寝室を訪れ、アルタイアに向かってこんなことをいったのだ。

アルタイアはびっくりし、すぐにも燃え木を取り上げると火を消し、誰にも見つからないようにそれを隠した。それから、彼女は誰にもそのことを打ち明けなかったので、燃え木は隠されたままで、メレアグロスは立派な英雄に成長することができたのである。

しかし、そうとは知らないメレアグロスは、カリュドンの猪退治の最中に、アルタイアを激昂させるような事件を起こしてしまった。猪狩の賞品の分配を巡って母の兄弟と争ったメレアグロスが、そのうちのひとりを殺してしまったのである。

アルタイアは激怒した。そのショックがあまりに大きかったので、前後の見境もなくしてしまった。彼女は長い間近づきもしなかった秘密の隠し場所に走ると、かつて火を消したまま隠し続けていた暖炉の燃え木を取り上げて、いままた火の中に投げ入れた。すると、炎の中で燃え木はあっという間に燃え上がり、みるみるうちに完全に燃え尽きてしまった。そして、モイライたちが予言したとおり、燃え木が燃え尽きたのと同時に、メレアグロスも死んでしまったのである。

アルタイアは自分のしたことの愚かさに気がついたが何もかもが遅かった。悲しみのあまり、彼女は首を吊って死んだ。

＊十六　運命の女神　ゼウスとテミスの三人の娘たち。人間の運命を司る役目を持つ。クロト（紡ぐ者）が運命の糸を紡ぎ、ラケシス（図柄を描く者）が長さを測り、アトロポス（不可避の者）が断ち切るという。

CALYCE

オイネウスとアルタイアの息子

メレアグロス

MELEAGER

カリュドン王オイネウスと妻アルタイアの息子メレアグロスは、カリュドンの地で並ぶ者なき英雄だった。彼はイアソンらとともにアルゴー探検隊にも参加したし、この冒険の最中に、コルキス王アイエテスを殺したのは、実は彼だったともいわれている。

しかし、どんな英雄も神々が決定した運命に逆らうことはできない。

カリュドンの猪退治が行われたときのことだ。数多く集まってきた英雄たちの中に、ひとりの女性アタランテが混じっていた。このため、多くの英雄たちが女性とともに狩に出ることに反対したが、メレアグロスはアタランテの子供がほしいと思っていたので、弁舌を振るって女性参加の狩を強行した。

アタランテはアルテミス女神と同じく女性の狩人で、レスリングで男の勇者を打ち負かしたこともあるという女性の勇者だったが、見た目も美しく、メレアグロスは一目で彼女の虜になっていたのである。

この処置に、不満を持つ参加者たちは多かった。しかし、英雄たちには女性に負けるわけにはいかないという気持ちが強かったので、狩が始まると彼らはみんな頑張った。アルテミスの送った猪は強力で、その馬力のある突進で、何人もの英雄が命を落としたが、残った英雄たちは徐々に猪を追い詰めていった。

こうして、みなが猪を取り囲んだとき、最初に猪に弓を射当てたのはアタランテだった。次にアムピアラオスが猪の眼を射、最後にメレアグロスが猪のわき腹を刺した。

猪を殺したのはメレアグロスだったので、彼は褒美として猪の皮を与えられた。ところが、彼はこの皮を、最初に猪に弓を射当てたという理由で、アタランテに与えてしまったのである。

これには、何人もの参加者たちが不満を表明した。たったひとりの女性が男たちを出し抜いて、賞を獲得してしまうことを恥だと考えたからだ。猪退治にはメレアグロスの母アルタイアの兄弟も参加していたが、彼らの反対はことに激しかった。もしもメレアグロスが狩の褒美をもらわないならば、その権利は血縁者である自分たちにあると主張して、猪の皮をアタランテから奪い取ってしまうほどだった。

しかし、メレアグロスも頑固に譲ろうとせず、ついに不幸な事態が起こった。激しい争いの後、メレアグロスが叔父のひとりを殺してしまったのである。

これを知って驚いたのはアルタイアだった。彼女は自分の兄弟を殺した息子メレアグロスを憎んだ。メレアグロスは実の息子だったが、兄弟を殺された彼女に正常な判断はでき

メレアグロスは、並ぶ者なき弓矢の名手だった。獰猛なカリュドンの猪は強敵だったが、メレアグロスはこれと対決することにむしろ喜びを覚えたという。

なかった。

彼女はすぐに長い間隠していた暖炉の燃え木を取り出すと、火の中に投げ込んでしまったのである。それは、メレアグロスが生まれた夜に、その燃え木が燃え尽きたとき彼もまた死ぬだろうと運命の女神が予言し、アルタイアが火を消して長い間隠し続けていた運命の燃え木だった。

こうして、運命の燃え木が燃え尽きたとき、不死身といわれたメレアグロスも、実にあっけなく死ぬことになったのである。

しかし、メレアグロスは不死といわれた英雄らしく、その死後にも物語を残している。ギリシア神話最大の英雄であるヘラクレスが、十二の功業の最後に冥界の番犬ケルベロスを生け捕りにするために、冥界に下っていったときのことだ。暗い洞窟を通って彼が冥界に下りたとき、冥界に住んでいた大勢の霊魂や英雄たちは彼の姿に驚いて逃げ出してしまった。ケルベロスでさえ、ヘラクレスの姿に脅え、冥界の王ハデスの椅子の下に隠れてしまったのである。

しかし、メレアグロスの霊魂だけは、ただひとり逃げ出すこともなく、終始堂々としていた。ヘラクレスが弓を射ても、彼は逃げ出さなかった。そして、彼はヘラクレスに向かって、カリュドンに住む妹のデイアネイラと結婚[*十七]してくれるよう訴えたのである。

＊十七　結婚してくれるよう　メレアグロスのこの訴えは、後に受け入れられた。ヘラクレスは、デイアネイラを二番目の妻として迎えたのである。しかし、この結婚はヘラクレスにとって不幸となった。彼は、デイアネイラの嫉妬心から命を落とすことになる。

ディオニュソスとアルタイアの娘

デイアネイラ

DEIANIRA

CALYCE

ヘラクレスといえばギリシア神話最大の英雄だが、この英雄もカリュケの子孫と関係があった。ヘラクレスが十二の功業の最後に冥界を訪れたとき、そこに死んだばかりのメレアグロスの霊がいて、妹のデイアネイラを妻にするようにと英雄に頼んだからだ。ヘラクレスは承知し、いくつかの冒険を乗り越えた後で、カリュドンの地を訪れたのである。

しかし、この結婚はヘラクレスの運命を激変させることになった。

このときすでにアケロオス河神がデイアネイラに求婚していたので、ヘラクレスはまずこの神を倒さなければならなかった。アケロオス河神はいろいろな姿に変身することができたが、ヘラクレスと戦うときは牡牛の姿になった。この牡牛の角の一本をヘラクレスはへし折った。それから、ヘラクレスとデイアネイラはカリュドンを去って、大きな河に差しかかった。その河のほとりにケンタウロス一族のネッソスが渡し守をしていたので、デイアネイラだけはネッソスの背に乗って河を渡ることにした。ところが、ネッソスは河の途中でデイアネイラを犯そうとしたのだ。このため、ヘラクレスはすぐに猛毒であるヒュ[*十八]

ドラの血をつけた矢でネッソスを射殺した。

このとき、ネッソスがデイアネイラに、自分の血がついた下着を身に着けさせれば、ヘラクレスが浮気をすることはないといった。そこで、デイアネイラはそれを青銅の壺に詰めて持ち帰った。ヒュドラの毒で死んだものの血は、眉薬どころか猛毒だったが、デイアネイアにはそんなことはわからなかった。

するとしばらくして、ヘラクレスがオイカリアの王と戦って勝利を得、その娘のイオレを捕虜にするということが起こった。これを聞いたデイアネイラは、ヘラクレスがてっきり浮気をすると思い、彼がゼウスに勝利の犠牲を捧げるときに、ネッソスからもらった血をつけた新しい下着を送ったのだ。ヘラクレスは知らずに猛毒のついた下着を着て、犠牲の儀式に臨み、ついに身体が腐って命を落とすことになるのである。

＊十八　**ヒュドラの血**　ヒュドラとは、九つの頭を持つ水蛇。その胆汁の血は、少しでも体に入ると命を落とすほどの猛毒である。ヘラクレスは、この怪物を退治した後、矢毒としてこの血を保管しておいた。

オイネウスとペリボイアの息子

テュデウス

TYDEUS

CALYCE

カリュドンの英雄メレアグロスの父オイネウスは、猪退治のときに妻アルタイアが不幸な死を遂げると、ペリボイアという女と再婚した。この結婚からテュデウス（オイネウスと娘ゴルゲの不義の息子だともいわれている）という息子が生まれたが、彼もまた英雄になる運命にあった。長じて後、テバイ[*十九]攻めの七将のひとりとなったのである。

カリュドン王オイネウスにはアグリオスという兄弟がいたが、この男がメレアグロスの死後、執拗にカリュドンの王位を狙っていた。テュデウスは激しやすい性格で、あるとき父の命を狙う従兄弟たちを殺してしまい、これが原因でカリュドンを追放されることになった。

テュデウスは旅に出るとアルゴスにやってきた。ある夜のこと、眠る場所を求めてさまよっているときに、自分と同じような恰好をした男と争いになった。

このとき、ふたりの間に仲裁が入った。アルゴス王アドラストスが部下を引き連れてやってきたのである。

ここで、テュデウスは戦った相手がテバイ王オイディプスの息子で、父の死後兄弟によって追放されたポリュネイケスであることを知った。

ところが、ふたりを見ていちばん驚いたのはアドラストスだった。彼は神託によって、ふたりの娘をライオンと猪の妻にせよと命令されていたが、いま目の前にいるテュデウスが猪の紋章の入った盾を、ポリュネイケスがライオンの紋章の入った盾を持っていたからだ。

こうして、ふたりはアドラストスの娘と結婚すると、王の協力でテバイとカリュドンを攻撃し、それぞれ王位を奪う計画を立てた。

最初の攻撃目標はテバイだった。この戦いでテュデウスは死ぬことになるのだが、その活躍は華々しかった。彼は使者に任命されてテバイへ赴くと、テバイの勇者たちに一騎打ちを挑み、次々と打ち負かしたのである。腹を立てたテバイ人たちは、彼の帰路を五十人の勇者に待ち伏せさせたが、テュデウスはこの者たちも簡単に打ち倒したという。

＊十九　テバイ攻めの七将　兄弟で一年ずつテバイを治めようという約束を反故にしたエテオクレスを成敗するため、弟のポリュネイケスが編制した軍団の中心人物たち。七将とはアドラストス、テュデウス、アムピアラオス、ポリュネイケス、カパネウス、パルテノパイオス、ヒッポメドン。

アイオロスとエナレテの息子

クレテウス

CRETHEUS

CRETHEUS

デウカリオン一族の神話の中で最も大きなアルゴー探検隊の物語は、アイオロスの息子クレテウスの子孫を中心に展開する。アルゴー探検隊のきっかけは、テッサリアにあったイオルコス王国の王位継承問題にあったたが、このイオルコスを創建したのがクレテウスなのである。

クレテウスは国王となってから、サルモネウスの娘のテュロを娶り、アイソン、アミュタオン、ペレスの三人息子を儲けた。このうち王国を継承する権利を持つのはアイソンだったが、ここに異父兄弟であるペリアスが登場し、王位を簒奪したのである。ペリアスはテュロとポセイドンの息子とされる、邪悪な性格の人物だ。クレテウスの息子たちは協力して戦ったが、ペリアスの陰謀に打ち勝つことはできなかった。

この結果、アミュタオンとペレスは家族と一緒にどうにかイオルコスを逃れたが、アイソンは幽閉されてしまったのである。

このとき、アイソンにはまだ幼いイアソンという子供がいた。ペリアスはイアソンが成人したら王位を譲ろうともいったが、母はその言葉が信じられず、秘かにペリオン山に住むケンタウロス族のケイロンに養育を頼んだのである。

このイアソンがやがて立派な勇者に成人すると、イオルコスに戻り、アルゴー探検隊を率いて、金羊毛皮を奪う冒険に乗り出すことになった。しかし、父であるアイソンは、探検隊の帰還まで生きていることはできなかった。ペリアスはしばらくは探検隊の帰還を待っていたものの、やがてイアソンとの約束も忘れてしまい、アイソンを殺害しようとした。アイソンは殺されるくらいならと自決することを願い、犠牲を捧げながら、牡牛の血を大量に飲んで死んだのである。イアソンの母もこれを見て絶望し首を吊った。イアソンには幼い弟がひとりいたが、最後に残されたこの弟はペリアスによって殺された。

イアソンが目的の金羊毛皮を手に入れ、アルゴー探検隊を率いてイオルコスに帰還したのは、そんなことがあって間もなくのことだった。

CRETHEUS

ペレスの息子

アドメトス ADMETUS

ポセイドンの子ペリアスがイオルコス国を乗っ取って、王位に就いていた頃のことだ。イオルコス国を巡って争い合っていた人々の中で、争いとは関係なしに特別に記憶に残る事件が起こっている。

ペレス（アイソンの兄弟）の息子アドメトスがペリアスの娘アルケルティィスに求婚したのが、その事件の始まりだった。彼女は貞淑の誉れも高く、求婚者が後を絶たないという状態で、父親はライオンと猪に引かせた戦車に乗ってきた者に娘を与えると約束した。アドメトスは大いに困り果てたが、ここで彼の敬虔さをよく知っていたアポロン神が手助けをしてくれ、彼はアルケルティィスを手に入れることができた。この頃、アポロンはゼウスを怒らせ、一年間人間に仕えることを命じられ、身分を隠してアドメトスの牧人を務めていたのである。

アポロンはアドメトスのことをかなり気に入っていたので、他にもいろいろと手助けをした。アドメトスがアルケルティィスとの結婚式で、アルテミスに犠牲を捧げるのを忘れたときは、女神は怒ってふたりの寝室にたくさんの蛇を送るといういやがらせをしたが、アポロンはアルテミスに近づき、その怒りを鎮めてくれた。

やがて、一年間の罰が解け、天上に帰る日がきたときには、アポロンは一年間の親切に感謝し、次のように約束した。アドメトスの命が終わろうというときに、もしも誰かが身代わりに死んでくれれば、彼の命は助かるというのである。しかし、神がこのようにいってくれることは、ありがたいことは確かだが、同時にとても残酷なことだった。事実、それから間もなく、アドメトスは重い病気にかかり、いまにも死ぬような状態になったが、布告を出していくら身代わりを求めても、年老いた両親さえ彼のために死ぬとはいってくれなかったのである。

しかし、このとき彼自身の若い妻アルケルティスが身代わりを申し出た。おかげで、アドメトスは元気を回復したが、妻の方はあっという間に衰弱し、彼の代わりに死んでしま[*二十]ったのである。

＊二十　死んでしまった　アルケルティスの死んだ日にヘラクレスが訪ねてきてタナトス（死）と闘い、彼女を救ったという説、自ら冥界へ赴いた彼女の勇気をたたえたハデスが生者の世界へ帰したという説など、彼女の死については諸説ある。

アイソンとポリュメデの息子

イアソン JASON

CRETHEUS

やがてアルゴー探検隊の隊長として黒海東岸のコルキスの地まで冒険航海に出るイアソンは、本来ならイオルコス国の王位に就くべき人物だった。叔父ペリアスがイアソンの父アイソンから王位を簒奪したために、幼いうちに母の手でペリオン山に住むケイロンに預けられたのである。

そのケイロンは、ケンタウロス族最高の賢者で、数多くの英雄を育てたことで知られている。その意味では幼くしてケイロンに学んだことが、彼を勇者にする条件であったともいえる。

女神ヘラもイアソンの冒険を応援した。ペリアスがヘラのことを少しも敬おうとしないので、ヘラはイアソンが彼女の試験に合格したら、彼の味方に就こうと決めていた。成長したイアソンが王位の返還を要求するためにイオルコスへ向かったとき、彼女は大きな河の岸に憐れな老婆となって出現した。そこで彼女は身分を明かさずに、河を渡してくれるように彼に懇願したのだ。イアソンは彼女を背負い、河を渡った。こうしてイアソンは冒険の間もヘラの加護を受けることができたのである。

　しかし、かつてギリシア人の誰もなしえなかった大冒険を成就したのにもかかわらず、イアソンの晩年は悲惨だった。イアソンはコルキス王の娘メデイアを連れて帰国すると、彼女の魔術[*二十一]の助けを借り、復讐のためにペリアスを殺す。すると、これによって目的を達したヘラは、以降はイアソンのことを顧みなくなったのである。

　イアソンはペリアス殺しの罪でイオルコスを追放され、十年間をコリントスで暮らした。そして、コリントスの王女グラウケに愛されたイアソンはメデイアを捨て、王女と結婚することにした。だが、これを恨んだメデイアは身を引くような振りを装って、グラウケに着ると燃え上がる猛毒の染み込んだ衣装をプレゼントしたのだ。何も知らずにこれを着たグラウケは、燃え上がる炎と猛毒のために死に、助けようとしたコリントス王までも毒のために死んでしまったのである。イアソン自身はその後、狂人となって各地を放浪したという。

＊二十一　魔術　メデイアは、人間を若返らせる魔術を心得ていた。この魔術は、若返らせたい者を切り刻み、秘薬とともに大釜で煮るという方法をとる。メデイアは、羊を若返らせて魔術を実証した後、ペリアスを切り刻んで殺した。

アミュタオンとエイドメネの息子

メラムプス MELAMPUS

CRETHEUS

ギリシア神話の中には、しばしば鳥の声や虫の声を聞き分ける予言者が登場する。メラムプスはそんな予言者の中でもとくに大きな能力を持ち、重要な予言者一族の祖となった人物である。

しかし、メラムプスは生来の予言者ではなく、後からその能力を手に入れたのである。彼はイオルコスの王位がペリアスに簒奪されたとき、どうにか逃れたアミュタオンとペレスの娘エイドメネの息子で、アルゴー探検隊の隊長になるイアソンの従兄弟だったが、ある時期、都を離れて田舎で生活していた。

その屋敷の前に大きな樫の木があって、その木に蛇の棲む穴があった。その蛇たちを召使いたちが発見して殺してしまったとき、メラムプスは蛇の死骸を火葬し、さらに生き残った蛇の子供たちを養育した。すると、その蛇たちが成長し、眠っているメラムプスの耳をなめて清めるということがあった。メラムプスはびっくりして目を覚ましたが、そのときから飛んでいる鳥たちの声が理解できるようになったのである。

こうしてメラムプスは鳥たちから教わって、しばしば予言を行うようになった。そして、予言を司るアポロンや秘教を操るディオニュソスとも出会い、予言の能力を一層高めたのである。

それから間もなく、彼の予言の能力を証明するような出来事が起こった。弟のビアスが親戚であるピュロス王ネレウスの娘ペロとの結婚を望んだときのことだ。ペロは美しく求愛者も多かったので、ネレウスは娘の結婚相手を選ぶために、ピュラコスに盗まれた牝牛を連れてくることという条件を出したのである。この牛はもともとネレウスのものだったが、ピュラコス一味が盗み出し、ピュラケという土地で誰も近づけないような獰猛な犬に番をさせていたのである。ゲリュオネウスの牛番をしていたオルトロス[*二十二]のような犬だ。

ビアスはどうすればいいかわからずに兄に相談した。

メラムプスはちょっと考えてから、自分がいって取ってくるが、盗んでいるところを見つかって一度は捕らえられ、一年後に牝牛を連れて帰るだろうといった。

その予言どおり、ピュラケに行ったメラムプスは牛を盗んでいるところを発見されて、牢に入れられた。

それから一年近くも過ぎたとき、メラムプスは屋根の梁の陰で虫たちが話している声を聞いた。それによると、牢の屋根の梁は虫たちに喰い尽くされ、もはやほとんど残っていないというのである。メラムプスはすぐに牢番に向かって、別の牢に移してくれるように頼んだ。こうして、彼が別の牢に移って間もなく、牢の屋根が崩れ落ちたのである。

この事件があって、彼が並ぶ者なき予言者であることを知ったピュラコスは、彼を牢から出して相談を持ちかけた。どうすれば自分の息子イピクロスに子供ができるだろうというのだ。

メラムプスは問題の牝牛を得るという条件で相談に乗った。

彼は二頭の牝牛を犠牲に捧げ、それを切り刻んで鳥たちに与えて、回答を求めた。やがて、禿鷹がやってきていった。まだ、イピクロスが子供だった頃、ピュラコスが牡牛を去勢している姿に驚いて逃げ出したことがあった。そのとき、父親はまだ血のついているナイフを聖なる樫の木に突き刺したのだが、やがて樹木が成長すると、樹皮がナイフを包み込んでしまった。このナイフを見つけ出し、錆を削り落として、その錆を十日間イピクロスに飲ませれば子供ができるというのだ。

そこでいわれたとおりにしてみると本当に子供が生まれた。

こうして、メラムプスは求めていた牝牛を手に入れ、ビアスはペロと結婚することができたのである。

メラムプス自身もこの後に結婚するが、その子孫にはテバイの七将の物語で知られるアムピアラオスに代表されるような優れた予言者を輩出し、予言者の祖ともいわれている。

＊二十二　オルトロス　エキドナとテュポンから生まれた怪犬。地獄の番犬ケルベロスとは兄弟である。蛇の尻尾に七つの蛇の頭、ふたつの犬の頭を持つ。エリュテイア島で牛番をしていたが、ヘラクレスに退治されている。

タラオスとリュシマケの息子

アドラストス

ADRASTUS

CRETHEUS

予言者メラムプスとその兄弟のビアスは、ディオニュソスがアルゴスの女を狂わせたとき、それを癒した功績でアルゴスの土地の一部を与えられたが、このふたりの子孫からオイディプス王亡き後のテバイを攻撃した英雄たちが生まれている。

そのひとりがビアスの孫で、アルゴス王となったアドラストスである。

アルゴス王がテバイ王家の問題に首を突っ込んだのにはわけがあった。あるとき、アドラストスは神託でふたりの娘をライオンと猪に嫁がせるように命じられたことがあった。それから間もないある夜のこと、宮殿の前でそれぞれライオンと猪の紋章の入った盾を持って戦っている勇者たちがいたのである。これが、テバイのオイディプス王の息子ポリュネイケスとカリュドンのオイネウス王の息子テュデウスだった。

アドラストスはすぐにこのふたりを娘と結婚させたが、これをきっかけにして、国を追われたふたりのために、テバイとカリュドン[*二十三]を攻め、ふたりを王位に就かせる約束をしたのである。

アドラストスは親戚に当たるアムピアラオスにも協力してもらい、まず始めにテバイを攻める計画を立てた。

しかし、この計画はアムピアラオスの予言どおり完全な失敗だった。アドラストスの軍は、ポリュネイケス、テュデウス、アムピアラオスなど七人の将軍に率いられていたが、アドラストスを除くすべての将軍が死んでしまったのである。しかも、テバイ攻めに加わった者たちの死体は、いつまでも埋葬されずに放置されるという、残酷な扱い方をされたのである。

悔しくて仕方のなかったアドラストスは、このときの七将の息子たちが成長するのを待って、再びテバイを攻撃した。今度は大成功で、テバイは完全に陥落した。しかし、この戦いで、新しい七将を務めた者の中でアドラストスの息子アイギアレウスだけが死んでしまった。アドラストスはショックを受け、帰国の途中で息子を追うように世を去った。

＊二十三　カリュドン　テュデウスがテバイ攻めに参加して戦死してしまったため、カリュドン攻めは行われなかった。

オイクレスとヒュペルムネストラの息子

アムピアラオス

AMPHIARAUS

CRETHEUS

偉大な予言者であるメラムプスは数多くの予言者の子孫を残したことで知られる。その子孫の中でも、勇者としても、予言者としてとても優れた能力を発揮したのが、彼の曾孫にあたるアムピアラオスである。

アムピアラオスの能力はオイディプス王の息子ポリュネイケスやアルゴス王アドラストスとともに、テバイの七将のひとりとして、テバイを攻撃するときに大いに発揮された。

彼はアドラストスをアルゴスの王にするために協力したのが縁で、その妹のエリピュレを妻にしていた。このため、オイディプス王の息子ポリュネイケスがアドラストスの娘と結婚した後、テバイ攻撃に加わることを要請されたのだが、どうしても気が進まなかった。アムピアラオスは立派な勇者で、けっして臆病者ではないが、曾祖父メラムプスから受け継いだ予言の能力によって、テバイ攻めに加わった将軍はアドラストスを除いてみな戦死することを知っていたからだ。

ところがこのとき、ポリュネイケスがアムピアラオスの妻エリピュレを、ハルモニア[*二十四]の結婚衣装と首飾りで買収し、夫がテバイ攻めに加わるよう勧めさせたのである。アムピアラオスは結婚のとき、アドラストスと意見が分かれたときは、必ずエリピュレに裁かせると誓っていたので、ついにテバイ攻めに加わることになった。彼にしてみれば妻に裏切られたも同じだったので、息子たちを集め、成人したら母を殺し、再びテバイに遠征することを命じてもいる。

テバイでの戦いは彼自身の予言どおり悲惨なもので、この戦いでアドラストスを除くすべての武将が戦死した。

アムピアラオスはテバイでも随一の勇者ペリクリュメノスに戦車で追われて、危うく背中を槍で突き刺されるところだった。しかし、ゼウスは彼のことを目にかけていたので、彼が敵の手で背中を刺されるという恥を受けることに我慢ならなかった。そこで、ゼウスは逃げていくアムピアラオスの前で大地を引き裂き、彼はこの裂け目に落ちて死んだ。

＊二十四　ハルモニアの結婚衣装と首飾り　ハルモニアとカドモスの結婚式には、多くの神々が出席し、女神アテナは彼女に結婚衣装と首飾りを与えていた。しかし、これはカドモスに始まるテバイ王家の人々にいろいろな不幸をもたらした。

イナコス河神とメリアの息子

ポロネウス PHORONEUS

PHORONEUS

ギリシア神話にある人類誕生の物語では、テッサリア地方を中心に広く信じられたデウカリオンの洪水神話が有名である。

しかし、ギリシアのどこにいっても、デウカリオンが最初の人類と認められていたわけではない。土地によっては、デウカリオンとは別の最初の人類が存在していた。

そのひとりがポロネウスである。

彼は、アルゴリス地方を流れるイナコス河の河神イナコスとオケアノスの娘メリアの息子だが、ニンフのテレディィケと結婚すると、ニオベという娘が生まれた。この女性が、いわば最初の人類の母であって、ポロネウスを最初の人類にするために、とても重要な役割を果たした。女好きのゼウスは数多くの女性と交わっているが、人間の女性と交わったのはニオベが最初であって、その系譜からアルゴリス地方の数多くの英雄たちが誕生してきたからである。

しかし、ポロネウスの業績はニオベを生んだことだけではない。彼は最初の人類らしく、たくさんの業績を残した。

ポロネウスの時代、地上に暮らす人類はみなばらばらで、敵対し合っており、少しもまとまりというものがなかった。こうした人類を共同体として一か所に集め、この世で最初の都市を作ったのがポロネウスなのである。それから、ポロネウスは人類の暮らしがうまくいくように、火をプレゼントした。一般に、天上世界から火を盗み出して人間に与えたのはプロメテウスということになっているが、アルゴリス地方では、火を盗むという栄誉ある仕事も、ポロネウスの行為だったのである。

こうした彼の業績は神々も認めており、あるとき彼は、アッティカの初代国王となったケクロプスが経験したのと同じような出来事を経験することになった。

神々自身が話し合って、それぞれに自分たちを崇拝する土地を決めようとしたときのことだ。女神ヘラとポセイドンがともにアルゴリスにあるアルゴスの地を望んだため、ポロネウスと彼の父イナコス河神が審判者に指名されたのである。

このとき、ポロネウスとイナコスは考えた末に、アルゴスの地をヘラのものと決めた。こうして、アルゴスはヘラ崇拝の中心地になり、ヘラもまたアルゴスに特別な加護を与えるようになった。

神々によって審判者に選ばれたことで、ポロネウスがアルゴスの初代国王となったのも当然だった。

ところで、ポロネウスの父イナコスはイナコス河の河神だが、イナコス河は最初からイナコスの名で呼ばれていたのではないという物語が残されている。

イナコスの子孫に、ゼウスに愛されたためにヘラの嫉妬を受けて牝牛に変えられてしまったイオという女性がいるが、あるとき彼女がゼウスに犯されるという事件が起こった。イナコスはとても腹を立て、ゼウスを呪った。しかし、これに対してゼウスが、復讐の女神エリニュスのひとりであるティシポネを送ったために、イナコスは発狂して河に飛び込み、それ以来、その河がイナコス河と呼ばれたというのである。

また、この後、牝牛に変えられたイオがイナコス河を訪れ、自分が何故牝牛に変えられたかを蹄を使って砂に書くと、悲劇を知ったイナコスは河の上流にある洞窟に隠れて涙を流し、イナコス河が増水したと伝えられている。

以上がポロネウスに関する神話だが、同じギリシア神話なのに、人類誕生の神話がたくさんあるのは不思議な感じがする。

しかし聖書に登場するアダムとイブ、中国神話に登場する[＊一]女媧《じょか》と伏羲《ふっき》、インド神話に登場する[＊二]原人プルシャのように、人類誕生をテーマにした神話は世界中にある。たとえいまではひとつのまとまった国であっても、時代や地域ごとに、異なる人類誕生神話を持っていたこともけっして少なくない。ギリシア神話の場合も同じことがいえるわけだ。

❁❁ポロネウスの一族

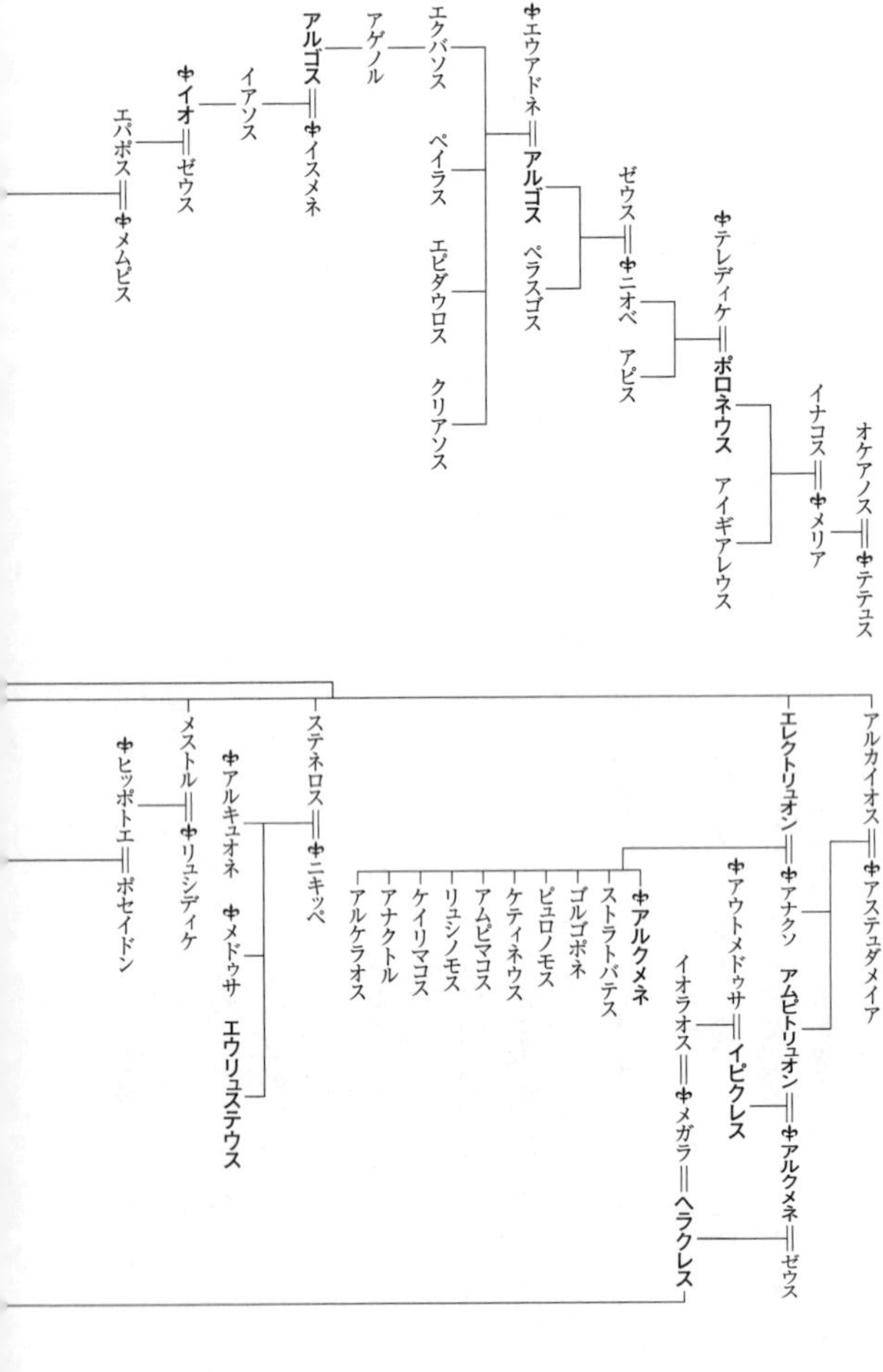
♀テテュス＝オケアノス
♀メリア＝イナコス
ポロネウス＝♀テレディケ
アイギアレウス
♀ニオベ＝ゼウス
アピス
アルゴス＝♀エウアドネ
ペラスゴス
エクバソス
ペイラス
エピダウロス
クリアソス
アゲノル
アルゴス＝♀イスメネ
イアソス
♀イオ＝ゼウス
エパポス＝♀メムピス
アルカイオス＝♀アステュダメイア
アムピトリュオン
エレクトリュオン＝♀アナクソ
アムピトリュオン＝♀アルクメネ＝ゼウス
♀アウトメドゥサ＝イピクレス
イオラオス＝♀メガラ＝ヘラクレス
♀アルクメネ
ストラトバテス
ゴルゴポネ
ピュロノモス
ケティネウス
アムピマコス
リュシノモス
ケイリマコス
アナクトル
アルケラオス
ステネロス＝♀ニキッペ
♀アルキュオネ
♀メドゥサ
エウリュステウス
メストル＝♀リュシディケ
♀ヒッポトエ＝ポセイドン

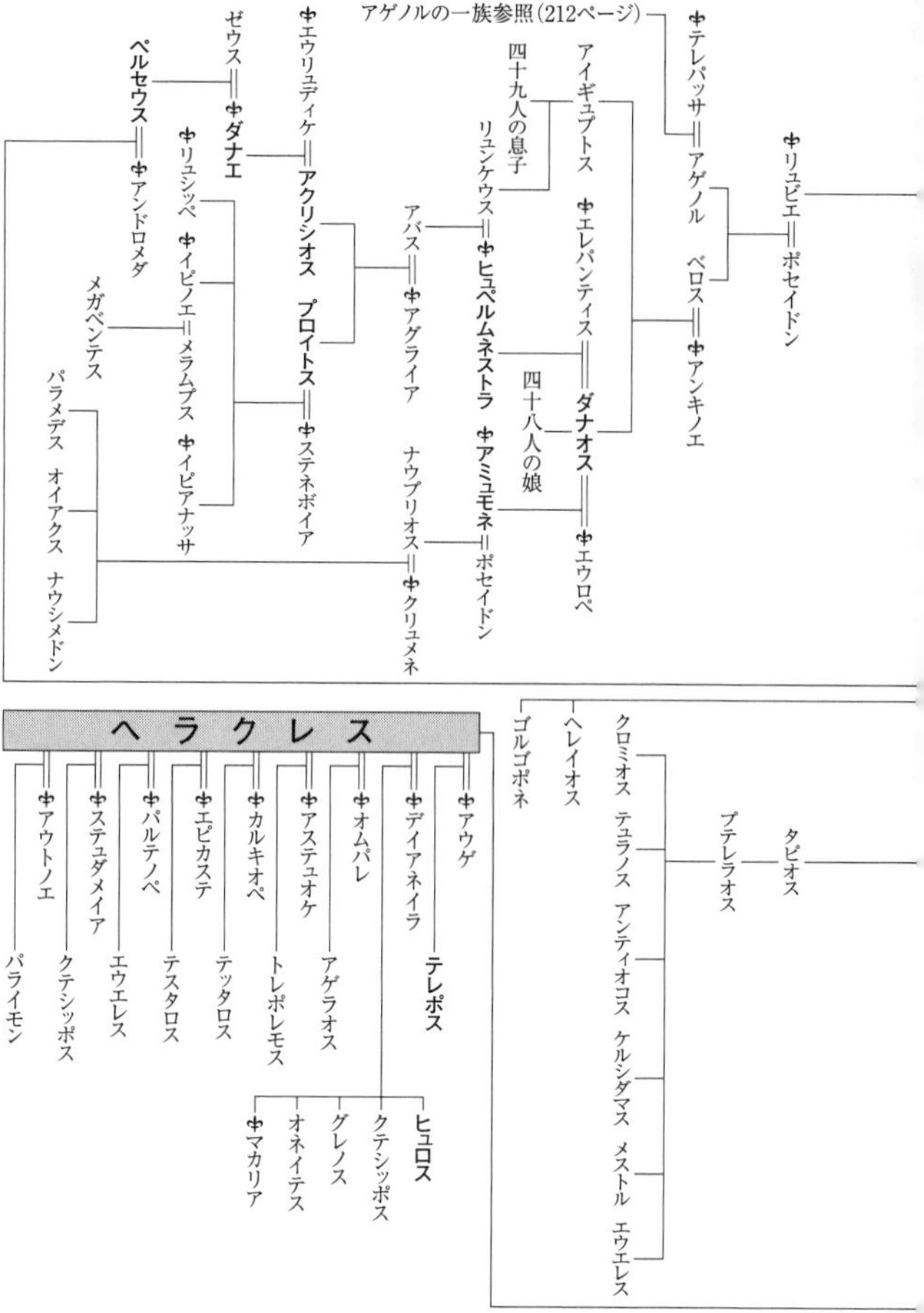
⚜リュビエ＝ポセイドン
アゲノルの一族参照（212ページ）
⚜テレパッサ＝アゲノル
ベロス＝⚜アンキノエ
アイギュプトス
⚜エレパンティス＝ダナオス＝⚜エウロペ
四十九人の息子
リュンケウス＝⚜ヒュペルムネストラ
四十八人の娘
⚜アミュモネ＝ポセイドン
アバス＝⚜アグライア
ナウプリオス＝⚜クリュメネ
⚜エウリュディケ＝アクリシオス
プロイトス＝⚜ステネボイア
ゼウス＝⚜ダナエ
ペルセウス＝⚜アンドロメダ
⚜リュシッペ
⚜イピノエ＝メラムプス
⚜イピアナッサ
メガペンテス
パラメデス
オイアクス
ナウシメドン
タピオス
プテレラオス
クロミオス
テュラノス
アンティオコス
ケルシダマス
メストル
エウエレス
ヘレイオス
ゴルゴポネ
ヘラクレス
⚜アウゲ
テレポス
⚜デイアネイラ
ヒュロス
クテシッポス
グレノス
オネイテス
⚜マカリア
⚜オムパレ
アゲラオス
⚜アステュオケ
トレポレモス
⚜カルキオペ
テッタロス
⚜エピカステ
テスタロス
⚜パルテノペ
エウエレス
⚜ステュダメイア
クテシッポス
⚜アウトノエ
パライモン

＊一　**女媧**　頭が人間、体は蛇という女神。始めは黄色い土をこねて人間を創っていたが、途中から面倒になり、縄に泥をつけてたらした。縄からたれた滴が人間になったという。手でこねて創った人間が身分の高い金持ちに、縄から創った人間が貧乏な人々になったという。

＊二　**原人プルシャ**　千の頭、千の目、千の足を有する原人。神々がプルシャを犠牲にしたことにより天地いっさいの創造物が生まれたとされる。ちなみに口からは祭官、腕から王族、腿から庶民、足から奴隷が生まれたという。

ゼウスとニオベの息子

アルゴス
ARGUS

PHORONEUS

アルゴリス地方に誕生した人類が、その土地と深い結びつきを持つのは当然だといっていい。

ゼウスとニオベからは、アルゴスとペラスゴス[*三]という兄弟が生まれているが、このふたりの場合もそうだった。

とくにアルゴスの方はその名が土地の名になっていることからもわかるようにアルゴリスを支配し、その土地にまつわる神話に登場する数多くの人物たちの祖先になった。この子孫の中に、ペルセウスやヘラクレスのような特別な英雄も出現する。

アルゴスから数えて三代目に当たるもうひとりのアルゴスも特別な存在だった。このふたり目のアルゴスは、英雄というよりも怪物と呼ぶべきもので、体中に百の眼を持ち、何でも見とおす能力を持っていたのだ。しかも、その眼は順番に睡眠をとるという特徴があって、アルゴスはけっして眠ることがなかった。怪物というと、なんだか悪いことばかりしているようだが、怪物アルゴスはそうではなかった。彼はその特別な能力を活かして、とくにアルカディア地方で番人のような役割を果たしていた。巨大な牡牛がこの地方を悩ますと、アルゴスはすぐに退治して、その皮を身にまとった。キマイラ、ヒュドラ、ケルベロスといった恐ろしい怪物たちの母で、通行人を襲っては喰っていたという半人半蛇の怪物エキドナを退治したのもアルゴスだった。

怪物アルゴスの孫ともイナコス河神の娘ともいわれるイオをゼウスが愛し、これを嫉妬したヘラがイオを牝牛に変えたときには、アルゴスはヘラの命令で、イオがけっしてゼウスに会わないようにその番人になっている。しかし、このことがあって、彼はゼウスの怒りを買ってしまった。ゼウスは伝令使ヘルメスを送って、アルゴスを殺させたのである。ヘルメスの持つ伝令杖は何でも眠らせる不思議な力を持っていたので、アルゴスの百眼もそのために一度に眠ってしまい、このときばかりは抵抗さえできなかった。

＊三　ペラスゴス　ペラスゴスは、アルゴリスに隣接するアルカディア地方に移り、そこでアルカディア人の祖となっている。ペロポネソス人のことをペラスゴイと呼ぶのもそのためだという。

イアソスの娘

PHORONEUS

イオ IO

アルゴリス地方で誕生したイナコスの子孫は、ギリシア神話に登場するさまざまな血族の中でも、最も広大な地域に広がっていく運命を持っていた。エジプト、フェニキア[*四]、クレタといえば、古代の地中海で繁栄を極めた国々だが、イナコスの子孫はこれらの国々にまで拡大し、その国の王として君臨するのである。

しかし、イナコスの子孫にこのような拡大をもたらしたのは、不思議なことに、雄々しい英雄の向こう見ずな冒険ではなかった。それとは反対に、か弱い女性の逃走が、一族に拡大をもたらすのである。

この物語の主人公となるのが、イオである。

イオはイナコス河神の娘とも、怪物アルゴスの孫ともいわれるが、とにかくアルゴス王家の娘で、巫女としてヘラの神殿に仕えていた。

そんなある日のことだ。彼女が森を散歩していると、空から黒い雲が下りてきて彼女を包み、彼女と交わった。天界にいたゼウスが、一目で彼女の美しさに心を惹かれ、正妻であるヘラに気づかれないように、黒い雲に姿を変えて、彼女の側に現れたのである。
しかし、黒い雲を見たヘラは、すぐにそれがゼウスであることに気がついた。ヘラは怒りもあらわに、ゼウスの心に警告を発した。

これには、さすがのゼウスもびっくりした。彼は急いでイオを白い牝牛に変え、ただの牛だからそんなに怒ることはない、とヘラに言い訳した。ヘラはだまされた振りをして怒りを鎮めると、それではその牛をわたしにください、といった。ゼウスは一瞬言葉に詰まったが、ただの牝牛に必要以上に執着するわけにはいかなかった。

こうして、ヘラは牝牛となったイオを奪い取ると、二度とゼウスと密会できないように、百眼の巨人アルゴスに命じて番をさせたのである。アルゴスは体中に眼があって、その眼はけっして一度に閉じることがなかったから、番人にはうってつけだったのだ。

これに対して、ゼウスは伝令使であったヘルメス神を送った。ヘルメスは何でも眠らせる伝令杖ケリュケイオンでアルゴスのすべての眼を眠らせ、鋭い鎌で[*五]その首を切り、イオを解放した。

これを知ったヘラは、復讐の女神エリニュスのひとりを虻に変えて、イオを追いかけさせた。この虻が牝牛となっているイオをちくちくと刺すので、彼女は家に帰ることも、ゼウスと会うこともできずに、あちこちさまよった。

この長い旅の途中で、イオはとある海辺にやってきたが、それからその海はイオニア海

牝牛に変えられたイオにつきそい、これを助けたのは、伝令神ヘルメスだった。彼は百眼の巨人アルゴスを退治し、イオにたかる虻を追い払った。最後にイオをもとの姿に戻したのもヘルメスである。

と呼ばれるようになった。さらに、イオはヨーロッパとアジアの境の狭い海峡を渡ったが、それによってその海峡はボスポロス（牝牛の渡し）と名づけられた。

イオはゼウスのために奥深い山中に縛られていたプロメテウスにも会っているから、黒海東岸のカウカソスにも旅したのである。このときプロメテウスは、自分の不幸を歎くイオを哀れみ、彼女の旅の行く末を予言して彼女を慰めている。また同時に、イオから数えて十三代目の子孫、つまりヘラクレスがプロメテウス自身を救い出すだろうといったとされている。

こうして、彼女がエジプトまできたとき、伝令使ヘルメスがやっとのことで彼女を発見し、彼女は人間の姿に戻された。ゼウスもやってきて、軽く彼女に触れると、彼女はエパポスという男子を生んだ。

この後、イオはエジプト王テレノゴスと結婚し、彼女の子供のエパポスもやがてエジプト王となって、エジプトとアフリカを支配するのである。そして、エパポスの子孫から、フェニキアへ渡ったアゲノルや、再びアルゴスへと舞い戻る者たちが誕生するのである。

エジプトに渡ったイオは、そこにデメテル像を建てたが、エジプト人たちはデメテルやイオのことを、エジプトに古くから伝わる女神イシスとして大事にしたという。また、エパポスも牡牛神アピスとして崇拝されたという。

＊四　フェニキア　前一二〇〇年頃から、シリア中南部の海岸沿いを中心に栄えた国。フェニキア人は、海上貿易者として活躍した。現在のアルファベットのもととなったフェニキア・アルファベットを考案している。

＊五　その首を切り　ヘラは、死んだアルゴスから百の目を取り、自分の飼っている孔雀の尾につけて飾りにしたといわれている。今日見られる孔雀の尾にも、その名残が見られる。

ベロスとアンキノエの息子

ダナオス DANAUS

アルゴス生まれのイオがエジプトにいってしまってから、アルゴスの地はイナコスの一族でない者が支配するようになっていた。イオの子孫たちはその間、エジプトやアフリカを支配し続けた。

しかし、イナコスの一族はアルゴスの地と深く結びついた者たちだった。ある事件をきっかけにして、イナコスの子孫たちが、再びアルゴスを支配するようになるのである。

イオの息子エパポスにはベロスという孫がおり、ベロスにはアイギュプトス、ダナオスという息子がいた。それぞれリビアとエジプトを支配していたが、あるときアイギュプトスがダナオスの領土であるエジプトを侵略した。アイギュプトスはさらに策略を用いて、ダナオスの王国を完全に奪おうと考えた。アイギュプトスには五十人*六の息子、ダナオスには五十人の娘がいたが、アイギュプトスはこれらの息子と娘を結婚させようとダナオスに持ちかけたのだ。

ダナオスはアイギュプトスを嫌っていたので、すぐにも船を作ると、五十人の娘たちを乗せ、アルゴスに逃れた。

この当時、アルゴスを支配するのはゲラノル王だったが、アルゴスに着いたダナオスは、イナコスの子孫であることを理由に王位の返還を求めた。ゲラノルは拒否したが、その日のうちに、一匹の狼がアルゴスの牝牛の群れを襲うと、そのリーダーを殺してしまうという事件が起こった。これを見たアルゴスの人々は、これは外来者が新しい王となるという神託だと考え、ダナオスに王権を与えた。

しかし、間もなく、アイギュプトスも五十人の息子を率いてやってくると、しつこく結婚を迫り続けた。

ダナオスは仕方なく承知したが、結婚式の前に娘たちを呼ぶと、全員に短剣を与え、最初の夜に夫たちを刺し殺すように命令したのだった。

こうして、アイギュプトスの五十人の息子のうち、ヒュペルムネストラと結ばれたリュンケウスを除く四十九人が新妻の手で殺され、その首はレルネの泉の近くに埋められたのである。

***六　五十人の息子**　五十という数字は四年に一度のオリンピックの周期五十か月と関係がある。「一神年（百か月）」の半分に当たる。

AMYMONE

ダナオスとエウロペの娘

アミュモネ

AMYMONE

有名なヘラクレスの物語では、アルゴスにあるレルネといえば沼沢地であって、そこにヒュドラという怪物が住んでいたことになっている。しかし、ダナオスが五十人の娘を連れて、アルゴスに到着したばかりのときには、そこにはまだ泉は存在していなかった。それどころか、その頃のアルゴスは水不足に悩んでいた。ポセイドンとヘラがアルゴスの地を争ったとき、イナコス河神が審判者として、アルゴスをヘラのものと判定して以来、ポセイドンは腹を立て、アルゴスの河の水をしばしば干上がらせていたからだ。

そんなわけで、アルゴスに着いたダナオスは、犠牲を捧げるための水を、娘のアミュモネに探させなければならなかった。

アミュモネは皮袋を持って、あちこち歩き回り、父や姉妹たちのいる場所からもしだいに離れていった。するとしばらくして、好色で知られるサテュロスの一匹が、どこからともなく出現して、アミュモネに襲いかかってきた。彼女は悲鳴を上げて逃げ出した。

この声をポセイドンが聞きつけた。そして、三叉の矛を持って駆けつけると、すぐにもサテュロスを退治したのである。

こんなことがあって、ポセイドンとアミュモネは結ばれたのだが、神は花婿から花嫁へのプレゼントとして、三叉の矛を大地に突き刺し、そこにレルネの泉を湧き出させ、アルゴスに豊かな水を与えたのである。

そして、このときの関係から、アミュモネはナウプリオスという息子を生んだが、彼はイアソンと一緒にアルゴー号に乗り、舵手を務めるほどの立派な航海者になった。しかし、ナウプリオスは、自分の子供がトロイア戦争で死んだために、同胞であるはずのギリシア軍を恨み、戦争後に彼らが海を渡って帰国しようというときに、あちこちの岬に偽のかがり火を焚いて、ギリシア人を死に導くという罪を犯した。そしてこのために、ナウプリオス自身も、海上に輝く偽のかがり火にだまされて死ぬことになった。

ダナオスとエレパンティスの娘

ヒュペルムネストラ HYPERMNESTRA

HYPERMNESTRA

ダナオスの五十人の娘たちが、アイギュプトスの五十人の息子たちを殺そうとしたとき、もしも娘たち全員がそれぞれの夫を殺していたら、ギリシア神話はいまよりもっと魅力の乏しいものになっただろう。というのも、ギリシア神話の中で最大の英雄といえるペルセウスとヘラクレスが、このとき結ばれた一組の夫婦、ヒュペルムネストラとリュンケウスの子孫として誕生しているからだ。

ヒュペルムネストラがリュンケウスを殺さなかったのは、夫が彼女の処女性を尊重し、無理矢理夫婦になるようなことをしなかったからだった。そんなリュンケウスの人柄に接して、彼女は心から彼を愛し、本当の夫婦になることを決意したのである。

しかし、理由はどうあれ、彼女が夫を殺さなかったのは、彼女の父や姉妹たちに対しては弁解の余地のない裏切り行為だったので、彼女は罪人として親族に捕らえられると、幽閉され、裁判にかけられた。父も姉妹も彼女の行為に激怒していたので、裁判では彼女が死刑にされるのは確実だった。だが、このとき女神アプロディテが出現し、彼女のために仲裁してくれたので、彼女は許されて、リュンケウスと結ばれることができたのだった。

しかし、リュンケウスの方は、兄弟たちを殺された恨みを忘れることはできなかった。ダナオスの娘たちは、アテナとヘルメスによって罪を清められていたが、彼はヒュペルムネストラの他の姉妹たちを、アミュモネを除いて皆殺しにしたのである。

それからリュンケウスは、ダナオスの死後にその後を継いでアルゴスの王となった。

夫殺しという罪を犯してリュンケウスに殺されたダナオスの娘たちは冥界に落ちたが、生前の罪のために地獄であるタルタロスへ幽閉されることになった。そこで彼女たちは、底の抜けた瓶に永遠に水*七を汲み続ける罰を与えられたのである。

＊七　水を汲み続ける罰……　タルタロスに落とされたダナオスの娘たちの罰は、「けっして一杯にならないダナイス（ダナオスの娘）たちの瓶」という「むだ骨」を表す諺《ことわざ》になっている。

HYPERMNESTRA

アバスとアグライアの息子

アクリシオス ACRISIUS

ゴルゴンの首を取ったことで有名なペルセウスは、イナコスの家系の中で最初に登場する偉大な英雄だが、この英雄の物語の発端は英雄の祖父の時代にまでさかのぼる。

ここで、英雄の祖父となるのがアクリシオスである。

アクリシオスは双子の兄弟であるプロイトスと仲が悪く、母親の胎内にいるときから争い合うほどだったが、成長するや、ふたりはアルゴスの王位を巡って争った。この結果、アルゴリスは二分され、アクリシオスがアルゴスの王に、プロイトスの方はテュリンスの王となった。

こうして戦いは収まったが、アクリシオスにはひとり娘がいるだけで、男子が生まれないという悩みがあった。そこで、彼がデルポイ[*八]の神託に男子の誕生について尋ねてみると、その答えは、彼には息子は生まれないが、ひとり娘が息子を生み、その子が彼を殺すだろうというものだった。びっくりしたアクリシオスは、家に帰るとすぐに青銅の地下室を作らせ、その中に娘であるダナエと乳母とを閉じ込めた。

ところが、ここまでしたにもかかわらず、ゼウスがダナエと交わってひとりの男子が生まれた。ペルセウスの誕生だった。

アクリシオスは、今度はダナエとまだ幼いペルセウスを、小さな箱船に閉じ込めて、ふたりを殺すために海に捨てさせた。

しかし、小さな箱船は海を漂い、セリポスという島に流れ着くと、ふたりは貧しい漁師に助けられたのである。

こうして、ついに成人したペルセウスはゴルゴン退治をするのだが、偉大な冒険の後、祖父と仲直りするためテッサリアに赴いた。孫に殺されると信じていたアクリシオスが、テッサリア地方にまで逃げていたからだ。ところが、テッサリアのある場所で開催されていた運動競技大会にペルセウスが参加し、円盤を投げたところ、手元が狂ってひとりの老人を殺してしまった。偶然にも、これが祖父のアクリシオスで、ペルセウスは意図せずに神託を成就してしまったのである。

＊八　デルポイの神託　デルポイは、アポロンの神殿のある地。地球の中心といわれる。この神殿にいる巫女たちは、神の言葉を代弁する予言者として活躍していた。

HYPERMNESTRA

アバスとアグライアの息子
プロイトス
PROETUS

ペルセウスの祖父アクリシオス[*九]の双子の兄弟で、アクリシオスとの権力闘争の後にテュリンス王となったプロイトスは、その後、不思議な事件に巻き込まれた。

ペガソスを乗りこなした英雄ベレロポンが彼の家を訪れたとき、妻のステネボイアが彼を愛して自殺したために、プロイトスは妻をなくしてしまうという不幸を経験するのだが、それから間もなく、今度は彼の三人の娘たちの身に不幸がやってきたのである。三人の娘イピノエ、リュシッペ、イピアナッサは、大人になってからもディオニュソスを崇拝せず、秘教の儀式にも参加しなかったという理由で、神の怒りを受けて狂気に陥ってしまったのだ。

この狂気のために、三人娘は三人一緒にペロポネソスの田舎をさまよいながら、想像を絶するほどの淫らな行いをし続けた。

プロイトスは娘を治すために、有名な予言者で医師としても優れていたメラムプスに相談を持ちかけた。メラムプスは王国の三分の一を報酬として求めた。プロイトスはそれは高いと考え、一度は断わったが、その後も三人娘の行いはひどくなる一方だった。しかも、しばらくするとアルゴスの他の女たちまでが狂気に陥って同じような振舞いに及んだのである。

事ここに至って、プロイトスはメラムプスの報酬を承諾したが、メラムプスは今度は王国の三分の二でなければならないといい始めた。困り果てていたプロイトスは、とにかくその条件を飲んだ。

三人娘のうちひとりは、清めの儀式を行う前に死んでしまったが、ふたりはメラムプスの手で助けられた。

こうして、プロイトスの王国の三分の二を手に入れたメラムプスは、兄弟のビアスとそれを分け合った。それから、メラムプス兄弟は、病から癒えたプロイトス王のふたりの娘、リュシッペとイピアナッサをそれぞれの妻に迎えたのである。

＊九　アクリシオス　アクリシオスとプロイトスは母の胎内にいるときから争うほどに仲が悪かったが、その争いの最中にギリシアで初めて盾を発明したといわれている。

HYPERMNESTRA

アクリシオスとエウリュディケの娘

ダナエ

DANAE

ギリシア神話におけるペルセウスはけっして忘れることのできない偉大な英雄だが、このような英雄を生み出すためには、近親者もまた大きな労苦を払う必要があるのかもしれない。なかでも、ペルセウスの母ダナエの苦労は並大抵ではなかった。

ダナエは、彼女の息子によって殺されるという神託を恐れた父のアクリシオスによって、地下に作られた青銅の密室に閉じ込められた。この密室に、雨となって染み込んできたゼウスと交わってペルセウスを生んでからは、幼い子供とふたりで小さな箱船に入れられて、海の上を漂った。幸いにも、セリポス島の漁師ディクテュスに助けられ、しばらくは貧しいながらも平穏な生活を送ったが、ペルセウスが成人してから、彼女はまた大きな災難に直面しなければならなかった。

漁師ディクテュスにはポリュデクテスという兄がいたが、これがセリポス島の王であって、いつまでも若々しいダナエに、しきりに言い寄ってきたのである。

このポリュデクテスは、ペルセウスを陥れて、恐ろしいゴルゴン退治に赴かせた張本人だが、それというのも彼の留守中に、ダナエと無理矢理結婚してしまおうと考えていたからなのである。

ペルセウスが困難な冒険に出かけている間、ダナエはポリュデクテスの宮殿に閉じ込められ、しきりに結婚を迫られた。そのやり方が次第に脅迫めいてくるので、ダナエはついにディクテュスの助けを借りて、ゼウスの神殿に逃げ込んだ。さすがに悪質なポリュデクテスも神の領域に攻め込むことはできなかったので、神殿を取り巻いて、糧道を断った。結婚するか、飢死するか、彼女に選択させたのである。

英雄の母らしく、ダナエはけっして折れようとはしなかったが、食べ物がないために身体が弱っていくのはどうすることもできなかった。そんなとき、冒険を終えたペルセウスが戻ってきた。このとき、ペルセウスが怒りを爆発させ、母を救い出したのは当然のことである。

ペルセウス

PERSEUS

ゼウスとダナエの息子

人間でありながら、空飛ぶ靴を履いて空を飛んだり、隠れ兜で姿を消したりするといえば、いかにも現代のSF映画のようで、このような英雄をいまから三千年も昔のギリシア神話の中に捜すのはとても難しい感じがする。しかし、たったひとりではあるが、こんなSFまがいの活躍をした英雄も存在していた。

ゼウスとダナエの間に生まれたペルセウスがそうだ。

●怪物ゴルゴン退治の顚末

ペルセウスは、生まれるとすぐに母ダナエと一緒に海に流されるという危機を経験したが、幸運にもセリポス島の漁師ディクテュスに救われ、成人することができた。

しかし、ちょうどこの頃、ディクテュスの兄弟で、ペルセウスの母ダナエを狙っていたセリポス島の王ポリュデクテスが、目障りなペルセウスを陥れるため、彼を宴に招待したのである。この宴に招待されたものは、贈り物として馬を一頭持参しなければならなかったが、貧しい漁師の家に世話になっていたペルセウスには、そうすることができなかった。

「馬以外のものなら、たとえゴルゴンの首でも持ってきましょう」

ポリュデクテスや他の招待客の前で、ペルセウスはいった。この発言は、もともと彼を陥れようとしていたポリュデクテスの思う壺だった。ゴルゴンは頭から蛇の髪の毛が生え、その目を見たものは石になるといわれる怪物で、その首を切ることなど人間業ではなかったからである。

「それではすぐに取りにいってもらおう」

すぐに、ポリュデクテスがいった。

ペルセウスは驚いたが、大勢の人々の前で一度口にしたことを撤回するわけにはいかなかった。

このとき、困っているペルセウスの前にヘルメス神と泉のニンフであるナイアスが現れて、それを被ると姿を消すことのできるハデスの帽子と、空を飛ぶことのできる翼の生えたサンダル、ゴルゴンの首を入れるキビシスという袋を貸し与えた。

さらに、女神アテナがやってきて、ペルセウスの案内役になると、彼をグライアイのところに連れていった。ゴルゴンがどこにいるのか、グライアイだけが知っていたからだ。

このグライアイは、三人の老婆で、三人でひとつの目とひとつの歯しか持たず、それを

恐ろしい怪物として知られるメドゥサも、もとは人間の乙女だった。「自分の髪はアテナ神のそれより美しい」と放言したため、怒ったアテナ神により醜く恐ろしい姿に変えられてしまったという。これに抗議した姉たちも同じく醜い姿に変えられてしまった。

順番に使うという変わった怪物だった。

ペルセウスはその目を取り上げて、グライアイからゴルゴンの居場所を聞き出した。その場所へいくと、洞窟の中で三人のゴルゴンが眠っていた。三人は姉妹で、このうちメドゥサだけが不死ではなかった。

ここで、アテナがペルセウスに鏡のような青銅の盾と鋭い鎌を与えた。ペルセウスはハデスの帽子で姿を消し、身体が石にならないように、青銅の盾に映るゴルゴンの姿を見ながら近づくと、メドゥサの首を切り、キビシスの中に納めた。

メドゥサの悲鳴で他のゴルゴンも目を覚ましたが、ハデスの帽子を被ったペルセウスを見つけることはできなかった。ペルセウスは、翼のサンダルで空に舞い上がった。

●アンドロメダの救出

こうして、ペルセウスは約束どおりゴルゴンの首を手に入れたのだが、彼の冒険はまだ終わってはいなかった。

ゴルゴンの洞窟は、オケアノスの彼方のヘスペリスの園という、ギリシアからとてつもなく離れた場所にあった。そんなわけで、帰り道に、ペルセウスはエティオピアの空の上を飛んだ。

このとき、ふと足下に向けられたペルセウスの目に、海上に突き出た岩に縛られた美しい女性の姿が映ったのである。

ペルセウスは舞い降りて、彼女から次のような事情を聞いた。彼女はエティオピア王ケペウスの娘アンドロメダだったが、彼女の母カシオペアが自分の美しさを自慢して、ポセイドンの娘たちを侮辱したので、海神が怒ってエティオピアに洪水を起こし、さらに暴れまくる海獣を出現させた。そこで、困り果てたケペウスが神託に伺いを立てたところ、娘のアンドロメダを海獣の犠牲に捧げれば、エティオピアは救われるというお告げがあった。もちろん、父であるケペウスにはとてもそんなことはできなかったが、国民たちがそれを望んだため、この日ついに、彼女が犠牲として捧げられたというのである。

ペルセウスはアンドロメダを一目見て、恋心を抱いたので、是非とも海獣を倒して彼女を助けたいと思った。彼女によれば、海獣は毎日決まった時刻に現れるというので、ペルセウスはすぐにもケペウスの王宮を訪ね、海獣退治を申し出た。そして、うまくいった暁にはアンドロメダを妻にする約束を取りつけた。

再び[*十]海に戻ったペルセウスはアンドロメダの背後の岩陰に隠れ、海獣の出現と同時に襲いかかって、それを打ち倒したのである。

アンドロメダと結婚したペルセウスがセリポス島へ戻ってみると、ポリュデクテス王がその仲間たちと共謀して、母のダナエをゼウスの祭壇に幽閉しているところだった。腹を立てたペルセウスは、ポリュデクテスたちを宮殿に呼び出すと、自分は顔を背けて、キビシスの中からメドゥサの頭を取り出した。すると、ポリュデクテスたちはメドゥサの形相のすさまじさにあっと叫んだが、その姿のままで石になってしまった。

こうして、母を救い出したペルセウスは、セリポス島の統治を恩人であるディクテュスに任せ、母とアンドロメダを連れてアルゴスに戻り、後にテュリンスとミュケナイを支配した。

ゴルゴン退治に使われた不思議な道具は、みなそれぞれの神に返され、メドゥサの首はアテナに捧げられた。[*十一]

＊十　再び海に……　ペルセウスは、海獣退治の際にもメドゥサの首を使ったという説もある。海獣は、一瞬で石に変わったという。メドゥサの首の威力の強力さを示すエピソードのひとつである。

＊十一　アテナに捧げられた　アテナはペルセウスから捧げられたメドゥサの首を自分の盾アイギスにはめ込んだ。

ペルセウスとアンドロメダの息子

エレクトリュオン ELECTRYON

ギリシア神話には、ペルセウスに匹敵する偉大な英雄としてヘラクレスがいるが、このヘラクレスは父方から見ても、母方から見ても、ペルセウスの四代目の子孫に当たる。そんなわけで、ペルセウスの子供たちは、同時にヘラクレスの祖先として、神話の中に出現している。

ペルセウスの息子のひとりで、ミュケナイ王となったエレクトリュオンも、そのような人物である。ヘラクレスはアルゴリス地方の一族でありながら、テバイにおいて大きな崇拝を受けているが、彼をテバイと結びつける変化が、エレクトリュオンの時代に起こるのである。

あるとき、ギリシア本土の西方にあるタポス人の住む島から、タポス人の王プテレラオスが、ミュケナイに軍を率いてきて、王国の分け前を要求するということがあった。プテレラオスはエレクトリュオンの兄弟メストルの子孫だったから、そうする権利があると考えたのだろう。

ここでエレクトリュオンが拒否すると、ふたつの勢力の間で争いが起こった。エレクトリュオンには、ヘラクレスの母になるアルクメネという娘の他に九人の息子がいたが、そのうち幼いひとりを除く八人が、この戦いで死んでしまった。プテレラオスの方も、六人の息子のうち五人が死んだ。そこで、彼らはミュケナイ王家の牛の群れを盗んで逃走した。

エレクトリュオンは何とかして敵に復讐し、牛を取り戻したかったので、娘アルクメネの婚約者だった甥のアムピトリュオンにその仕事を任せた。このアムピトリュオンがヘラクレスの父となる人物である。

ところが、アムピトリュオンが牛を取り戻し、叔父に返還しようとしたとき、彼が何気なく牛に向かって投げつけた棍棒が、牛の角に弾かれて、偶然にもエレクトリュオンを殺してしまうという事件が起こった。

この事件を知った叔父のステネロスは、もともとミュケナイ王の地位を狙っていたので、即座にアムピトリュオンを国外追放にした。こうして、アムピトリュオンとアルクメネはテバイへ赴くことになり、アルクメネはテバイでヘラクレスを生むことになるのである。

PERSEUS

アルカイオスとアステュダメイアの息子

アムピトリュオン

AMPHITRYON

ヘラクレスの退治した獅子、メレアグロスの退治した猪のように、ギリシア神話[*十二]には、当たり前の動物でありながら、怪物的な性質を持った生き物がたくさん登場する。ヘラクレスの父となるアムピトリュオンも、アルクメネと正式に結婚するために、恐ろしい怪物にも匹敵する、不思議な動物を退治しなければならなかった。

叔父であるミュケナイ王のエレクトリュオンを誤って殺してしまってからテバイに逃れたアムピトリュオンに対して、婚約者のアルクメネは、プテレラオスに殺された彼女の兄弟の仇をとってくれるまで、正式に結婚することはないと主張したのだ。

そこで、アムピトリュオンはテバイ王クレオンに援助を求めたが、クレオンは、当時テバイを悩ませていた獰猛な牝狐を退治してくれるなら、援助しようというのだった。この牝狐は、たとえ誰であっても、絶対に捕まえることができないように運命づけられており、テバイ人は毎月ひとりの子供を犠牲として捧げなければならなかったのである。

アムピトリュオンは承知し、アテナイ人ケパロスからライラプスという一匹の猟犬を借りてきた。この犬は、もともとクレタ島王ミノスが飼っていたもので、追いかけたものは絶対に捕まえると運命づけられた犬だった。

これは実に不思議な勝負だったが、神々の定めた運命を変えるわけにいかなかったので、二匹が追いかけっこを始めたとき、ゼウスはこの二匹を同時に石に変えた。

こうして、牝狐を退治したアムピトリュオンは、クレオンの援助を得て、タポス人の王プテレラオスを殺し、アルクメネの兄弟の仇を討つことができたのである。

ところが、アムピトリュオンがテバイに戻ってみると、アルクメネの態度が不自然だった。彼女によれば、アムピトリュオンはすでに前日に帰ってきており、その夜、ふたりは正式に結婚したというのである。

＊十二　ヘラクレスの父　正確にいうと、アムピトリュオンはヘラクレスの義父である。ヘラクレスは、アムピトリュオンの妻アルクメネと大神ゼウスの間に生まれた子である。

エレクトリュオンとアナクソの娘

アルクメネ ALCMENA

ペルセウスの母ダナエが、雨となって地下室に侵入してきたゼウスと交わって英雄の母となったことからもわかるように、大神ゼウスはいろいろな手段を使って英雄の誕生に関わってくるが、ヘラクレスの誕生の場合もそうだった。

ヘラクレスの母となるアルクメネには、アムピトリュオンという婚約者がいたが、ゼウスは最も美しく賢明な彼女と交わって英雄を生もうと決めていたのである。

ちょうどこの頃、アムピトリュオンはアルクメネの兄弟の仇討ちをするためにタポス島に赴いており、テバイを留守にしていた。そこで、ゼウスはアムピトリュオンが戻ってくる前夜に、彼の姿になってアルクメネを訪れた。

アルクメネは、アムピトリュオンが彼女の兄弟の復讐を遂げた後で正式に結婚すると決めていたので、あれこれと復讐の様子などを尋ねた。ゼウスはいろいろな贈り物を持って寝室に入ると、戦いの様子を滑らかな口調でリアルに物語り、復讐が成就されたことを告げた。それで、アルクメネは復讐が完全に成し遂げられたと信じ、その夜のうちにアムピトリュオンに化けたゼウスと結婚したのである。

ところが、翌日になると本物のアムピトリュオンがタポス島から戻ってきた。しかも、戻ってきたのは昨日ではなく、いかにもこの日初めて帰国した様子だった。アルクメネは驚いたが、どういうことなのかわからなかった。謎を解くためにテバイの有名な予言者テイレシアス[*十三]を訪れたとき、ふたりは初めて、ゼウスが夫に化けてアルクメネを訪れたことを知ったのである。

こうして、アルクメネはゼウスの子であるヘラクレスと、アムピトリュオンの子であるイピクレスを同時に懐妊することになったのである。このふたりは不思議なことに双子だったが、ヘラクレスの方が一夜だけ年長だといわれている。

＊十三　テイレシアス　盲目の予言者。小鳥の言葉を解する能力を身につけ、あらゆる情報に精通していた。男になったことも女になったこともある不思議な人物である。ヘラクレス、オイディプス、オデュッセウスなど多くの英雄たちに助言を与えている。

PERSEUS

エウリュステウス

EURYSTHEUS

ステネロスとニキッペの息子

ヘラクレスはギリシア神話最大の英雄だが、ペルセウスがミュケナイ王になったように、どこかの国の王になるということはなかった。ヘラクレスの冒険の主要な部分を占める十二の功業も、ヘラクレスの主人となったアルゴリス地方の王の命令によって行われたものだった。

この王というのが、エウリュステウスである。

ギリシア神話では、英雄に冒険を命じるものが、それほど立派でない人物であることが多いが、エウリュステウスもそうだった。そんな人物が、ヘラクレスの主人になった背景には、女神ヘラの陰謀が働いていた。

大神ゼウスは、もともと英雄を生むためにアルクメネと交わったので、ヘラクレスが誕生したら、アルゴリスの王にしようと決めていた。ところが、いよいよヘラクレスが誕生する日がきたとき、喜びのあまり、自分の血を引く男系のひとりで、アルゴリスの支配者となるものがついに生まれると口走り、正妻ヘラの嫉妬心に火をつけてしまったのだ。ヘラクレスに憎しみを抱いたヘラは即座に彼を苦しめる計画を思いつき、ゼウスの男系の子孫の中で、この日に生まれるものがアルゴリスを支配するべきだと、ゼウスに宣言させた。それから、ヘラは秘かにテバイへ飛ぶと、出産の女神エイレイテュイアに命じて、アルクメネの出産を遅らせた。そしてヘラは、今度はペルセウスの子でミュケナイ王であるステネロスの妻ニキッペのところへ向かった。このとき、ニキッペは妊娠七か月だったが、その子供もゼウスの予言を満たす資格を持っていたからだ。こうして、その日のうちに誕生したのがエウリュステウスだった。

しばらくして、ヘラクレスも無事に誕生はしたが、アルゴリス地方の王となる資格はエウリュステウスに奪われ、ヘラクレスはその臣下の立場に立つことになったのである。

エウリュステウスの方は、残酷で、嫉妬心の強い人物だったから、ヘラクレスのような真の強者に困難な仕事を課することに大きな喜びを見出し、ヘラクレスが死んだ後には、その子供たちまで迫害した。

アムピトリュオンとアルクメネの息子

PERSEUS

イピクレス

IPHICLES

本当の夫であるアムピトリュオンの帰国前日に、ゼウスと交わったアルクメネは、ゼウスの子供とアムピトリュオンの子供を同時に懐胎した。そんなわけで、ヘラクレスは双子の兄弟として誕生するのだが、この兄弟となるのがイピクレスだった。

イピクレスとヘラクレスでは、ヘラクレスの方が一夜だけ年長だとされるが、生まれたばかりのふたりを見ても、どちらがゼウスの子で、どちらがアムピトリュオンの子であるか両親も認めることはできなかった。

あるとき、二匹[*十四]の蛇が幼いふたりのゆりかごに入り込み、赤ん坊を飲み込もうと大きな口を開いたことで、ふたりの区別がはっきりした。イピクレスは泣き叫んで脅えたが、ヘラクレスは平然と二匹の蛇を捕まえ、絞め殺したのである。

このことからもわかるように、イピクレスは特別な英雄ではないし、ヘラクレスを助けるようなこともしていない。しかし、彼の息子であるイオラオスは、ヘラクレスの戦車の御者として、十二の功業のひとつであるレルネのヒュドラ退治で活躍している。ヒュドラは九つの頭を持ち、その頭はいくら切り落としても再び生えてくるという怪蛇で、さすがのヘラクレスもこれには手を焼き、イオラオスに助けを求めた。そこで、イオラオスは焚火に火をつけると、ヘラクレスが切り取った首のつけ根を焼き、首が生え出てくるのを防いだのである。

イオラオスのヘラクレスに対する忠誠心はとても篤く、ヘラクレスに十二の功業を命じた悪質なエウリュステウスが、ヘラクレスの子供たちを迫害したときにも、彼らを助けて戦っている。このとき、彼はすでに高齢だったが、その身に鞭打つように戦車を走らせると、突如として上空に二個の火の玉が出現した。それは、死後に神々の仲間になったヘラクレスと青春の女神へべで、その光に照らされたイオラオスはみるみると若返った。そして、若返った彼は、エウリュステウスの首を取り、戦いを勝利に導く活躍をしたのである。

＊十四　二匹の蛇　この蛇は、ゼウスと人間の間に生まれたヘラクレスを憎んだヘラが、これを殺そうとして送ったものだという。

ゼウスとアルクメネの息子

ヘラクレス

HERCULES

ギリシア神話には、アルゴー探検隊の冒険、オイディプスの登場するテバイの物語、トロイア戦争を含むアトレウス家の物語など、いくつかの大きなまとまりがある。これらの物語には当然多くの英雄が登場し、いうならば英雄たちの共同作業として、大きな物語が作られている。

しかし、ヘラクレスの場合は違っている。彼はギリシア神話最大の英雄であって、ただ彼ひとりのために、アルゴー探検隊やトロイア戦争に匹敵する大きな物語が作られているのである。

●ヘラクレスの青少年時代

生後[*十五]八か月のときに、ゆりかごの中に忍び込んだ恐ろしげな蛇を、いとも簡単に絞め殺してしまったという逸話からもわかるように、ヘラクレスは幼いときから、英雄としての素質に恵まれていた。

この事件があって、ヘラクレスがゼウスの子だとわかったので、名目上の父アムピトリュオンは、熱心に彼を立派な英雄にするための教育を行った。馬術、戦車乗り、弓術、格闘技、音楽などが、その道の達人たちから教えられた。

しかし彼は不器用で、物覚えが悪く、粗暴だった。

あるとき、オルペウスの兄弟で音楽の教師を担当していたリノスが、彼の物覚えの悪さを叱ると、ヘラクレスは激怒して手に持っていた竪琴でリノスを打ち殺してしまった。まだ幼かったし、どういうわけかヘラクレス自身が正当防衛などという立派な言葉で自分の行為を弁護したので、彼は裁判でも無罪となったが、このころからすでに、暴力的な性格は表れていたわけだ。

それにしても、こんな事件を頻繁に起こされてはかなわないので、父はヘラクレスをキタイロン山の山奥に送った。

そこで羊飼いの暮らしをしながら、ヘラクレスはぐんぐんとたくましく成長した。

十七歳になったとき、彼は最初の英雄的行為として、キタイロン山に潜んで牛を荒らし回る獰猛なライオンを退治した。

それから、周辺に住む族長エルギノスがテバイを荒らしていると聞いて、彼とその仲間を退治した。これによって、ヘラクレスはテバイ王クレオンの娘メガラを与えられ、結婚した。

●十二の功業

テバイ王の娘と結婚したヘラクレスは、これによって王となる資格を手に入れたわけだが、このとき、女神ヘラが彼の邪魔をした。ヘラは、ヘラクレスがゼウスの浮気によって生まれたことに腹を立てて、誕生のときにも、アルゴス（アルゴリス地方の国）王になるという運命を変えてしまったが、今回は、恐ろしい狂気をヘラクレスに送ったのである。

ヘラクレスは発狂すると、妻メガラと一緒に、ふたりの間に生まれた子供たちまで殺してしまった。

正気に戻って驚いたヘラクレスは、近親者殺害者としてテバイを去ると、友人のテスピオスによって罪を清めてもらい、デルポイで神託を伺った。ヘラクレスの祖先の地であるアルゴリスで、国王エウリュステウスに十二年間奴隷として仕え、彼の命ずる十の難行を成し遂げよ、というのが神託の内容だった。

このエウリュステウスは、本来ならヘラクレスが就くべきアルゴスの王位を、ヘラの陰謀で横取りした張本人だったから、ヘラクレスにとってこれは絶え難い屈辱でもあった。しかし、たとえ罪の意識に苦しんでいなくとも、神託を拒否することなどできるはずはなく、ヘラクレスはアルゴスに赴いた。

エウリュステウスはいかにも性格の悪そうな男だったが、その見かけのとおり、たくましくて立派な英雄に嫉妬すると、人間では成し遂げることのできない十二の難行をヘラク

ヘラクレスは、17歳のとき退治したライオンの皮をはいで自分の衣服とし、口を裂いて兜にした。これは、生涯を通じて彼が身につけたお気に入りのユニフォームとなった。

レスに課した。神託では十の難行を成し遂げればいいはずだったが、エウリュステウスが後になって内容にけちをつけ、勝手にふたつ増やしたのである。

第一の難行はネメアのライオン退治だった。これは、巨人戦争の最後にゼウスを苦しめたテュポンと半人半蛇エキドナの息子で、ネメアを荒らし回る不死身のライオンだった。ヘラクレスは両腕で首を絞めてこれを殺した。エウリュステウスは卑屈なうえに臆病だったので、帰ってきたヘラクレスを見てびっくりし、それ以降は、獲物を城壁の中に入れず、門の外におくように命じた。さらに、ヘラクレスが帰還するたびに、エウリュステウスは大きな瓶の中に隠れる習慣を身につけた。

第二の難行はレルネの水蛇ヒュドラ退治だった。この怪物はレルネの沼沢地に住み、平原を荒らしていたもので、九本の頭を持ち、そのうち一本が不死だった。そのうえ、頭はいくら切り落としても次から次と生え出てくるのだった。ヘラクレスは、イピクレスの息子イオラオスの援助を得て、切り落とした首のつけ根を焼くことで、首の再生を防ぎ、これを殺した。

第三の難行はケリュネイア山中の牝鹿の生け捕りだった。これはアルテミスに捧げられた黄金の角を持つ鹿で、ヘラクレスは生け捕るために一年間も追い続け、最後に弓で軽傷を負わせ、肩に担いで持ち帰った。

第四の難行はエリュマントス山中の猪の生け捕りだった。ヘラクレスはこれを雪の平原に追い立てて、へとへとに疲れさせて生け捕った。

第五の難行はアウゲイアスの厩舎を掃除することだった。エリス王アウゲイアスは多くの家畜を所有していたが、ずぼらで、厩舎の中が糞で一杯だったのだ。ヘラクレスは、ふたつの川の流れを厩舎に引き込むことで、これを一日で奇麗にした。

第六の難行はステュンパロス湖の鳥の駆逐だった。ステュンパロス湖周辺の森に、狼を恐れた無数の鳥たちが棲み着き、住民に害を与えていたのだ。ヘラクレスは近くの山で青銅の鐘を打ち鳴らし、驚いた鳥たちが飛び立つところを、弓で射て全滅させた。

第七の難行はクレタ島の牡牛の捕獲だった。この牡牛はクレタ島のミノス王がポセイドンをだまして手に入れたものだったが、怒ったポセイドンのためにとても狂暴になっていたのである。ヘラクレスはこの牡牛を簡単に捕らえて持ち帰ったが、その後で自由にしたところ、牡牛はギリシア中で暴れ回ってしまった。ちなみに、この冒険から、ヘラクレスの活躍はペロポネソス半島の外に拡大するのである。

第八の難行はディオメデス王の牝馬を連れてくることだった。王はトラキアに住んでいたが、その牝馬が人喰い馬で、人民を餌にしていたのである。牝馬を捕らえて帰ろうとしたとき、ディオメデス王に邪魔されたヘラクレスは、腹を立てて王を馬の餌にしてしまった。

第九の難行はアマゾン女王ヒッポリュテの帯を持ってくることだった。この帯がほしいといったのはエウリュステウスの娘だったが、その我儘がヘラクレスの難行にされてしまったのである。幸いにもアマゾン女王ヒッポリュテは喜んで帯を譲ったが、このときヘラがアマゾンに化けて争いを引き起こしたため、ヘラクレスは裏切られたと思い、ヒッポリュテを殺してしまった。

第十の難行はゲリュオンの牡牛の捕獲だった。ゲリュオンはゴルゴンのメドゥサの子孫で、西の海の果ての幻のエリュテイア島（赤い島）に棲んでいたので、ここからヘラクレスの冒険はこの世の果てに近づくのである。いったいどうやってそこにいくのか問題だが、ヘラクレスは太陽の乗る杯を借り、大洋を渡ってゲリュオンの国に到達した。途中ジブラルタル海峡を渡るとき、二本の[＊十六]ヘラクレスの柱を立てた。ゲリュオンは三人の巨人が腹の部分でひとつに結びついた怪物で、手も足も六本ずつあった。しかも、彼の牛の群れは双頭の犬オルトロスが番をしていた。ヘラクレスは棍棒で犬を打ち殺して、牛を盗み出すと、追ってきたゲリュオンは弓で射て殺した。

これで、神託の決めた十の難行は終わったが、ここにきて、エウリュステウスが二番目と五番目の難行を数に入れないといい出した。二番目のときはイオラオスの援助があったし、五番目のときはヘラクレスが報酬をもらう約束をしたからだった。そのため、彼はさらにふたつの難行を経験することになった。

第十一番目の難行はヘスペリスの園のリンゴを取ってくることだった。ヘスペリスたちはアトラスと関係のある女神で、この世の西の果ての庭園に住み、眠らない百頭竜ラドンと一緒に黄金のリンゴの木を守っていた。その木は、ヘラとゼウスの結婚を祝って、ガイアがヘラにプレゼントしたものだった。ヘラクレスはどうやってそこにいけばいいか知らなかったので、海神ネレウスを脅迫して聞き出した。旅の途中、ヘラクレスはカウカソス山で縛られていたプロメテウスを救出した。プロメテウスは、ヘスペリスのリンゴは自分で取りにいかずに、アトラスに取りにいかせるのがよいと忠告した。アトラスはヘスペリスの園の近くで天球を担いでいたので、ヘラクレスはそこまでいくと、アトラスがリンゴを取ってくるまで、彼の代わりに天球を担いだ。ところが、リンゴを取って戻ってきたアトラスは、重い天球を担ぐなどもうまっぴらだといい、おまえが担ぎ続けろといった。ヘラクレスは承知する振りをして、頭の上の天球を支える円座を整える間だけ天球を支えてくれといった。そして、アトラスが天球を持ち上げた隙に、するりと抜け出して、いつの間にか天球を支えているアトラスを笑った。こうして、ヘラクレスは黄金のリンゴを持ち帰ったが、エウリュステウスはそれをどうすればいいかわからず、女神アテナに渡したので、再びヘスペリスの園に戻された。

　第十二番目の難行は冥界の番犬ケルベロスを連れてくることだった。冥界は、考えうるかぎり、この世[*十七]から最も遠い場所である。そこにいくのは最も困難なことだったが、ヘラクレスはまずエレウシスの秘教に入会した後、ペロポネソス半島南部のタイナロン岬にあった冥界に通じる洞穴に入っていった。死者の案内人ヘルメスがヘラクレスを案内した。そして三途の川の渡し守カロンの船で冥界に渡った。冥界には数多くの英雄や怪物の亡霊がいたが、メレアグロスの亡霊と出会って、彼の妹デイアネイラと結婚することを約束したのはこのときだった。こうして、ハデスに会うと、彼はもしもケルベロスを素手で生け捕りにできたら地上に連れていってもよいという条件を出した。そこで、ヘラクレスは条件どおりに素手でケルベロスを羽交い締めにした。まさかケルベロスを連れてくると思っていなかったエウリュステウスは、恐怖のあまり、獲物を受け取ることを拒否したので、ヘラクレスは地上に戻ってから、ケルベロスを連れて、再び冥界に赴く必要があった。

●ヘラクレスの死

十二の功業を成就し、エウリュステウスの奴隷の身分から解放された後も、ヘラクレスは勇者を引き連れてトロイアを攻撃したり、第五の難行のときに約束の報酬を渡さなかったアウゲイアスに復讐したりと、数多くの冒険を成し遂げている。オリュンピアの競技大会を始めたのもヘラクレスだった。さらに、時代的には錯綜するが、神々と巨人たちの戦いにも参加している。これは、巨人たちを倒すには、人間の援助が必要だと予言されたからだった。

しかし、そんなヘラクレスにも死すべき時がやってきた。十二の功業を成し遂げた後で、彼は不死となっていたから、彼が死ぬというのは奇妙だが、ケンタウロスのケイロンの例もあるようにたとえ不死の者でも自ら望んだ場合は別だった。

この事件には彼の最後の妻デイアネイラが関係していた。デイアネイラと結婚後、ヘラクレスは妻を犯そうとしたケンタウロスのネッソスをヒュドラの毒のついた矢で殺したことがあった。このとき、ネッソスがデイアネイラに、自分の血は眉薬なので、この血のついた下着を着させれば、ヘラクレスが浮気をすることはないと告げたのだ。真実はそうではなくて、ヒュドラの毒で死んだネッソスの血は恐ろしい毒を持っていたのだが、デイアネイラはそれと知らずに、その血を瓶に入れてしまっておいたのだ。

この毒を、デイアネイラが使ってしまったのである。十二の功業の直後、メッセニアのオイカリアの王エウリュトスが、王女イオレの結婚相手を捜すために弓術大会を開いたことがあった。このとき、ヘラクレスも参加して優勝したのだが、ヘラクレスがかつて妻子を殺したことがあるというので、エウリュトスは約束を破って、イオレを渡すのを拒んだ。ずっと後に、このときのことを恨みに思っていたヘラクレスはエウリュトスを攻めて、過去の復讐を成し遂げたが、このときに妾としてイオレを手に入れたのだ。これを知ったデイアネイラは、ヘラクレスの愛が冷めたと勘違いし、戦争の勝利を感謝してゼウスに犠牲を捧げる儀式の前に、ヘラクレスにネッソスの血のついた下着を渡したのである。

ヘラクレスは何も知らずにそれを着て儀式に臨んだが、そのうちに毒のために身体がただれ始めた。

ヘラクレスは苦しみのあまり、従者であるリカスを岬から投げ落としてしまうほどだったが、衣服を脱ごうとしても、それは身体にこびりついてはがすことができなかった。

事態を理解したデイアネイラは絶望のあまり自殺した。

ヘラクレス自身は山の上に火葬壇を築かせると、その上にのぼって火をつけるように命じた。しかし、彼を知る者で彼を殺すために火をつける者などいるはずもなかった。が、やがて通りがかった羊飼いがそれに火をつけ、火葬壇が燃え上がった。このとき雷鳴が響き、ヘラクレスは天上に運ばれ、神々の仲間に加わったのである。

生きている間にヘラクレスは数多くの子供を残した。その数は六十人にのぼっている。

＊十五　生後八か月　ヘラクレスは、ヘラの嫉妬を恐れたアルクメネにより、生後すぐ捨てられたという話もある。それによると、捨てられたヘラクレスを拾ったのは、ヘラとアテナだった。ヘラが乳を飲ませたため、ヘラクレスは不死の英雄になったという。

＊十六　ヘラクレスの柱　古代ギリシアの航海者の世界は限られたもので、地中海から大西洋に出ることなど考えられなかった。そこで、地中海の果てに、そこから先へは行くことができないと記されたヘラクレスの柱が立っていると考えられていた。

＊十七　エレウシスの秘教　収穫の神デメテルをたたえる団体。エレウシスは街の名。娘のペルセポネを捜して歩いたデメテルが立ち寄った際に奇跡を起こした場所である。

PERSEUS

ヘラクレスとアウゲの息子

テレポス

TELEPHUS

ヘラクレスはデイアネイラと結婚する直前に、アルカディア王ケペウスの妹アウゲと知り合い、息子を儲けている。これがテレポスで、ヘラクレスの数多い子供の中でも、最もヘラクレスに似ている子供だった。長じてからは、トロイア戦争でも[*十八]重要な役割を果たした。

しかし、ヘラクレスとアウゲの出会いは、けっして通常のものではなかった。アウゲはアテナ女神の社の巫女であって、一生涯処女でなければならなかった。そこへ、ヘラクレスがやってきたのだが、あいにくなことに彼は酔っ払っていた。

そんなわけで、このときのアウゲとの関係は、ヘラクレスの数多い女性関係の中で、唯一の汚点だった。アウゲにしても、子供をおおっぴらに生むわけにはいかず、秘かに生むと、アテナ神殿に隠した。

しかし、女神アテナがこれを嫌い、アルカディアに悪疫を流行らせた。真実を知ったアウゲの父アレウスは、アウゲを奴隷として売り払い、赤子はパルテニオン山中に捨てた。

売られたアウゲは、小アジアのミュシアの王テウトラスに買い取られ、子のなかった王の養女となり、赤子は羊飼いに発見され、テレポスと名づけられた。

成長したテレポスは、それと知らずに祖父アレウスの宮廷で働いたが、誰も彼の出身を知らず、何度も馬鹿にされ、ひとりの叔父を殺してしまった。そこで、神託を伺うと、ミュシアにいけと告げられたのだ。

ミュシアでは、テウトラス王が敵に苦しめられていた。テレポスはこの王に加担し、勝利を収めた。王は立派な風格をしていたテレポスが気に入り、養女のアウゲと結婚させることにした。アウゲは、もちろんテレポスの実の母だったが、誰もそのことを知らなかったのだ。

しかし、ふたりが一緒に寝ようとしたとき、床の中に大蛇が出現した。このとき、アウゲが思わずヘラクレスに助けを求めたので、テレポスは不思議に思い事情を尋ねた。こうして、アウゲの身の上話を聞くことで、ふたりは自分たちが母子であることを認め合った。

＊十八　**重要な役割**　テレポスは、トロイアと間違えてミュシアを訪れたギリシア軍と戦った。このとき彼はアキレウスに傷つけられたが、「傷つけた者が治す」という神託を受け、ギリシア軍が二度目の出征を行ったときには、傷を治してもらうことを条件に艦隊をトロイアへ案内した。

ヘラクレスとデイアネイラの息子

ヒュロス HYLLUS

PERSEUS

ヘラクレスはギリシア神話最大の英雄でありながら、国王の地位にのぼることも、大きな一族を作ることもなく、最後まで流れ者のような人生を送った。この悲劇的といえる運命はヘラクレスの子供たちにも受け継がれていた。

ヘラクレスの子供たちはイナコスの血を受け継いでいるので、アルゴリス地方へ戻ることを悲願としていたが、アルゴリスどころか、ペロポネソス半島にさえ戻ることができなかったのである。

このような運命を最も果敢に引き受けたのがヒュロス[*十九]だった。

ヒュロスは、ヘラクレスがトラキスで死んだとき、兄弟たちと一緒に父の火葬壇の側にいた。

そこで、火葬がすむと、ヘラクレスの子供たちはトラキス王ケユクスを訪れた。

ところが、それから間もなく、ヘラクレスに十二の難行を与えたアルゴリスの王のエウリュステウスが、いつの日かその子供たちに復讐されるのを恐れて、トラキスまで軍を率いて攻めてきたのである。

ヒュロス兄弟は急遽、テセウスの息子デモポンが支配するアテナイへ向かうと、哀れみの祭壇に座して、アテナイ人に援助を求めた。テセウスはヘラクレスの親友だったので、その子デモポンは庇護者として最適だったからだ。

情愛に溢れたアテナイ人は、ヘラクレスの子供たちを守ることを決め、彼らを城壁の中へ招き入れた。

すると、執念深いエウリュステウスはギリシアを横切って彼らを追い、アテナイのあるアッティカを侵略し始めた。

デモポンも反撃したが、アルゴリスの軍は雲霞のごとき大軍で、とても打ち負かすことはできそうになかった。

こんなとき、デモポンが占い師たちを集めて神託を求めさせると、冥府の女神ペルセポネに由緒正しい家柄の娘をひとり、犠牲に捧げればよいと告げられた。デモポンには娘がいたが、さすがのデモポンも自分の娘を犠牲にする気持ちにはなれなかった。

と、ここにヘラクレスとデイアネイラの娘マカリアが現れて、自ら祭壇にのぼって犠牲となったのである。

これから、奇跡のような大逆転が起こった。空にふたつの星が現れて、すでに年老いていたヘラクレスの従者イオラオスを若返らせると、彼は戦車を走らせて大活躍をした。へラクレスの息子たちは、エウリュステウスの息子たちを皆殺しにした。最後はヒュロスが、馬に乗って逃げるエウリュステウスを追い、ついにその首を取ったのである。

こうして、エウリュステウスを倒したヘラクレスの子供たちは、いよいよ夢が叶うと考え、父祖伝来の地アルゴリスに向かった。

ところが、彼らがアルゴリスに着くと間もなく、ペロポネソス一帯に悪疫が流行し、神託によって、ヘラクレスの後裔が原因だとされたのである。ヘラクレスの子供たちは、またしてもペロポネソスを去らないわけにいかなかった。

数年後、ヒュロスはデルポイの神託を伺った。すると、三度目の収穫を待てと告げられた。ヒュロスは喜んだ。彼はこの神託を三年待てと解釈したからだ。しかし、三年待って、兄弟と支配下の者たちを引き連れてペロポネソスに戻ると、今度は戦争が起こり、兄弟たちの何人かが死んでしまった。

やがて、ヒュロスの孫のテメノスの時代になったとき、テメノスが再び神託を求めると、神が同じ答えを告げた。テメノスがそれは間違いだと腹を立てると、神は答えの真の意味を明かした。第三の収穫とは、三年の意味ではなく、ヘラクレスから後の三代目の子孫という意味だったのである。それはテメノスの代だったから、彼はすぐにも船を建造すると、ペロポネソスへ進撃し、今度こそ本当にペロポネソス全土を征服したのである。

＊十九　ヒュロス　ヒュロスという名は、河の名である。ヘラクレスは、河のニンフの手引きにより、ヒュロス河とアケロオス河の温泉に浸かることによって健康になった。このため、子供に河の名をつけたという。オムパレという女性に生ませた子にもアケロオスと名づけている。

ポセイドンとリュビエの息子

アゲノル AGENOR

AGENOR

ヘラのために牝牛に変えられ、そのうえ虻に追いかけられたイオは、必死の思いで逃げ続けることでエジプトへ到達し、やがてエジプト王となるエパポスを生んだ。

人間はもともと遊牧民のように移動する生活をしていたといわれるが、イオを主人公としたこの物語には、人間が本来持っていたこの移動する運命とその重要さが端的に表れているように感じられる。

また、この移動する運命はイオの子孫であるアゲノルの中にも、イオと同じくらい集中的に表れている。

アゲノルはエパポスの孫だったが、双子の兄弟であるベロスがエジプト王として、エジプトやリビアを支配するようになったことから、自分はその地を捨てて、フェニキアへと去った。

その地で、地元の女性テレパッサと結婚したアゲノルは、一女エウロペと三兄弟カドモス、ポイニクス、キリクスの父となり、徐々に勢力を拡大すると、フェニキア王としてその地を支配した。

ところが、ここで再び、家族の者たちをばらばらにする事件が起こった。エウロペに心を奪われたゼウスが彼女を誘拐したのである。

誘拐されたエウロペはクレタ島にいき、そこでゼウスの子であるミノスやラダマンテュスを生み、これがクレタ島の王家となった。そして、その家系には英雄テセウスの物語で有名なアリアドネや、怪物ミノタウロスなども登場する。

しかし、フェニキアに残されたアゲノルたちには、娘がどこに失踪《しっそう》したのかわからなかった。

そこで、娘の身を案じたアゲノルは息子のカドモス、ポイニクス、キリクスに娘の捜索を命じた。それも、娘が見つかるまでは帰ってきてはならないという条件つきだった。

こうしてアゲノルの息子たちは、ついにフェニキアを旅立つことになるが、彼らは三者三様の運命を辿った。

最も遠くまでいったのはカドモスで、やがてギリシア本土に至ると、何もなかった土地にテバイを建設することになった。そして、ここに始まるテバイ王家の中に、悲劇[*1]の主人公として有名なオイディプスも登場するのである。さらに、神であるディオニュソスの母セメレもこの家系の出身である。

キリクスも、かなり遠くまで捜索を続けたが、最終的には小アジアの南まで戻り、彼の名から取られたキリキアという土地の祖となった。

ポイニクスに関しては、再びフェニキアに戻ったのか、彼の名からフェニキア（ポイニケ）の名がつけられている。

イオがそうだったように、ここに登場する英雄たちの旅も、けっして最初から新しい土地を求める旅だったわけではない。

エウロペは誘拐されただけだし、他の息子たちは彼女を捜索に出かけたのである。しかし彼らはみな、自分の意志とは関係なしに新しい土地に赴き、新しい王家を作り出した。

この過程で、エウロペを捜索するという当初の目的が、いつの間にかどこかへ消えてしまっていることについて、それをどう判断するかは人それぞれかもしれない。こうした変節を、信じられないと思う人たちもいるだろう。

しかし、ここに新しい時代を切り拓くために必要な、大きな断絶と飛躍を読み取るのは間違いだろうか？

ペロポネソスで始まったイナコスの系譜は、こうしてエジプト、フェニキア、クレタ島、テバイへと広がったが、その過程には、信じ難い断絶と飛躍が繰り返されたのではないだろうか。

そして、その飛躍と断絶をもたらしたのが、彼らの移動する運命だ。移動することで、イナコスの系譜は、ひとつの物語の終わりから、別な物語の始まりへと飛躍し続けたのである。

アゲノルの一族

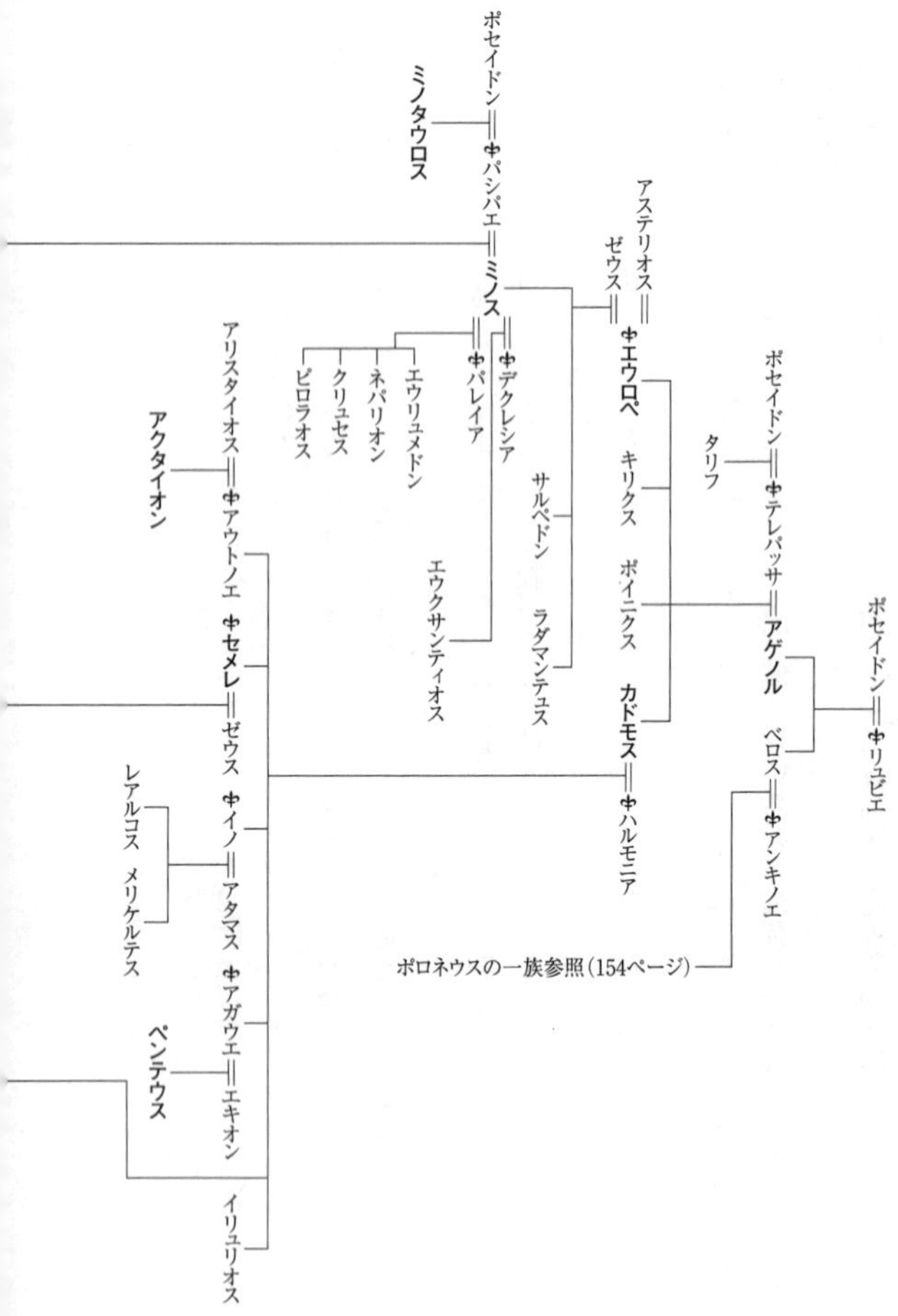

ポセイドン
リュビエ
アゲノル
ベロス
アンキノエ
ポセイドン
テレパッサ
タリフ
ポロネウスの一族参照(154ページ)
アステリオス
ゼウス
エウロペ
キリクス
ポイニクス
カドモス
ハルモニア
サルペドン
ラダマンテュス
ポセイドン
パシパエ
ミノス
ミノタウロス
デクレシア
パレイア
エウクサンティオス
エウリュメドン
ネパリオン
クリュセス
ピロラオス
アリスタイオス
アウトノエ
アクタイオン
セメレ
ゼウス
イノ
アタマス
レアルコス
メリケルテス
アガウエ
エキオン
ペンテウス
イリュリオス

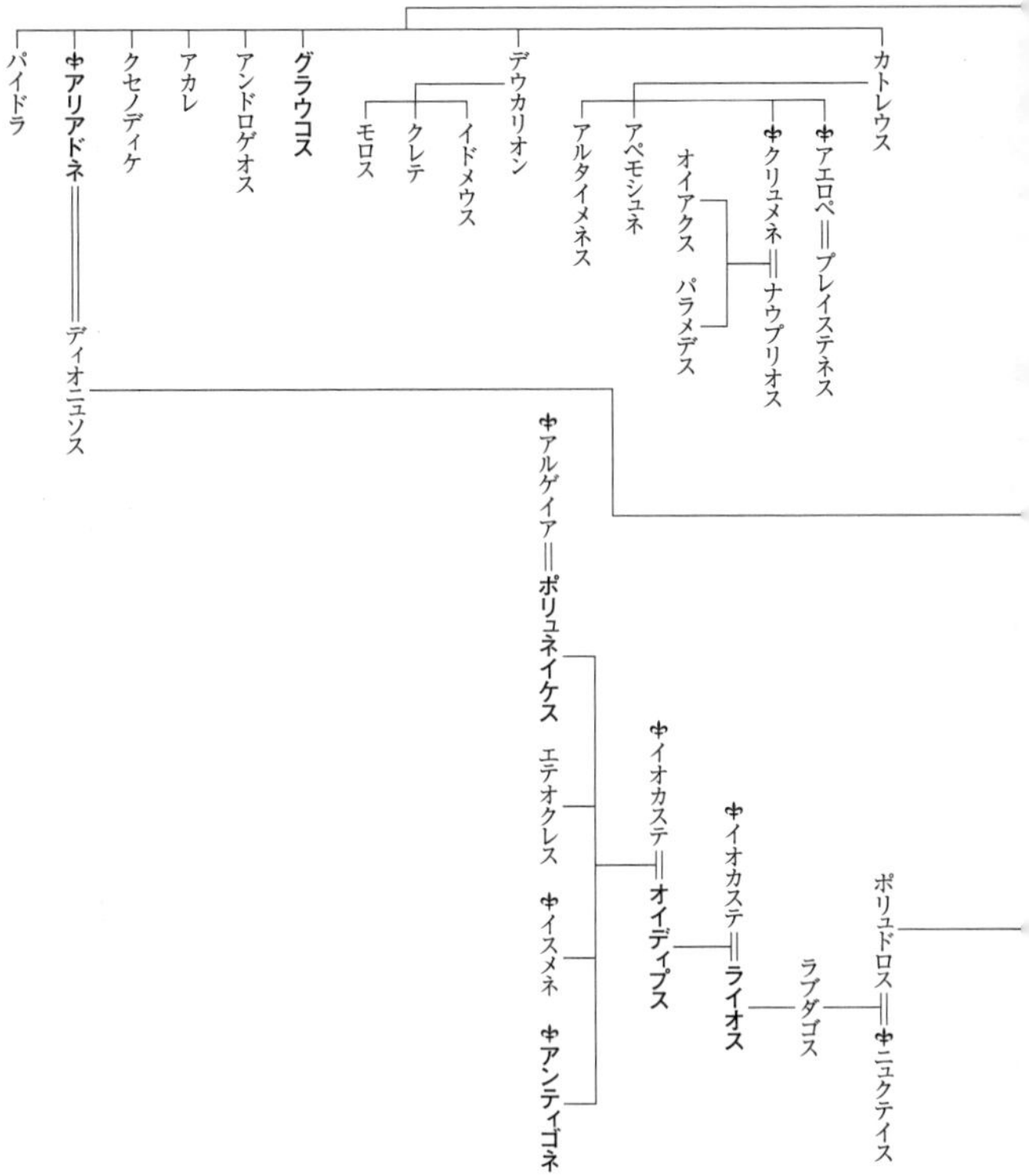
カトレウス
アエロペ＝プレイステネス
クリュメネ＝ナウプリオス
オイアクス
パラメデス
アペモシュネ
アルタイメネス
デウカリオン
イドメウス
クレテ
モロス
グラウコス
アンドロゲオス
アカレ
クセノディケ
アリアドネ＝ディオニュソス
パイドラ
ポリュドロス＝ニュクテイス
ラブダコス
イオカステ＝ライオス
イオカステ＝オイディプス
アルゲイア＝ポリュネイケス
エテオクレス
イスメネ
アンティゴネ

＊一　悲劇　ギリシア神話は、三大悲劇詩人と呼ばれるアイスキュロス（前五二五～前四五六）、ソフォクレス（前四九六～前四〇六）、エウリピデス（前四八五？～前四〇六）らによって編み直されている。アゲノルの家系に登場するオイディプス王の悲劇は、ソフォクレスの代表作である。

アゲノルとテレパッサの娘

エウロペ EUROPA

AGENOR

イオの子孫の物語では、その節目節目に牛が重要な働きをしている。イオ自身が牝牛に変わって世界中を旅しているのはもちろんだが、テバイの建設者カドモスに代表されるアゲノルの子供たちが、流浪の旅へ出なければならなかった事件さえ、もとを正せば一匹の牛によってもたらされたのである。

アゲノルの娘エウロペが、フェニキアの海岸で王家に仕える侍女たちと遊んでいたときのことだ。どこから現れたのか、一匹の牡牛が娘たちの方に近づいてきたのである。

娘たちは驚き、どうすればいいか相談するように、黙ってお互いの顔を見合った。

しかし、その牛は見れば見るほど美しい牡牛だったので、牛がすぐそばまで近づいてきたとき、娘たちはみな、牛の背中を撫でたりした。

エウロペもその牡牛の美しさに心を打たれ、まわりの侍女たちがしているように、牡牛の背中を撫で始めた。

それから、彼女は遊び半分に牡牛の背中に乗ってみた。

牡牛が波打ち際の方に歩き出しても、エウロペは牛の背中で楽しそうに笑っていた。まさか、このままどこかへ連れ去られるなどとは思いもよらなかったからだ。

ところが彼女を乗せた牛は、そのまま海へ入ると、沖へ沖へと泳ぎ出してしまった。

牡牛と見えたのは実はゼウスで、エウロペの美しさに見とれたゼウスが、女神ヘラに気づかれないように牡牛となって彼女を誘拐したのである。

こうして、クレタ島[*二]に連れ去られたエウロペは、そこでゼウスの子であるミノス、サルペドン、ラダマンテュスを生むのだが、その後、クレタの支配者アステリオスと結婚したことから、彼女の息子ミノスが、クレタ島の王として君臨することになったのである。

＊二　クレタ島　クレタ島では牡牛が至上神の象徴だったので、エウロペの物語に限らずクレタ島の神話には牡牛がしばしば登場する。

ゼウスとエウロペの息子

ミノス MINOS

AGENOR

ギリシアとエジプトの間の地中海に浮かぶクレタ島には、ギリシア人が歴史に登場するより以前から豊かな文明が栄えていた。

この文明は現在では一般にミノア文明[*三]と呼ばれるが、この名前のもととなっているのがミノスで、その物語にはギリシアに対するクレタ島の優位とその関係の逆転の歴史が、はっきりと反映しているように見える。

ミノスの母エウロペは、クレタ島の支配者アステリオスに嫁いだが、彼には子供がなかったので、彼の死後にクレタ島の王権はエウロペの子供たちが受け継ぐことになった。

ミノスには、サルペドン、ラダマンテュスという兄弟がいたので、この三人の間で、誰が王位に就くかが争われた。

このとき、ミノスは自分こそ正当な王位継承者であり、その証拠に自分の望みは何でも叶えられると主張した。そして、もしそのとおりになったら彼の王位を認めると兄弟たちに誓わせた後で、ポセイドンに犠牲を捧げながら、海底から立派な牡牛が現れることを祈り、現れたらそれを神に捧げることを約束した。すると、本当に海底からポセイドンの贈ったすばらしい牡牛が現れ、彼が王位に就くことが認められたのである。

しかし、ミノスは牡牛があまりにみごとだったので、ポセイドンとの約束を破って、その牡牛を自分のものとし、別の牡牛を犠牲に捧げた。

すると、奇怪なことが起こった。

ミノスにはパシパエという妻がいたが、怒ったポセイドンが彼女が牡牛に恋するように仕組んだことから、怪物ミノタウロスが誕生したのである。これは、牛頭人身で、狂暴で、そのうえ人間を喰うというとんでもない怪物だった。

ミノスは、アテナイを追放されてクレタ島にきていたギリシア随一の工匠ダイダロスに頼んで、宮殿の地下に、壮大なラビュリントス（迷宮）を作らせ、そこにミノタウロスを閉じ込めた。

しかし、ミノスはミノタウロスを殺すことはしなかった。それどころか、彼はアテナイ人に対して、毎年それぞれ七人の少年少女を、ミノタウロスの餌にするために捧げさせたのである。

この頃、ミノスの息子アンドロゲオスがアテナイで死ぬという事件があって、彼はギリシアの諸都市の中で、とくにアテナイを憎んでいたからだった。

アテナイ人にとってあまりに苛酷なこの運命は、やがて英雄テセウスが、犠牲の少年少女に混じってクレタ島に乗り込み、ミノタウロスを退治することで終結するが、このときミノスを怒らせることがあった。テセウスに恋してしまったミノスの娘アリアドネが、ダイダロスの考案した麻の糸玉をテセウスに与えたのである。それは、テセウスがラビュリントスから脱出するためになくてはならないものだった。

このためミノスは、ダイダロスを彼の息子イカロスと一緒にラビュリントスに閉じ込めたが、ギリシアの名工はそこで翼を発明すると、空を飛んでクレタ島から逃げ出した。

こんなことがあって、晩年のミノスはとくにダイダロスを憎んだ。ミノスはダイダロスを捜すために、あることを試みた。ギリシア中の領主たちに巻貝と糸を配り、糸を巻貝に通したものには莫大な賞金を与えると布告を出したのである。こんなことができるのはダイダロス以外にいなかったからだ。

やがてシチリアの領主カミコスが、巻貝に糸を通して提出したので、ミノスはダイダロスの身柄を要求した。

ここで、カミコスが一計を案じてミノスを陥れた。カミコスは訪れてきたミノスに入浴を勧め、ダイダロスが配管したパイプから熱湯を吹き出させて、ミノスを殺したのだ。

こうして、クレタ島の繁栄の時代は終わった。ミノスの死後、息子のデウカリオンがクレタ島の王となったが、以降はクレタ島がギリシアに対して優位に立つことはなかったのである。

＊三　**ミノア文明**　前二六〇〇年～前一四〇〇年頃に、クレタ島を中心にして栄えた文明。その文化は、ギリシアやローマの影響をまったく受けていない独自のものである。ミノア人は、大艦船を有し、東地中海の制海権を握っていたといわれている。

ミノタウロス MINOTAUR

ポセイドンの牡牛とパシパエの息子

AGENOR

ミノア文明の中心地として繁栄したクレタ島では、最高神の象徴として牡牛が崇拝されていたといわれる。このことはギリシア神話にも反映されていて、クレタ島の物語では、しばしば牡牛が重要な役割を果たしている。

その代表といえるのが、ミノタウロスの物語である。

ミノスは、クレタ島の王位を巡って兄弟たちと争ったとき、ポセイドンに祈って、犠牲に捧げるという条件で一匹の神の牡牛を手に入れた。が、彼はその牡牛の立派さに驚き、神との約束を破って、別の牛を犠牲に捧げた。

すると、これを怒ったポセイドンは、ミノスの妻パシパエが神の牡牛に恋するように仕向けたのである。

パシパエは牡牛に情欲を抱くと、名匠ダイダロスに相談を持ちかけた。天才ダイダロスは中身が空っぽの車輪のついた牝牛のはりぼてを作り、それに牝牛の皮をかぶせた。パシパエはこれに入って、ついにポセイドンの牡牛と交わったのである。

こうして生まれてきたのがミノタウロスである。彼は牡牛の頭に人間の身体を持つ怪物だった。しかもミノタウロスは狂暴で、人間を喰いものにした。

このため、ミノス王はこの怪物を宮殿[*四]の地下のラビュリントスの奥に閉じ込めた。ラビュリントスは、一度入ったら、二度と出ることのできない迷宮だった。しかし、ミノスは怪物を殺すことはせず、アテナイの人々に命じて、毎年少年少女それぞれ七人ずつを犠牲として捧げさせると、ミノタウロスの餌にしたのである。

アテナイの人々にとって、これは悲しむべき事態だったが、ここに英雄テセウスが登場した。テセウスは犠牲の少年少女に混じってクレタ島に乗り込んだ。

この英雄によって、さしものミノタウロスも退治されたのである。

＊四　宮殿　この宮殿は、一九〇〇年に英国人のアーサー・エバンズによって発掘されたクノッソス宮殿ではないかといわれている。クノッソス宮殿は、総面積二万平方メートル、総数千二百〜千五百もの部屋がある巨大な宮殿である。

ミノスとパシパエの娘

アリアドネ ARIADNE

AGENOR

アテナイの英雄テセウスが、怪物ミノタウロスを退治するためにクレタ島に乗り込んだとき、いちばんの問題は、地下の迷宮ラビュリントスからいかに抜け出すかということだった。このラビュリントスは、人間を餌にする狂暴な怪物ミノタウロスを閉じ込めたいというミノス王の願いで、ギリシア随一の名工ダイダロスが作ったもので、一度入ったら二度と抜け出せないという巨大で恐ろしい迷路だったからだ。

だが、困っていたテセウスの前に大きな味方が現れた。クレタ島の王女アリアドネが、彼を一目見て恋をしたのである。

アリアドネはダイダロスに相談して迷宮から抜け出す方法を教わると、結婚してアテナイへ連れていってくれるという条件で、テセウスに地下の迷宮から抜け出すのに必要な麻糸の糸玉を与えた。

テセウスは、この糸玉の緒を入口に縛りつけ、ラビュリントスの奥深く入り込んだ。そこで、一騎打ちによって怪物ミノタウロスを退治し、再び糸玉の糸を辿って、地下の迷宮から抜け出してきたのである。

テセウスを助けることで、父ミノスを裏切ったアリアドネは、テセウスの船でクレタ島を逃れた。

しかし、アリアドネはアテナイにいってテセウスの妻となることはできなかった。テセウスには、アテナイの敵だったミノス王の娘と結婚するつもりも、連れて帰るつもりもなく、帰国途中でナクソス島に立ち寄ると、アリアドネを置き去りにしたのである。アリアドネはいまさらクレタへ帰るわけにもいかず、身寄りもない島で大いに困り果てた。

しかし、アリアドネはテセウスに捨てられたものの、最後は神の妻として幸せに暮らすことができた。というのも、ナクソス島で泣いているアリアドネに、今度は神であるディオニュソスが恋をし、彼女を島から連れ出して結婚を申し込んだからである。

AGENOR

ミノスとパシパエの息子

グラウコス GLAUCUS

ミノスの一族を巡る物語には、クレタ島の王権とかミノタウロスの問題とは無関係の、それ自体で完結した興味深い物語も残されている。

ミノス王が海の覇者として大きな力を振るっていた頃のことだ。まだ、幼かった王子グラウコスが行方不明になるという事件があった。

その頃、予言者メラムプスの後裔で、ポリュドロスという占い師がクレタ島を訪れていたので、ミノス王は彼を招いて捜索を命じた。

グラウコスの居場所はすぐにわかった。ポリュドロスは、海鷲が陸の上を飛んでいるのを見て、グラウコスが陸上にいることを知ると、次には貯蔵室の入口にいるフクロウが蜜蜂に襲われているのを見て、その中にいることを知ったからだ。

しかし、発見されたグラウコスは蜂蜜の瓶の中で死んでいた。

するとミノス王は、グラウコスを生きたまま返すように命じ、ポリュドロスをグラウコスの死体と一緒に貯蔵室に閉じ込めたのである。

さすがのポリュドロスも困り果てた。そこに一匹の蛇[*五]が現れたので、ポリュドロスは剣を抜いてこれを殺した。しばらくすると別の蛇が現れて、死んだ蛇を見ると、どこかへ姿を消し薬草をくわえてきた。そして、その薬草で死んだ蛇を生き返らせたのである。

これを見たポリュドロスは、蛇が残していった薬草をグラウコスの死骸に施した。すると、グラウコスが生き返ったのである。

ミノス王はポリュドロスの力に感心すると、その予言の能力をグラウコスに教えることを命じた。ポリュドロスは殺されたくなかったので、いやいやながらいわれるとおりにした。

こうして、グラウコスが予言の能力を身につけたとき、ポリュドロスはやっとクレタ島を出ることを許されたが、別れるとき、グラウコスに自分の口の中に唾を吐くように命じた。しかし、グラウコスがポリュドロスの口に唾を吐くと、その瞬間グラウコスの予言の能力はすべて失われてしまったのである。

＊五　蛇　ギリシア神話の中では、予言者の周辺によく蛇が出現する。大予言者メラムプスは、助けた蛇に耳をなめられたことにより、動物の言葉を解するようになったし、テイレシアスは、蛇を殺したことにより男になったり女になったりして人間というものを学んだのである。

アゲノルとテレパッサの息子

カドモス CADMUS

CADMUS

それまで大切にしていた人生の目標を、あるとき突然捨て去ることで、人生全体が新しい輝きを持つことがある。カドモスの場合がいい例だ。

ゼウスがエウロペを誘拐してクレタ島に連れ去ると、カドモスを含むアゲノルの息子たちは、父にエウロペを捜し出すまでは帰ってくるなと命じられ、妹捜索の旅に出た。カドモスは陸路小アジアを北上してトラキアあたりをうろついた後、神託によってエウロペの情報を得ようと、ギリシアのデルポイへ向かった。

すると、「エウロペのことは忘れ、月の印のある牝牛の後を進み、牝牛が休息したところに市を建設しろ」という神託が下ったのである。

この神託がカドモスの人生をがらりと変えた。

カドモスが神託のとおりに、横腹に月形の印のある一匹の牝牛に従うと、やがてその牝牛はアソポス川のそばで横たわって休息した。

カドモスはそこに一市を建設することを決意し、牝牛をアテナ女神に捧げるため、従者

カドモスは、妹をさらったのが全能の神ゼウスであると知っても、あきらめずに捜索を続けた。彼は、自分の知る限りの全世界を放浪したという。

数名に近くの泉まで水を扱みにいかせた。

ところが、それが軍神アレスの泉で、一匹の竜に守られていた。カドモスは自ら出かけていって、剣を振るってその竜を殺した。このとき女神アテナが現れて、竜の歯を抜いて大地に蒔くことを勧めた。

カドモスはいわれたとおりにした。すると、そこから兜と鎧で武装した男たちが植物のように生え出てきた。これはスパルトイと呼ばれる者たちだったが、カドモスが彼らの真ん中に石を投げ入れると、男たちは互いに争い合った。激しい争いの後で、五人が生き残った。

カドモスはその五人を協力者として、そこにカドメイアという都市を建設した。これこそやがてテバイとなる都市だった。

こうして、カドモスを王としたテバイは大いに繁栄した。

カドモスは、英雄たちの中でもとりわけ神々に愛されたひとりで、ゼウスによって、アレスとアプロディテの娘ハルモニアが与えられ、死後は幸福なものたちが赴くというエリュシオンの野[*六]に送られた。

＊六　エリュシオンの野　神々に愛された英雄たちが死後に赴く一種の天国のような場所。「幸福の島」と同一視されることもあるが、冥界ではなく、西の果てのオケアノスのほとりにあったといわれる。

カドモスとハルモニアの娘

セメレ SEMELE

CADMUS

テバイのカドモスが神々から愛されたのに比べて、その子供たちは神々に憎まれることが多かった。

セメレの場合は、とくに神々の手に翻弄されたという印象が強い。

セメレは神々に憎まれるどころか、最初はゼウスの愛を一身に受けた女性だった。

しかし、ゼウスの愛を受けた女性は、必ずヘラに憎まれる運命にあった。ヘラはセメレが神の子を懐胎するや、大いに嫉妬して、彼女の昔の子守女に化けて彼女に近づいた。そして、セメレを愛しているという相手の男が本当にゼウスかどうか心配だから、ゼウスが次に訪れるときには本当の姿でやってくるように頼み込ませた。

ゼウスはセメレのいうことは何でも叶えると約束していたので、拒否することができず、彼女のいうとおりに、電光と雷鳴を轟かせながら彼女のもとを訪れた。

人間であるセメレが、怪物さえも打ち殺すゼウスの電光や雷鳴に耐えられるはずはなかった。彼女はゼウスの雷に打たれると、簡単に焼け死んでしまった。

　このとき、彼女はまだ六か月だった胎児を流産したが、ゼウスはそれを炎の中から取り上げると、素早く自分の太股に縫い込んだ。

　時がきて、そこから取り出されたのが、最も若いオリュムポスの十二神[*七]となるディオニュソスだった。

　生まれたばかりのディオニュソスを、ゼウスはセメレの姉妹であるイノに渡して育てさせたが、このためにイノの身にも不幸がもたらされた。ディオニュソスを引き受けたことに腹を立てたヘラが、イノとその夫のアタマスに狂気を送ったからだ。イノもアタマスも気が狂い、彼らの子供たちであるレアルコスとメリケルテスを殺してしまったのである。しかも、イノはメリケルテスを釜ゆでにした後、子供の死体と一緒に海に飛び込んで、彼女自身も死んでしまった。

＊七　十二神となる　ディオニュソスがオリュムポスの十二神に加わる際には、ポセイドン、あるいはかまどの神ヘスティアがその席をゆずったといわれている。ゼウスの寵愛を受けていたディオニュソスは、その右側に席を与えられた。

CADMUS

エキオンとアガウエの息子

ペンテウス PENTHEUS

ギリシア神話では、人間の身で神を侮ったりすれば、神によって厳しく罰せられる。セメレとゼウスの子であるディオニュソスも神である以上同じであって、たとえ母セメレの近親者でも容赦はしなかった。

ディオニュソスは、秘教を身につけた後、信者を引き連れ、布教のためにギリシアの各地を放浪したが、あるとき母の故郷であるテバイにやってきたことがあった。

このとき、テバイの王はカドモスの孫のペンテウスだったが、ディオニュソスの信女たちが、テバイにおいてよからぬ振舞いに耽っているという評判を聞いた。バッコス（ディオニュソス）の祭と称して、酒樽を持ち出し、山中をうろつき、ディオニュソスを崇めて踊り狂ったり、人目につかぬところで、男たちの欲情を満たしているというのだ。しかも、ペンテウスの母であるアガウエや叔母イノまでが、ディオニュソスの信女となって、祭に参加しているのである。

ペンテウスは大いに腹を立て、相手が神であるにもかかわらず、ディオニュソスを捕らえて投獄するという暴挙に出た。

しかし、神であるディオニュソスには、脱獄など簡単だった。ディオニュソスはペンテウスを罠にはめるために捕らえられただけだった。

ペンテウスはまんまとその罠にはまると、女たちが何をしているか自分の目で確かめるため、自分も女装し、ディオニュソスを案内人にして、信女たちがいるというキタイロン山に向かった。

ところが、女たちの姿を覗き見ようとしてペンテウスが山中にある高い木にのぼると、ディオニュソスは、信女たちにそこに敵がいることを告げたのである。

狂った信女たちの中には彼の母アガウエや叔母のイノもいたが、すぐにペンテウスに襲いかかると、アガウエが腕を引き抜き、イノはわき腹の肉をちぎった。それから、他の女たちも次から次へと手を出すと、ついにペンテウスを八つ裂きにして殺してしまったのである。

アリスタイオスとアウトノエの息子

アクタイオン ACTAEON

CADMUS

神々に対しては、ちょっとした振る舞い――現在ではとても罪深いとはいえない振る舞い――さえ、大きな罪として罰せられることがある。

アクタイオンは、多くの英雄たちの教育者であるケンタウロス族の賢者ケイロンの教えを受けた後、故郷に帰ったが、狩猟が大好きで、毎日のように猟犬を引き連れて狩に出かけた。

ところがそんなあるとき、森の中を奥へ奥へと進むうち、それと知らずに女神アルテミスが水浴にくる泉に近づいてしまった。

しかも運の悪いことに、ちょうどそのとき、アルテミスがニンフたちを引き連れて水浴にきていたのだった。

何も知らないアクタイオンは木立をかき分けて驚いた。泉の岸辺に全裸の処女神アルテミスが立っていたからだ。

もちろん、アルテミスの方も驚いた。女神にとって、全裸の姿を人間に見られるなど信じられないことだったからだ。

アルテミスの驚きは、すぐに怒りに変わった。

アクタイオンにしてみれば、別に悪気があってそこにやってきたわけではないのだが、そんな小さな失敗でも、アルテミスには許し難いことだったのである。

アルテミスは彼の罪を声を荒げて責めたあげくに、彼を鹿に変えてしまった。

アクタイオンはびっくりして許しを請おうとしたが、すぐに彼自身の猟犬が、鹿になった彼に向かって吠え立てたので、じっとしているわけにはいかなかった。

追いかけてくる猟犬たちから、彼は必死になって逃げ出した。

しかし、彼自身が自慢にしていたほどの猟犬たちから逃げ切ることは難しかった。ほどなく、数十四の猟犬は彼に追いつくと、それが主人とは知らずに獲物の鹿に飛びかかり、ずたずたに喰いちぎり、アクタイオンは死んでしまったのである。

ラブダゴスの息子

ライオス LAIUS

LAIUS

カドモスの子孫を襲う不幸の中でも最も悲劇的な様相を帯びるのは、カドモスから数えて五代目に当たるオイディプスを巡る事件である。

この悲劇は、オイディプスの父となるライオスの時代に始まった。

ライオスの父ラブダゴスは、テバイの王だったが、ディオニュソス[*八]を崇拝しなかったために若死にした。このときライオスは一歳だったため、祖母の伯父リュコスが摂政となって、政権を簒奪してしまった。

幼いライオスは、ペロポネソスで大きな力を持っていたペロプス王のところに亡命したが、青年となった後、ペロプスの私生児で美少年だったクリュシッポスに恋し、誘拐するという不祥事を起こした。

このため、ライオスはペロプスの呪いを受け、この呪いが息子のオイディプスまで苦しめることになったのである。

ライオスは、リュコスたちによるテバイ王権の簒奪時代が終わった後、正式にテバイ王になるが、妻イオカステとの間にはなかなか子供ができなかった。そこで神託に伺うと、自分の息子に殺される運命だから、子供を作ってはいけないというお告げだった。

驚いたライオスはしばらくの間は身を慎み、妻の床に入らなかった。しかしあるとき酒に酔って、イオカステを妊娠させてしまった。

ライオスは生まれてきた男子の踵をピンで刺し貫くと、山の中に捨てさせた。しかしその子は羊飼いに救われ、オイディプスと名づけられて、コリントス王ポリュボスに育てられて成長したのだった。

そうとは知らないライオスが、あるとき供の者数人と戦車で郊外に出かけると、パルナッソス山近くの細い道で、向こうから戦車に乗ってやってくる青年に出会った。この青年が道を譲ろうとしなかったので、頑固なライオスは杖で打った。すると青年は腹を立て、ライオスと従者たちを殺してしまったのである。助かったのは、従者ひとりだけだった。

この青年こそオイディプスで、ライオスに下った神託はこのとき成就されたのだった。

＊八　リュコス　大地に蒔かれた竜の牙から生まれたスパルトイのひとりクトニウスの息子。ライオスの祖母ニュクテイスの伯父に当たる。

ライオスとイオカステの息子

オイディプス OEDIPUS

LAIUS

父を殺し母と結婚することは、現代はもちろん、古代のギリシアにおいてもあってはならないことだった。しかし神の意志によって、あらかじめそんな運命を定められていたのがオイディプスである。

オイディプスは生まれたばかりで山中に捨てられ、偶然にも羊飼いに助けられると、コリントス王ポリュボスと王妃メロペによって育てられたので、彼らこそ自分の本当の両親だと信じていた。

そんな彼に、不思議な神託が下った。オイディプスが自分の父を殺し、母と結婚するというのだ。

驚いたオイディプスは、両親と信じるポリュボスとメロペのためにコリントスを捨てると、戦車に乗ってテバイへ向かい逃げ出した。

その途中、テバイへ通じる細い道で、従者を引き連れて戦車に乗ってやってくる老人に出会った。これがテバイ王ライオスだったが、従者たちは尊大で、オイディプスに道を譲るように命じた。その態度が気に入らずに頑として道を譲らずにいると、相手は強引に道を進んだうえ、戦車に乗った老人が、杖を振り回してオイディプスを激しく打った。オイディプスはかっとして応戦したが、この戦いで戦車に乗った老人と従者のほとんどが死んでしまった。

生き残った従者はテバイに戻ると、山賊に襲われたと報告した。すぐに、イオカステの兄弟クレオンが、摂政として政治を執ることが決まった。

それから、間もなくオイディプスもテバイに到着した。

テバイ人たちは王の死を悲しんでいたが、オイディプスは自分が殺したのがテバイの王だとは思っていなかった。それにこの頃、テバイは大きな苦しみに襲われていた。人間の女の顔に獅子の身体、そして鳥の翼を持ったスフィンクスという怪物が出現し、テバイ人を襲っては喰っていたのである。怪物はテバイに不思議な謎をかけていたが、この謎が解ければ、テバイ人はスフィンクスから救われるという神託があった。その謎とは、ひとつの声で話し、朝は四本足、昼は二本足、夜は三本足になるものは何かというものだった。

困り果てた摂政のクレオンは、この謎を解いたものに王国と故国王の妻イオカステを与えると布告を出した。

そこで、オイディプスは出かけていくと、スフィンクスに向かい、答えは人間である、なぜなら人間は赤子のときは手足で這い、青年になると二本足で歩き、老いてからは杖を

オイディプスに謎を解かれたスフィンクスは、それを恥じて自ら断崖に身を投げて死んだといわれる。一説によると、スフィンクスは、ヘラによって送り込まれたという。

つくからだと、謎を解いたのである。

　こうして、オイディプスはテバイの王となりイオカステ[*九]と結婚すると、ふたりの間には、息子のポリュネイケス、エテオクレス、娘のアンティゴネ、イスメネまで生まれた。

　ところが、それから間もなくテバイに悪疫が流行した。「悪疫は前王ライオス殺害者の血の汚れのためであって、殺害者を追放するまで悪疫は続く」とお告げがあった。

　オイディプスはすぐに殺害者の捜索を命じたが、犯人はなかなか上がらなかった。

　そこで、テバイに住むギリシア随一の予言者テイレシアスを召喚すると、彼はオイディプスこそ真犯人だと断言したため、オイディプスは激怒して彼を追い払った。

　しかし捜索が続くうちに、ライオスはオイディプスが老人を殺したのと同じ場所で殺されたことがわかった。さらに、ライオスが息子に殺されるという神託を恐れ、生まれたばかりの息子を山中に捨てたこと、オイディプス自身が実はコリントス王の実子ではなく、ライオスが捨てた赤子を、コリントス王が引き取って育てたに過ぎないことまでが明らかになった。

　こうして、真実が明らかになると、イオカステは首を吊って自害した。オイディプスは運命を呪い、自分で両目を潰すと、自ら進んで追放の身となり、その後は不幸な放浪生活を続けたのである。

＊九　イオカステと結婚　オイディプスが、それと知らず父を殺し、母と結婚したこの話にちなみ、心理学者のフロイトは「エディプス（オイディプス）コンプレックス」という用語を用いた。エディプスコンプレックスとは、男の子が父を憎み母を性的に思慕する傾向のことをいう。

LAIUS

オイディプスとイオカステの息子

ポリュネイケス POLYNEICES

オイディプスの悲劇は、彼の父ライオスがペロポネソスの有力者ペロプスに呪われたことで起こった。

ところが、オイディプスがテバイを追放された後には、今度はオイディプスの息子エテオクレスとポリュネイケスが、オイディプス自身の呪いを受けることになった。

オイディプスがテバイの王位を去ると、義理の兄弟クレオンが摂政となったが、彼は盲目になったオイディプスをしばらくの間テバイ郊外に幽閉しておいた。このとき、息子たちがオイディプスを激怒させるようなことをしてしまった。オイディプスはテバイの王位そのものが呪いを受けていると信じていたので、王位を退いてからは、カドモスから伝えられたテバイ王の銀の食器を使わない主義だった。しかし、彼の息子たちはその言いつけにそむき、オイディプスに銀の食器に盛った食事を供したのである。このため、オイディプスは息子たちに侮辱されたと感じ、互いに殺し合うように呪いをかけたのだった。

息子たちが成長し、エテオクレスが王位に就いたとき、オイディプスは今度こそ本当にテバイを追放されたが、彼のかけた呪いは息子たちの間に生き続けた。

新王エテオクレスは、兄弟のポリュネイケスとの間にある契約を結んでいた。それは、テバイの王位を兄弟の間で一年ごとに交替し合うというものだった。

ところが、一年たってポリュネイケスが王位の交替を主張したとき、エテオクレスがそれを拒否したのである。

ポリュネイケスは、テバイを去るとアルゴスに向かった。そして、アルゴス王アドラストスに下った神託によって、彼の娘アルゲイアと結婚した。

アドラストス王は義理の息子のために、テバイを攻撃し、ポリュネイケスを王位に就けることを約束し、軍隊を集めた。

この軍には、アドラストスとポリュネイケスの他に、アムピアラオス、カパネウス、ヒッポメドン、テュデウス、パルテノパイオスが将軍として参加した。

こうして、「テバイへ向かう七将」として知られる、テバイ攻撃の物語が始まるのである。

アムピアラオスは優れた予言者で、この戦いが悲惨な最後を遂げることを知っていたので、テバイ攻撃に反対した。しかし、ポリュネイケスはアムピアラオスの妻エリピュレに賄賂を贈り、夫が参戦せざるをえないように仕組ませた。このとき、賄賂として使われたのが、ポリュネイケスの祖先カドモスとハルモニアが結婚したときに神々から贈られた首飾りだった。

進軍の途中で、七人の将軍は競技会を開催したが、それがネメア競技*十の始まりとなった。

テバイに着くと、七人の将軍たちが、テバイの城壁にある七つの門を分担した。

しかし、アムピアラオスが予言したとおり、この戦いでアルゴス軍は悲惨な最後を遂げなければならなかった。七人の将軍の中で生き残ったのは、名馬アレオンに乗って逃げたアドラストスだけだった。

テバイ王エテオクレスも、兄弟ポリュネイケスとの一騎打ちで相打ちとなったため、オイディプスの呪いも成就された。

しかも、テバイ王が死んで再び摂政となったクレオンは、ポリュネイケスら敵軍の死者たちを荒野に放置し、祈ることも埋葬することも許さず、死体を腐敗するにまかせたのだ。

このため、オイディプスに尽くした彼の娘アンティゴネまでが不幸になった。彼女は兄の死体が放置されるのを我慢できず、それを秘かに埋葬したのだが、その罪のために地下牢に閉じ込められ、ついに死ぬことになったからである。

＊十　ネメア競技　オリンピア競技と同じく、肉体の強さと敏捷さを競う大会。走る、飛ぶ、角力、鉄輪投げ、手槍投げもしくは拳闘の五種目があった。その他、音楽、詩などの競争もあったといわれている。

オイディプスとイオカステの娘

アンティゴネ ANTIGONE

自ら両目を潰してテバイから追放されたオイディプスは、どのようにして放浪の生活を送ったのだろうか。

このときオイディプスの杖となって、ただひとり彼が死ぬまで献身的に尽くしたのが、彼の娘のアンティゴネだった。

テバイを出た後、オイディプスは人々の施しを受ける身となって各地を放浪した。しかしアンティゴネは、まるで乞食のようにみじめな姿になった父をけっして見捨てることはなかった。

やがてオイディプスは、彼が死ぬべき場所と定められたアテナイ近郊のコロノスの森に落ち着いた。

ちょうどこの頃、オイディプスのふたりの息子、エテオクレスとポリュネイケスの間にテバイの王位を巡る争いが起こると、エテオクレス側についたクレオンや、それに敵対するポリュネイケスが、オイディプスを味方につけるために相次いでこの森を訪れた。ふたりとも、オイディプスに呪われていることを知っていたからだ。クレオンはオイディプスをテバイへ連れ戻すため、アンティゴネと妹のイスメネを拉致したが、彼女たちは幸いにもアテナイ王テセウスに救われた。

それからアンティゴネは、オイディプスが森の中の神域で神々に召されるまで、この地に残ったのである。

オイディプスの死後、アンティゴネがテバイへ戻ると、テバイ王エテオクレスとアルゴス軍を率いたポリュネイケスの間で戦争が起こった。この戦いで、エテオクレスとポリュネイケスは相打ちして死ぬが、クレオンはポリュネイケスらアルゴス軍の死体を腐敗するままに放置し、埋葬することを禁じた。

しかし、兄のことを思うアンティゴネは秘かにポリュネイケスを埋葬した。そして牢に閉じ込められると、死刑の屈辱を受ける前に自害した。アンティゴネの婚約者でクレオンの息子のハイモンは、これを知ると、父を呪いながらアンティゴネに折り重なるように自害した。

蒔かれた竜の歯から誕生

スパルトイ SPARTOI

SPARTOI

ギリシア神話には、アテナイの創建者ケクロプスのように、大地から生まれた英雄が何人か存在する。

なかでも変わっているのは、大地に蒔かれた竜の歯から、まるで植物のように生えてきたスパルトイと呼ばれる者たちである。

スパルトイが誕生したのは、カドモスが初めてテバイにやってきたときだった。そのとき、まだテバイは存在しなかったが、そこに軍神アレスの泉があって、狂暴な竜に守られていた。アテナ女神に犠牲を捧げるのに水を必要としたカドモスが、その竜を退治した。するとアテナが、竜の歯を大地に蒔くことを勧め、彼がそのとおりにすると、大地から武装した人間が出現したのだ。

彼らがスパルトイで、互いに争った後、五人だけが生き残った。五人の名はエキオン、ウダイオス、クトニオス、ヒュペルノル、ペロロスで、カドモスのテバイ建設に協力し、五人ともテバイの貴族の祖となったのである。誕生の仕方からはどう見ても怪物のようだ

イアソンがコルキスのスパルトイと戦ったときも、カドモスの例に倣っている。すなわちスパルトイたちの真ん中に石を投げ入れたのである。これによりスパルトイたちは同士打ちを始め、生き残ったのはごく少数だった。残ったスパルトイもイアソン一行に退治された。

が、彼らの子孫は立派な人間として、神話に登場している。

彼らの力には侮り難いものがあって、テバイでは時としてカドモスの子孫ではないものが王権を簒奪することがあったが、簒奪するのはいつもスパルトイの子孫だった。とりわけクトニオスの子孫は隆盛で、リュコス、ゼトスなど数人のテバイ王を輩出した。

しかしスパルトイが登場するのは、テバイの物語だけではない。カドモスが竜の歯を蒔いたとき、蒔いたのは半分だけで、残りはアテナ女神に手渡された。この竜の歯が、巡り巡ってコルキス王アイエテスに渡されたのだ。そのため、金羊毛皮を奪うために、アルゴー号の英雄たちがコルキスを訪れたとき、リーダーのイアソンはそこでスパルトイと戦う必要があった。

しかし、コルキスのスパルトイはその場限りのもので、子孫を残して繁栄するということはなかった。

クトニオスの息子

リュコス LYCUS

CHTONIUS

カドモスによって始められたテバイの王朝は、まるで神々に呪われているように不幸な事件に巻き込まれているが、それはカドモスの子孫だけに限られたことではなかった。オイディプスの父ライオスからテバイの王権を簒奪したリュコス一族の王権も、カドモス一族の王と同じく不幸な結末を迎えている。

リュコスは、ライオスの祖母ニュクテイスの伯父に当たる人物だが、若い頃に兄弟のニュクテウスとふたりでエウボイアで殺人事件を起こし、テバイのあるボイオティアに逃れた。本来ならテバイにも入れない身だったが、当時テバイ王だったペンテウスはスパルトイのエキオンの子であって、同じスパルトイの子であるリュコスらとも親しかったので、そのおかげでテバイ市民になることができた。

テバイでは、ふたりともとんとん拍子で出世した。ニュクテウスは、娘ニュクテイスがペンテウスの次のテバイ王ポリュドロスと結婚したことで、国王の父として力を振るった。リュコスの方も市民によって、テバイ軍の大将に選ばれた。そして、ライオスから王権を簒奪すると、二十年間もテバイを支配し続けたのである。

しかし、この間にも彼を襲う不幸の種が蒔かれていた。

ニュクテウスには、ニュクテイスの他にもうひとりアンティオペという娘がいたが、あるときゼウスによって身籠って出奔した。このときリュコスは、ニュクテウスから彼女に罰を与えるように依頼されて、彼女を追跡して捕まえた。帰路、彼女は双子を生んだが、リュコスはそれがゼウスの子供だとは信じていなかったので、山中に捨ててしまった。

このふたりがアムピオンとゼトスだったが、彼らは成長後に、母がリュコスの妻ディルケによって二十年間も奴隷として扱われたことを知ると、大いに腹を立てた。彼らはテバイへ向かうとリュコスを殺し、ディルケは牡牛の角に突かせた後で泉に投げ込み、兄弟でテバイの王権を継承したのである。

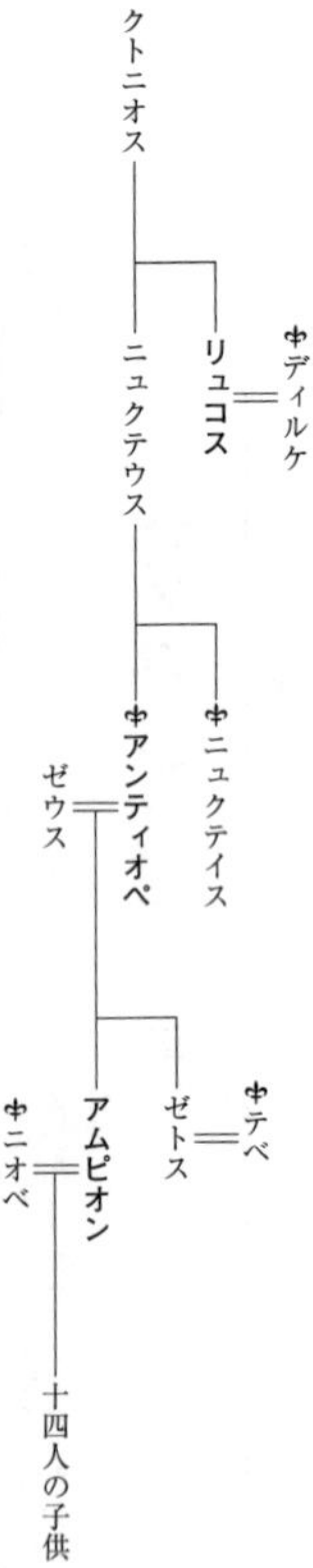

ニュクテウスの娘

アンティオペ ANTIOPE

CHTONIUS

ゼウスと人間の女性が結ばれることで、人間界には多くの英雄が誕生しているが、テバイを巡る物語にも、ゼウスの子として誕生した英雄は存在している。

この物語で、ゼウスの子供を宿したのがアンティオペである。

しかしアンティオペが身重になると、父ニュクテウスがそれを責めたので、彼女はテバイを逃れてコリントス市に近いシキュオンにいき、その地の王エポペウスと結婚した。

これを知ったニュクテウスは絶望のあまり自殺したが、そのとき兄弟のリュコスに、彼女を捕らえて罰するように遺言した。

リュコスはシキュオンを攻撃してエポペウスを殺し、アンティオペを捕らえた。このとき彼女はゼウスの子である双子を生んだが、リュコスはそれを山中の洞窟に捨てた。

それからアンティオペは、二十年近くもリュコスの妻ディルケに奴隷として仕えなければならなかったが、やっとのことで逃げ出す機会を見つけると、子供を捨てた洞窟を訪ねた。

すると、そこに立派に成長したふたりの若者がいた。彼らこそ、二十年前にその場所に捨てられた双子で、牛飼いに育てられ、それぞれゼトスとアムピオンという名をつけられていた。

アンティオペはすぐに彼らが自分の息子であることに気づいた。

しかし、彼らの方は信じようとせず、ゼトスは実の母を追い払ってしまった。このためアンティオペは、ディルケに発見されると、牡牛の頭に縛りつけられてしまった。

だがこのとき、双子を拾った牛飼いがそのときの事情をふたりに説明し、ふたりはやっとアンティオペが母だと気がついた。ふたりは慌ててアンティオペを救い出すと、彼女の代わりにディルケを牡牛の頭に縛りつけ、牛の角に突かせて殺した。それからリュコスを殺し、ゼウスの命令によって、ふたりしてテバイの王位に就いたのである。

ゼウスとアンティオペの息子

アムピオン AMPHION

CHTONIUS

ミュケナイやテュリンスには巨石を積み上げた城壁*十一があり、一眼の巨人キュクロプスがそれを作ったという伝説があるが、テバイを囲んでいた七つの門を持つ城壁についても、不思議な物語が残っている。

ゼウスとアンティオペから生まれた双子のアムピオンとゼトスは、成長してから、母を苦しめていたテバイ王リュコスとその妻ディルケに復讐すると、ふたりでテバイを支配した。

この時代にふたりはテバイの城壁を築いたが、活躍したのはアムピオンだった。ゼトスは武人タイプの人間で武勇に優れており、アムピオンは音楽を愛し、ヘルメスからもらった竪琴の名手だった。そこで、アムピオンが竪琴を奏でると、音楽に合わせて石や木材が勝手に動き出し、積み重なって、七つの門を持つ城壁ができあがったのである。ゼトスはただただ驚いて見ているしかなかった。城壁の門が七つ作られたのは、竪琴が七弦だったからである。

もともとカドメイアという名前だった都市が、テバイと名づけられたのもこの頃で、その名はゼトスの妻テベに因んでいた。

アムピオンの方はタンタロスの娘ニオベと結婚したが、この結婚はアムピオンに不幸をもたらした。

アムピオンとニオベは、男女それぞれ七人ずつの子供が生まれるほど子宝に恵まれていた。ところが、ニオベがこれを自慢して、自分は女神レトよりも子供に恵まれているといったのである。レトにはアポロンとアルテミスのふたりしか子供がいなかったからだ。

この発言にレトは大いに腹を立てた。そして、アポロンとアルテミスに命じて、彼ら夫婦の子供たちを殺させたのである。

ニオベはこの悲しみに耐えきれず、テバイを捨てて父タンタロスのところへ帰り、ゼウスに対して自分を石柱に変えてくれるように祈った。すると、彼女は本当に石柱に変えられたが、その石柱からはいつまでも涙が流れ続けたのである。

＊十一　城壁　現在の遺跡から、ミュケナイは十〜十二メートル、テュリンスは二十メートルほどの立派な城壁を持っていたと考えられている。これらをキュクロプスが作ったという伝説ができたのは、後代のギリシア人に、その建築方法がわからなかったためである。

エウエレスとカリクロの息子

テイレシアス

TIRESIAS

UDAEUS

ギリシア神話には実に数多くの予言者が登場し、未来について数々の予言を行っている。しかし、テバイを巡る物語では、カドモスの時代からテバイの七将の息子たちの時代まで、終始一貫、テイレシアスという盲目の予言者が活躍する。

カドモスからテバイの七将の息子たちまでといえば七世代である。これだけの長きにわたって、テイレシアスが生きていたというだけでも不思議だが、これにはわけがあった。テイレシアスは若い頃、二匹の蛇が交尾しているのを目撃し、杖を振り上げて雌の蛇を殺したところ、それまで男だった彼は女になってしまった。こうして、彼は七年間を女として暮らしたが、この間に彼は男と交わりを持った。七年が過ぎたある日、彼は再び二匹の蛇が交尾しているのを目撃した。そこで、今度は雄の方を打ち殺すと、彼は男に戻った。

こんな奇妙な経験をした後で、彼はゼウスに呼び出された。この頃、ゼウスとヘラは、性交のときの喜びは男と女でどちらが大きいかを議論していた。ゼウスは女だといい、ヘラは男だといった。そこでふたりは、実際に男と女を経験したテイレシアスに証言を求めたのである。

テイレシアスは、性交の喜びを十とすれば、男の喜びは一に過ぎないと答えた。この答えにヘラが腹を立て、テイレシアスを盲目にしてしまった。そこでゼウスは妻の仕打ちを詫び、目の代わりにすべてを見とおす予言の能力と七世代分の寿命を与えたのである。

こうしてテイレシアスは、テバイにおいて長い間活躍した。ペンテウス王がディオニュソスを排斥しようとしたときは、カドモスと一緒にディオニュソスの酒宴に加わった。オイディプスが前王ライオス殺しの犯人を捜していたときには、オイディプス自身が犯人であることを指摘した。さらに、テバイの七将の息子たちがテバイを攻めたときは、テイレシアスはテバイが陥落することをみごとに予言したのである。

ペラスゴスとキュレネの息子

リュカオン LYCAON

LYCAON

ヨーロッパやスラブの森林地帯には、人間が狼に変身するというワーウルフ[*一]（狼男）の伝説が広く分布しているが、ギリシア神話の中にもワーウルフに類した物語がある。アルゴリス地方に誕生した最初の女性とされるニオベは、ゼウスと交わってアルゴスとペラスゴスという息子を生んだ。

このうちペラスゴスはアルカディア人の祖とされる人物で、アルゴリスに隣接するアルカディア地方に移ると、ニンフのキュレネと結婚し、リュカオンという息子を生んだ。このリュカオンはアルカディア人の王として、数多くの女たちとの間に五十人の息子を生んだが、彼らはみな高慢で、住民たちを苦しめ、神々を崇拝することもなかった。

悪評は天上に住む神々のところへも届いた。そこでゼウスは、彼らがどれほどの悪人かを試そうと、あるとき日雇労働者の姿で、リュカオンの宮廷を訪ねた。

ところが、リュカオンの息子たちは、彼を客人として招くと、長男のマイナロスの意見によって、土地の者の男の子ひとりを殺し、その臓腑を食べ物に混ぜて供したのである。

これにはゼウスも激怒した。

ゼウスはすぐに正体を現すと、逃げ惑うリュカオンの息子たちに向け、次々と雷を落とした。父であるリュカオンも許さなかった。ゼウスは彼を捕まえると、共犯者として狼に変えてしまった。

このとき、大地ガイアがゼウスの怒りを鎮めたので、幸いにも最年少だったニュクティモスだけはすんでのところで死なずにすんだものの、生き残ったのは数多い息子たちの中で彼ひとりだけだったのである。

しかし、この事件があって、生き残ったリュカオンの子供たちは、以前よりも神々を敬うようになった。この頃、アルカディアのリュカイオス山にはゼウスのための祭壇があり、ゼウス・リュカイオスと呼ばれていたが、この祭壇に人身御供が捧げられるようになったのも、この事件がきっかけだった。しかも、この儀式では、参加者は犠牲になった人間を喰い、八年間、狼になって暮らしたのである。この八年間の間に人間の肉を喰わなかった者だけは、九年目に再び人間に戻ることができるという約束だったが、狼となれば、理性も失ってしまうし、生きていくためには人間を襲うこともしばしばだったので、人間に戻れた者は少なかっただろう。

＊一　**ワーウルフ（狼男）の伝説**　スラブにおける狼男伝説には、大別して二種類の伝説が伝わっている。ひとつは呪術師自身が変身したもの、あるいは呪術師によって狼に変えられた人間という説。もうひとつは、吸血鬼が一定期間狼に変身しなければならないという説である。

リュカオンの一族

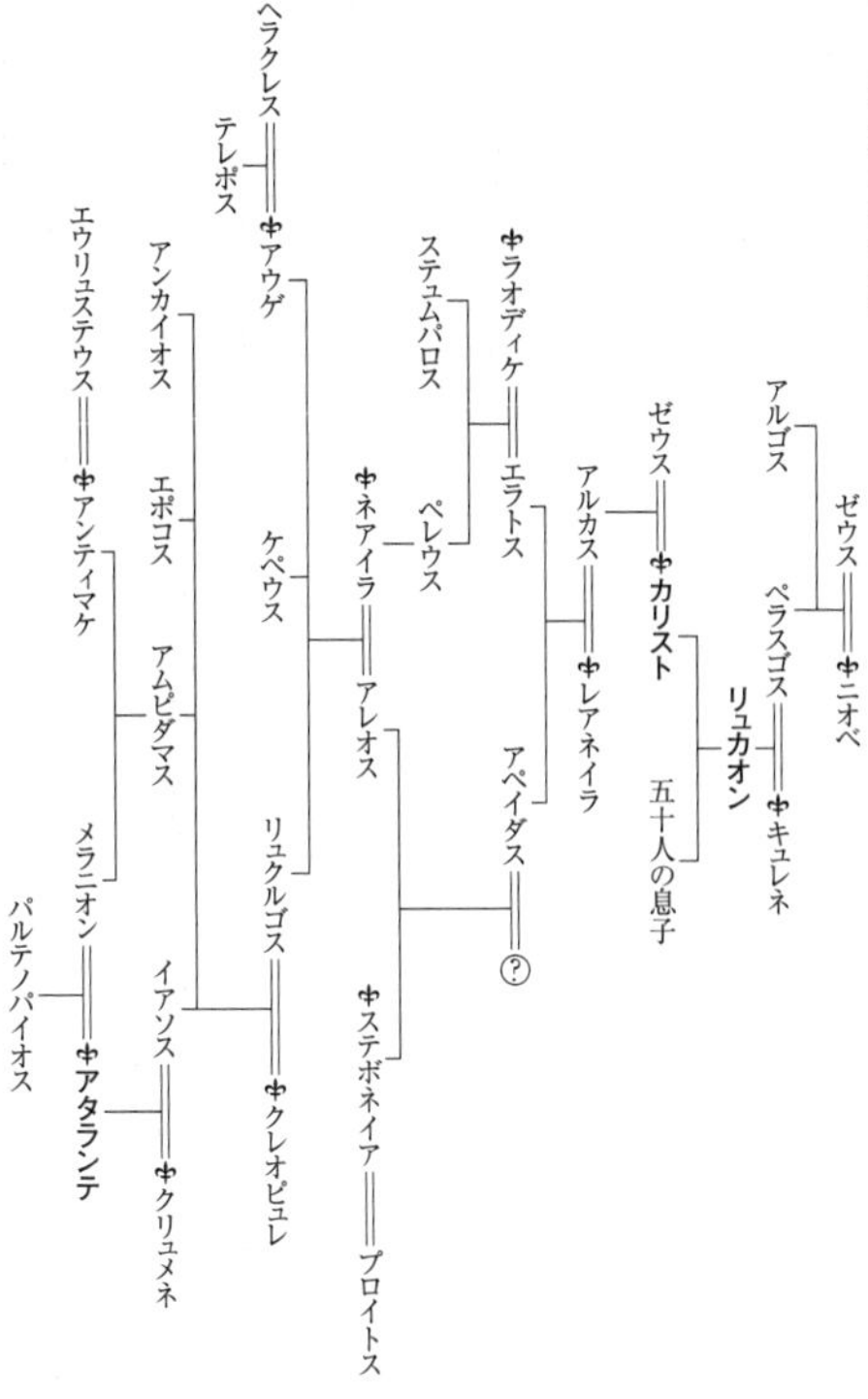

LYCAON

リュカオンの娘

カリスト CALLISTO

息子たちがゼウスに対して不敬の罪を働いたかどで、リュカオンはついに狼に変えられてしまったが、この一家はもしかしたら動物と縁が深いのかもしれない。彼には五十人の息子の他にただひとりの娘カリストがいたが、彼女もまた動物に変えられるという運命を持っていた。

カリストは子供の頃からとても美しかったが、少女らしい趣味は持たず、女神アルテミスに処女の誓いを立て、女神に従って狩猟をして毎日を過ごした。女神アルテミスは彼女自身も処女だったが、彼女に仕える乙女たちも処女でなければならなかったからだ。

しかし、そんなあるとき、カリストの美しさに心を奪われたゼウスが、アルテミスに化けて彼女に近づくと、ふいに正体を現して彼女を犯した。そして、カリストはゼウスの子供を身籠ったのである。

男と交わった以上は、カリストはアルテミスに仕えることはできなかったが、彼女はなおもアルテミスに従って狩猟をして過ごした。

数か月が過ぎた頃、アルテミスは森の泉で沐浴すると、従者の乙女たちにも沐浴を勧めた。カリストは妊娠していたので断わったが、従者の乙女たちはみな彼女が恥じらっているのだと考え、彼女を無理矢理に裸にしてしまった。その姿を見て、カリストの妊娠を知った女神は大いに腹を立て、カリストを牝熊に変えてしまったのである。

熊になったカリストは森をさまよう生活を始めたが、やがて生まれた子供は立派な人間の男子アルカスで、ゼウスがさらって、アルカディアに住むヘルメスの母マイアに育てさせた。アルカスは立派な少年に成長すると、母と同じく狩猟を愛し、毎日森の中で過ごした。

そんなある日、森の中で牝熊と出会った。それがアルカスの母カリストだったが、アルカスはそれが母だとわからず、子供の姿を認めて近づいてくるカリストに弓を射てしまったのだ。

しかしこの様子を見ていたゼウスはふたりを憐れみ、弓がカリストに突き刺さる前に、ふたりを星座の大熊座と小熊座[*二]に変えたのである。

＊二　大熊座と小熊座　大熊座は、北斗七星を含む二十一個の星からなる北の天の星座。小熊座は、やはり北の天の星座で、北極星を尻尾の先に含み、七個の星からなる。小北斗とも呼ばれている。

イアソスとクリュメネの娘

アタランテ

ATALANTA

LYCAON

熊になったカリストの子孫の中に、彼女と同じく、女性でありながら狩猟を愛し、いつまでも処女を守った女性戦士のアタランテがいる。

アタランテは女性だったが、ギリシア神話に登場するたくさんの男の英雄たちと同じように、生まれた瞬間から大きな不幸を背負っていた。アルカディア王だった父は、男子の誕生だけを願っていたので、生まれたのが女だとわかると、すぐに山の中に捨てたからだ。彼女は牝熊に乳を与えられて飢えをしのぎ、やがて猟師に拾われて育てられた。

このようにして成長した彼女は、まるで男の英雄と同じだった。あるとき、ケンタウロスの仲間が彼女を犯そうと近づくと、彼女は弓を射て簡単に殺してしまった。女性であるために、アルゴー号の冒険には参加できなかったが、冒険後に開かれた競技大会では、レスリングでペレウスに勝った。また、彼女はカリュドンの猪退治にも参加した。

やがて、アタランテは彼女を捨てた実の両親と出会い、アルカディア王家の一員となるが、結婚の勧めだけは絶対に承知しなかった。

それでも求婚者が絶えないと、彼女は求婚者たちと競争した。走り出した求婚者を武装した彼女が追いかけ、みごとにゴールまで逃げ切った者と結婚するというのだ。ただし途中で追いつかれると、求婚者は殺されるのである。そして彼女は何人もの求婚者を殺した。

あるとき、従兄弟のメラニオンが彼女に挑戦した。彼はどうしても彼女と結婚したかったので、女神アプロディテからもらった黄金のリンゴを携えてきた。そして、アタランテに追いつかれそうになると、黄金のリンゴを一個、彼女の前に投げた。それが魅力的だったのか、彼女はそれを拾うためにスピードをゆるめた。こんなことが三度もあったので、アタランテはメラニオンに敗れ、ついにふたりは結婚することになった。

ところが競技の後で、ふたりは知ってか知らずか、アプロディテの神域で結ばれてしまった。この冒瀆を怒った女神により、ふたりはライオンに変えられてしまったのである。

大地から生まれる

ケクロプス CECROPS

CECROPS

ヘラクレスと並ぶギリシア神話の英雄テセウスは、アテナイ王家の一員だが、アテナイを最初に治めた王と、テセウスに至る王朝の間には血の繋がりはない。ギリシア神話では、草創期のアテナイには順次三人の王が登場し、その後、テセウスに至る王朝が誕生するのである。

このうち、いちばん最初にアテナイの王となり、アテナイそのものを建国したとされるのがケクロプスである。

アテナイのあるアッティカ地方にはもともと都市は存在せず、人間はあちこちにばらばらに生活していた。

このような時代に、ケクロプスは大地から誕生した。

これはいかにも人間離れした生まれ方だが、ケクロプスが変わっているのは生まれ方だけではなかった。彼は上半身は人間だが、下半身は蛇だったのである。

しかし、そんな人間離れした恰好にもかかわらず、ケクロプスはアッティカの地に人間らしい生活を広めた。後にアテナイとなる最初の都市をアッティカに作ったのはケクロプスだし、人間たちに都市に住んで共同生活することを教えたのも彼だった。

こうして、彼が作った都市は彼の名からケクロピアと呼ばれた。

この時代に、ギリシアの神々がそれぞれ自分の都市を持つことになり、アッティカを巡ってポセイドンとアテナが争った。

ふたりの神は、アッティカを自分のものとするために、そこにある都市ケクロピアに自分の印をつける競争をした。アテナは後にアクロポリス*一が建てられる岩の上に、その土地で最初のオリーブの木を植えた。ポセイドンは三叉の矛を岩に突き刺して、そこに泉を出現させた。この泉は海と通じており、塩水が湧き出すもので、後世になってからエレクテウスの海と呼ばれたものだった。

この競争の後で、どちらが勝者であるかを決めることになったが、このとき土地の人間の代表として審判者に選ばれたのがケクロプスだった。彼は塩水とオリーブの木では、オリーブの木の方が有益だと考えて、アテナを勝者に選んだ。

こうして、アッティカの土地と都市ケクロピアがアテナのものと決まったのである。ケクロピアがアテナイと呼ばれるようになったのもこのときからだった。もちろんポセイドンはこの判定に不満だったので、アッティカ全土に洪水を起こしたが、決定は覆されなかった。

この後ケクロプスは、アグラウロスという女と結婚してエリュシクトンという男子とアグラウロス、ヘルセ、パンドロスという娘を得た。

このうち、エリュシクトンは子供を残さずに死んだが、娘たちの子孫はギリシア神話に名を残している。

アッティカの所有者として女神アテナを選んだケクロプスは、その後もアテナと親密な関係が続き、彼が死んだときには、アテナがオリーブを植えた場所に墓が作られた。アクロポリスのエレクテイオン神殿はその上に建てられたものだという。

＊一　**アクロポリス**　標高百五十メートルほどの岩山の上に築かれた城砦。中にはアテナを祭ったパルテノン神殿がそびえている。後代に建造されたと見られるニケ神殿（女神ニケを祭った神殿）、エレクテイオン神殿（エレクテウスを祭った神殿）も混在している。

ケクロプスの一族

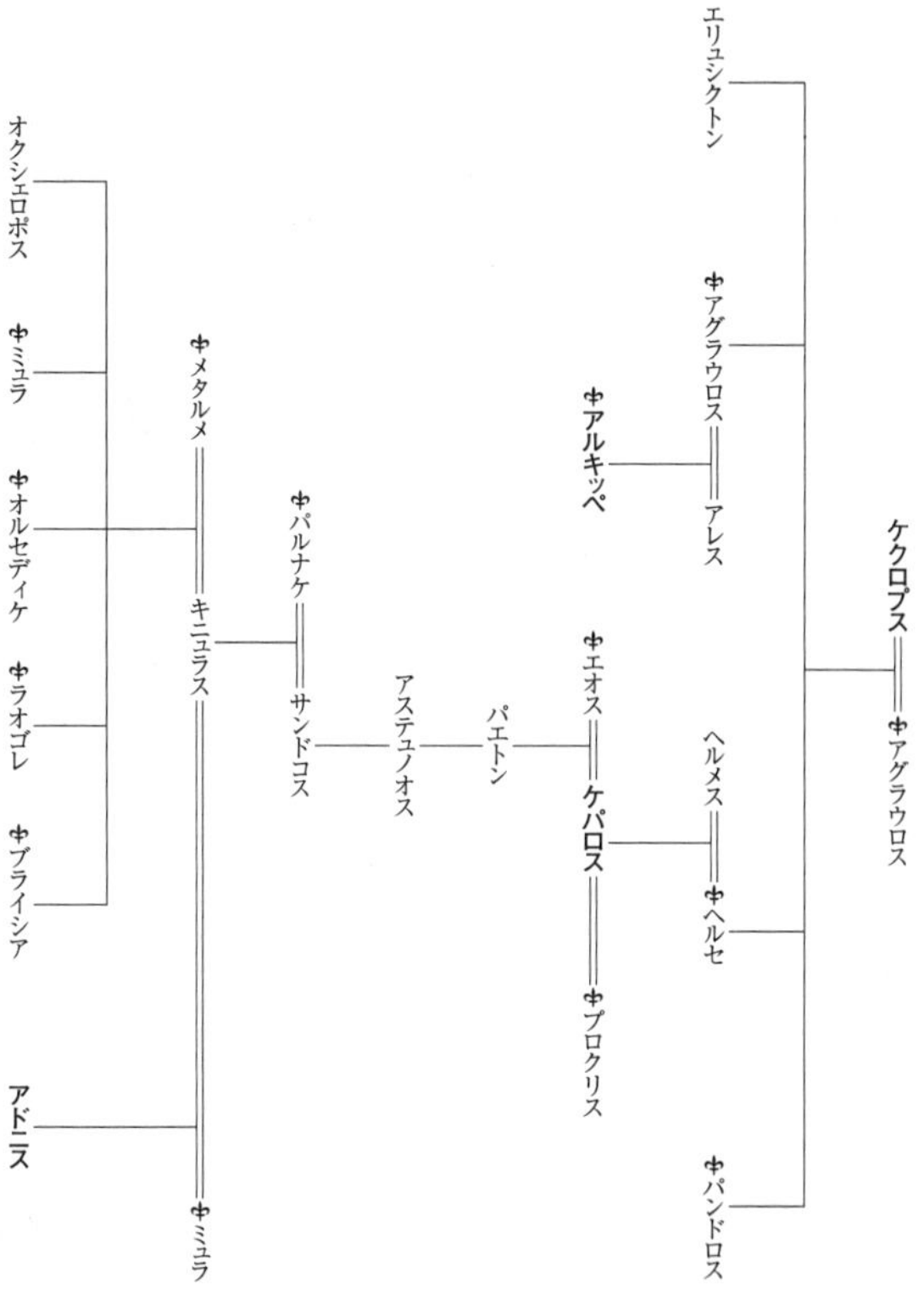
ケクロプス
アグラウロス
エリュシクトン
アグラウロス
アレス
アルキッペ
ヘルメス
ヘルセ
ケパロス
エオス
プロクリス
パンドロス
パエトン
アステュノオス
サンドコス
パルナケ
キニュラス
メタルメ
ミュラ
オクシュロポス
ミュラ
オルセディケ
ラオゴレ
ブライシア
アドニス

アレスとアグラウロスの娘

アルキッペ ALCIPPE

CECROPS

アッティカに最初の都市を作ったケクロプスは、人間の社会に初めて一夫一婦制を導入するなど、人間社会に必要な制度を作ったことで知られるが、アッティカにおける最初の裁判も、ケクロプスの一族と深く関わっている。

ケクロプスの娘のひとりで、母と同じ名前を持つアグラウロスは、軍神アレスとの間に、ひとり娘のアルキッペを生んだ。

このアルキッペが美しい乙女に成長したとき、ポセイドンの息子ハリロティオスが夢中になり、彼女を追いかけて、ある丘の上の泉のほとりで犯そうとしたことがあった。その現場をアルキッペの父アレスが目撃した。そして父としては当然のことだが、アレスは大いにいきり立って、いまにも娘が犯されようとしている現場に駆けつけると、ハリロティオスを一撃のもとに殺してしまったのである。

ところがこの殺人事件の現場を、ポセイドンが目撃してしまった。ポセイドンは、相手も神なので暴力を振るうことはなかったが、その現場でアレスを取り押さえると、オリュムポスの神々に訴えた。

こうして、殺人事件の起こった丘に神々が集まると、アレスによる殺人事件の裁判が行われたのである。これはアテナイにおける最初の裁判で、裁判の結果、アレスは無罪とされたのだった。

オリュムポスの十二神にはアレスも含まれているので、この第一回の裁判では十一神が陪審となったと想像できるが、これ以降、重要な裁判は十二神を陪審として行われるようになった。そして、裁判の行われた場所はアレイオス・パゴス（「アレスの丘」）と呼ばれ、アテナイで最も重要な裁判を行う最高裁判所の役割を果たすことになったのである。

トロイア戦争におけるギリシアの総大将アガメムノンの息子オレステスが、母親のクリュタイムネストラを殺したときも、その裁判はアレイオス・パゴスで行われ、やはり無罪になったと伝えられている。

ヘルメスとヘルセの息子

ケパロス CEPHALUS

ヘリオスの姉妹であるエオス（曙）は、飽くことない情欲の女神で、美しい青年たちと数多くのロマンスを持ったことで知られている。

そのロマンスの相手のひとりが英雄ケパロスだった。

ケパロスにはプロクリスという妻がいて、ふたりは永遠の愛を誓い合っていたが、彼の美しさに心を奪われたエオスは、彼を誘拐してしばらくの間一緒に暮らした。

こうして、息子パエトン（金星）が生まれたが、ケパロスは妻のことが忘れられずアッティカに帰ろうとした。そこで嫉妬したエオスは、彼の心に妻の貞節に対する疑念を起こさせた。

アッティカに戻った彼は、妻に気づかれないように別人に変装し、莫大な贈り物を贈って、プロクリスに妾になるよう執拗に勧めた。そしてプロクリスが承諾したとき、彼は正体を現して、妻を大いに非難したのである。

しかし、このやり方にはプロクリスも腹を立て、クレタ島へ逃亡した。そこで彼女はクレタ島の王ミノスと親交を持ち、けっして的を外さない槍と、追いかけた獲物は必ず捕まえる猟犬ライラプス[*二]を譲り受けた。

それから、自分にも非があったと反省したプロクリスは、ケパロスのところに戻ると、ミノス王の贈り物を猟好きな夫に与えて仲直りし、再び一緒に暮らし始めた。

こうして、しばらくの間はふたりの暮らしは順調だった。ところが、あるときプロクリスは、夫が猟の後で「アウラ（そよ風）」と口にするのを聞いた。これは汗をかいたケパロスが、たんにそよ風を呼んでいる言葉だったが、妻は女の名前だと勘違いした。こうして夫の愛に疑念を持ったプロクリスは、ケパロスに妾がいるものと考えて、猟に出た彼の後をつけた。彼女は夫に見つからないように繁みの中に身を隠していたが、夫はこれを獣と間違えた。そしてついに、ミノス王から譲られた的を外さない槍を投げつけ、妻を殺してしまったのである。

＊二　猟犬ライラプス　ヘラクレスの父となるアムピトリュオンが、テバイを荒らしていた牝狐を退治したとき、ケパロスから借りた猟犬はこのライラプスだった。

キニュラスとミュラの息子

アドニス

ADONIS

CECROPS

神話の中では人間が動物や植物などにしばしば変身するが、なかには動物や植物に変身した人間から生まれる者もいる。ケクロプス一族の最後に登場するアドニスがその代表だ。

アドニスの父キニュラスはキュプロス島に赴くと、そこでキュプロス島の王の娘メタルメと結婚し、何人かの子供を儲けた。

その中にミュラ（またはスミュルナ）という娘がいたが、彼女は女神アプロディテを軽んじたために、実の父に恋をするという罰を受けた。彼女は乳母を共謀者に選ぶと、別の女を装って、暗闇の中で十二夜にわたって父と臥床を供にした。

事実に気づいた父は、激怒して娘を殺そうとした。

このときになって、自分の犯した罪に気がついたミュラは、生者の国でも死者の国でもない場所に追放してくれるように神々に祈った。

憐れんだ神々は彼女をミュラ（没薬）の木に変えた。

アドニスは狩猟好きの青年だった。殺生をきらうアプロディテは、狩猟を止めようとしたが、彼はいうことをきかず、結局猪に突き殺されることになる。死に際に流した血からは、アネモネの花が生まれたという。

しかし、このとき彼女はすでに妊娠しており、十か月後に木が裂けて男子が生まれた。これがアドニスだったが、彼はとても美しかったので、アプロディテは一目見て気に入り、まだ幼い彼を引き取ると箱に入れて、地獄の女王ペルセポネに預けた。

ペルセポネは、アプロディテから中を覗いてはいけないといわれていたが、こっそり覗いてしまった。

すると、そこにとても美しい男子がいたので、彼女もまた彼に恋してしまい、もう二度とアプロディテに返そうとしなかった。

アドニスに恋い焦がれるアプロディテは、我慢ができずに他の神々に訴えた。そこで、ゼウスがふたりの女神の仲裁をした。そして、アドニスは一年の三分の一をアプロディテと、次の三分の一をペルセポネと、残りの三分の一を自分の自由に過ごすことが決められた。

しかし、アドニスはアプロディテのために、自分自身の三分の一を加え、一年の三分の二を彼女とともに過ごしたのだった。

ヘパイストスとアテナの息子

エリクトニオス

ERICHTHONIUS

ERICHTHONIUS

ケクロプスが死んだ後、アテナイの王位はケクロプスと同じように大地から生まれた者たちによって継承された。

二代目の王クラナオスと三代目の王アムピクテュオンがそれである。

しかし、アテナイの神話の重要な部分は、すべて四代目の王エリクトニオスから始まる。

この王によって、アテナイにも初めて王朝と呼べるものが誕生し、アテナイの神話の中心となるテセウスなども、この王の子孫として登場するのである。

エリクトニオスはヘパイストスとアテナの子供だったが、彼以前のアテナイ王と同様に大地から生まれた子供という性格も持っていた。

これは、ヘパイストスとアテナとの出会いに関係があった。

ヘパイストスはアプロディテの夫だったが、妻の女神が軍神アレスとの浮気に走っていたので、欲求不満の状態だった。

そんなあるとき、軍神でもある女神アテナが、鍛冶の神である彼のところに武器の製造を注文にきた。

武装した姿ですぐそばに立っている美しいアテナを見たヘパイストスは、すぐに恋の虜になった。そして、彼は身の程知らずにも彼女を追いかけ始めたのである。

しかし、ヘパイストスは片足が悪かったので、逃げ回る女神になかなか追いつくことができなかった。それでもどうにか追いつくと、今度は処女神であるアテナに徹底的に抵抗されて、彼女の脚に精液をまき散らすという醜態を演じてしまった。

そこで、アテナがそれを羊毛で拭き取って大地に捨てると、そこからエリクトニオスが生まれてきたのである。

アテナにしてみれば、こんな子供を育てる義理はなかったのだが、それでも自分の子供という意識が強かったので、神々には内緒で彼を引き取った。そしてその子を箱に入れると、アテナイ創建者であるケクロプスの三人の娘たちに預けた。

ケクロプスの娘たち、アグラウロス、ヘルセ、パンドロスの三人は、その頃アクロポリスに住んでいたが、当初は女神から預かった箱を大事にしまっておいた。女神から箱の中を見てはいけないといわれていたので、蓋を開けることもなかった。

しかししばらくすると、アグラウロスが誘惑に負けてしまった。そして、彼女はふたりの姉妹を説得すると、ついに三人一緒に箱の蓋を開け、秘かに中を覗いてしまった。すると、箱の中に一匹の大蛇がいて、かわいらしい赤子[*三]に巻きついていたのである。

その光景は三人にとって耐えられないほど恐ろしいものだったので、三人の娘たちは気が狂い、アテナイのアクロポリスが建っている岩の上から、次々と飛び降りて自殺してしまった。三人の娘を見張っていた鳥からの知らせでこのことを知った女神アテナは、大いに落胆した。そして、アテナはエリクトニオスを引き取ると、アクロポリスにある彼女自身の聖域エレクテイオン神殿で、一緒に暮らしながら自分の手で彼を育てたのである。

こうして、アテナの子供として成長したエリクトニオスが、アテナイの王となるのは実に当然だった。やがてエリクトニオスは、アテナイの三代目の王アムピクテュオンから王位を奪い、四代目の王となった。

それから彼は、母アテナのためにアクロポリスにアテナ女神の木像を建てたり、アテナを祭るパンアテナイア祭を創設したりして、母であるアテナのために大いに尽力した。女神アテナと都市アテナイの関係は、これによって一層強くなった。

こうして、アテナイにおけるアテナ信仰を推し進めた彼が死ぬと、ケクロプスと同じように、アテナイで最初のオリーブの木が植えられた場所に葬られたのである。

＊三　巻きついていた　ケクロプスの三人の娘が箱の中を覗いたとき、そこに大蛇の巻きついた子供ではなく、ケクロプスと同じように下半身が蛇の赤子がいたという説もある。このためエリクトニオスは自由に歩くことができず、戦車（チャリオット）の発明者になったともいわれている。

エリクトニオスの一族

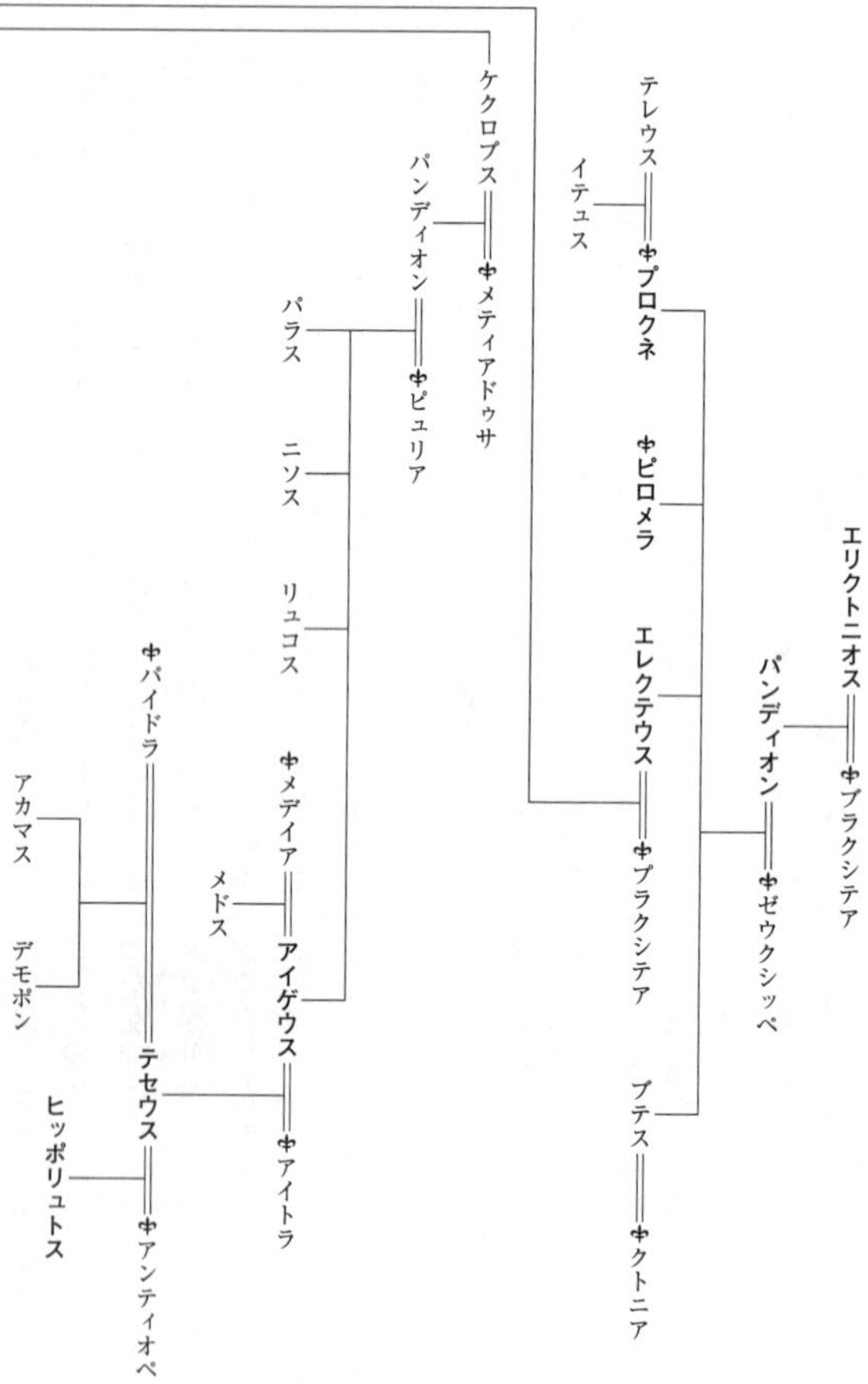
エリクトニオス
プラクシテア
パンディオン
ゼウクシッペ
テレウス
プロクネ
イテュス
ピロメラ
エレクテウス
プラクシテア
ブテス
クトニア
ケクロプス
メティアドゥサ
パンディオン
ピュリア
パラス
ニソス
リュコス
アイゲウス
メデイア
メドス
アイトラ
テセウス
パイドラ
アカマス
デモポン
ヒッポリュトス
アンティオペ

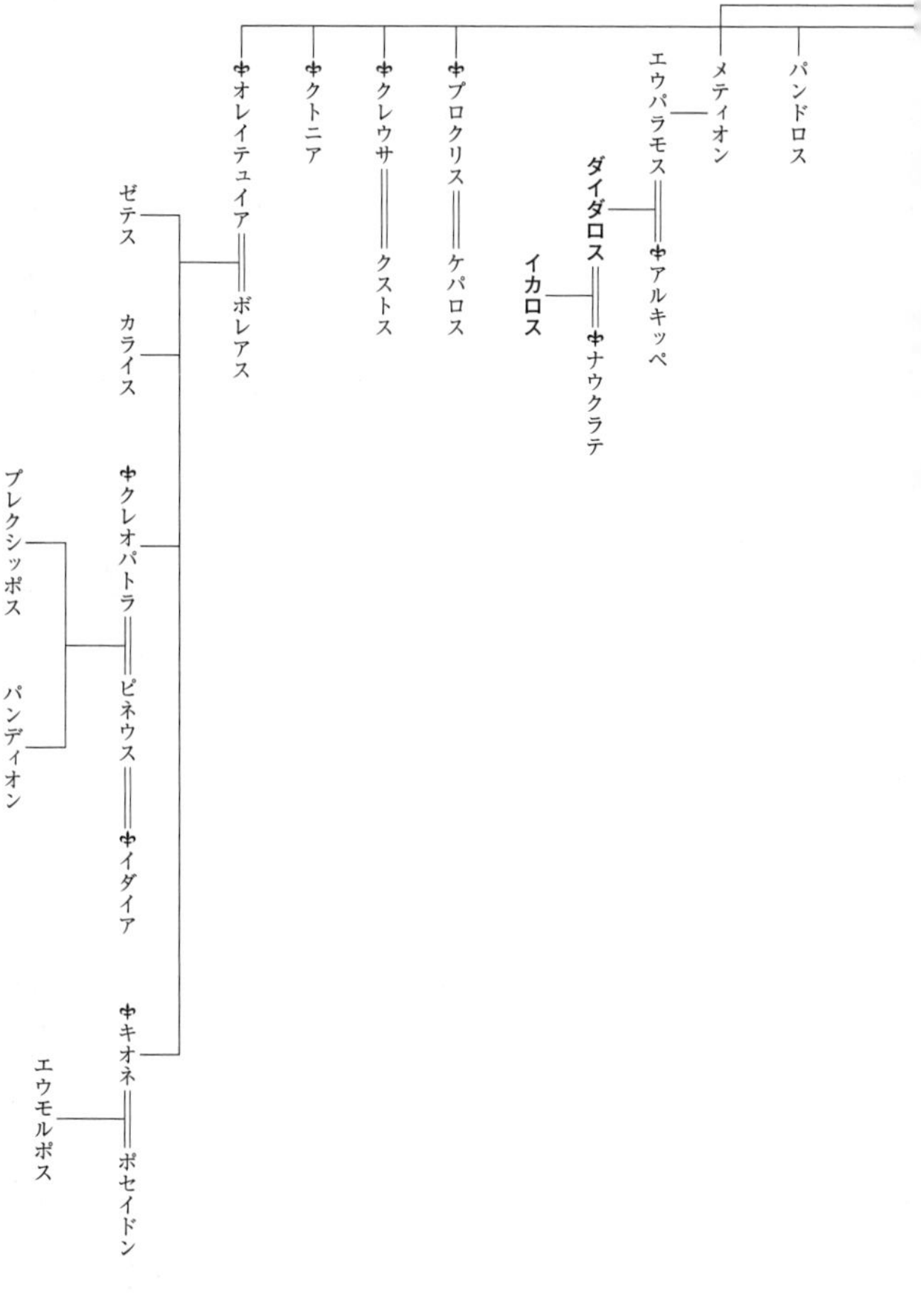

パンドロス
メティオン
エウパラモス
ダイダロス
アルキッペ
イカロス
ナウクラテ
プロクリス
ケパロス
クレウサ
クストス
クトニア
オレイテュイア
ボレアス
ゼテス
カライス
クレオパトラ
ピネウス
イダイア
プレクシッポス
パンディオン
キオネ
ポセイドン
エウモルポス

エリクトニオスとプラクシテアの息子

ERICHTHONIUS

パンディオン PANDION

酒神であるディオニュソスが、バッコイと呼ばれる狂える女たちを引き連れて、あちこちの土地を放浪したことはよく知られているが、その放浪の中で、アッティカに立ち寄ったことがあった。

そのときのアテナイの王がパンディオンで、彼の時代にアッティカにおけるディオニュソス信仰が広まったのである。

ここで、この時代にイカリアに住んでいた郷士のイカリオスという男が重要な働きをする。

彼は、ディオニュソスがアッティカにやってきたとき、いちばん最初にこの神をもてなし、その信仰を受け入れたのである。

ディオニュソスはこれを喜び、彼に葡萄の木を与え、葡萄酒の醸造法を伝授した。

イカリオスはすぐに葡萄酒を作ったが、それが実にうまいので、みんなにも分け与えようと、近所の羊飼いたちを招いてそれを飲ませた。

しかし、ここで間違いが起こった。この当時、ギリシアでは酒は水で薄めて飲む習慣だったが、羊飼いたちはそれを少しも薄めないで飲んだので、すぐに酔ってしまい、毒を飲まされたと考えた。そして、イカリオスを殺すと、木の根元にその死体を埋めてしまったのである。そうとは知らないイカリオスの娘エリゴネは、失踪した父を捜し始めたが、父の飼っていた犬が、死体のありかを教えた。こうして、父の死を知ったエリゴネは、首を吊って死んだ。

アッティカ王パンディオンについては、プロクネとピロメラというふたりの娘の父としてよく知られている。

この当時、パンディオンは国境の問題でテバイのラブダゴス王と争っていたが、このとき彼は、トラキアのテレウスに応援を頼んだ。そして、テレウスとともに勝利を勝ち取ったお礼に、娘のプロクネをテレウスに与えるのだが、これがきっかけで、プロクネとピロメラの悲しい物語が始まるのである。

パンディオンとゼウクシッペの娘たち

プロクネとピロメラ PROCNE & PHILOMELA

ERICHTHONIUS

ギリシア神話には数多くの恋物語があるが、なかには少なからず猟奇的なものもある。プロクネとピロメラの物語は、その代表といえる。

アテナイ王パンディオンは、テバイ王ラブダコスと国境問題で争ったとき、トラキアの英雄テレウスに応援を頼み、勝利の礼として娘のプロクネを与えた。

テレウスと一緒にトラキアに赴いたプロクネの結婚生活は最初は順調で、ふたりの間には男子イテュスも誕生した。

しかし、数年が過ぎたとき、プロクネはホームシックになって、自分の故郷アテナイへ帰るか、そうでなければ妹ピロメラを呼んで一緒に暮らしたいと思うようになった。その思いが強くなって、もう我慢ができなくなると、プロクネはその気持ちを夫に伝えた。これを聞いたテレウスは心から心配し、話し合った結果、彼が出かけていって、アテナイにいるピロメラをトラキアに呼んでくることになった。

これが、ふたり姉妹に不幸をもたらすことになった。アテナイへ赴いたテレウスが、一目でピロメラに恋してしまったのである。

テレウスはどうしてもピロメラを自分のものにしたいと考えた。幸い、ピロメラもまた姉プロクネに会いたがっていたので、テレウスは彼女を連れてトラキアへ向かった。

しかし、テレウスがピロメラを連れていったのは、妻のいる自分の館ではなく、森の中の羊小屋だった。ピロメラが気づいたときにはもう遅かった。その羊小屋の中で突如本性を現したテレウスは、暴力を加えて彼女を犯したのだ。ピロメラは泣きわめき、父や姉プロクネの名前を叫んだ。しかし、テレウスは反省するどころか、ピロメラが誰かに訴えるのを恐れて、彼女の舌を切り取ったのである。

それから、テレウスは羊小屋に信頼できる見張りを置いて自分の館に戻ると、妻プロクネに対しては、ピロメラはすでに死んでいたと偽りを告げた。このためプロクネは、妹がそんなひどい目に合っているとは夢にも思わなかったのである。

こうして、ピロメラはその羊小屋に幽閉され、その後もテレウスとの関係を続けなければならなかった。

しかし一年ほどが過ぎた頃、ピロメラはあることを思いついた。彼女は機織りが得意だったので、テレウスをうまくごまかして織機を用意してもらうと、白い長衣に自分の身の上を物語にした模様を織り込んだ。そして、彼女の身の回りの世話をするためにやってくる老婆に頼んで、姉のプロクネに届けてもらったのである。

妹は死んだものとばかり思い、長い間悲しみの日々を送っていたプロクネは、その長衣を見て驚いた。そこに描かれているのは、どう考えても自分と妹ピロメラの物語だし、それによれば妹は想像を絶する悲惨な生活をしていることになるからだ。

しかし、もし物語のとおりだとすれば、夫のテレウスに相談するわけにはいかない。意を決した彼女は館を抜け出すと、何人かの古くからの従者を連れて、秘かに森の中の羊小屋をたずねた。そこで、ついに妹ピロメラを発見したのである。

ピロメラの変わり果てた姿を見たプロクネは、夫テレウスに復讐することを誓った。彼女はピロメラを館に連れ帰ると、憎しみのあまり自分とテレウスの子であるイテュスを殺し、それを料理して、その夜の食事として夫に喰わせた。そして、食事を終えたテレウスの前に、血みどろの子供の頭を投げ出したのだ。今度はテレウスが逆上した。彼は叫び声を上げると、プロクネとピロメラを殺すために追いかけた。

このとき不思議なことが起こった。逃げるうちに、ふたりの姉妹が鳥になって空に舞い上がってしまったのだ。プロクネは鶯、ピロメラは燕になったのである。追いかけているテレウスも鳥になって舞い上がったが、それはやつがしら[*四]だったという。

＊四　やつがしら　全長三十センチメートル弱の小鳥。頭に冠のような羽を持つ。体は赤の混じった黄褐色、背中と翼は黒と白の帯模様。

パンディオンとゼウクシッペの息子

エレクテウス

ERECHTHEUS

ERICHTHONIUS

神々と巨人たちが戦った戦争に、はるか後世に生まれたはずのヘラクレスが応援に駆けつけたように、神話には実際に起こりうるはずのない矛盾がしばしば発生する。アテナイ王エレクテウスの物語にも、そんな矛盾が含まれている。

エレクテウスには数多くの息子と娘がいたが、娘のひとりオレイテュイアはボレアス（北風）にさらわれて、やがてアルゴー号の冒険で活躍することになる、翼の生えた英雄ゼテスとカライスを生んだことで知られている。しかし、彼女には他にキオネという娘がおり、キオネはポセイドンとの間にエウモルポスを生んだ。

こうしてみると、エレクテウスとエウモルポスはまったく別の時代に属しているようだが、やがて戦争が起こって、ふたりは殺し合うことになるのである。エウモルポスは、父の怒りを恐れた母によって生まれたばかりで海に捨てられてしまうが、これをポセイドンが拾い上げて、エティオピアで別の女に育てさせた。こうして、成長したエウモルポスはやがてトラキア王となった。

この頃、アテナイとエレウシスの間で戦争が起こり、エウモルポスはエレウシス軍を応援することになったのだが、敵であるアテナイの王は相変わらず彼の曾祖父に当たるエレクテウスだったのである。

エレクテウスは戦争に勝つために何が必要か、神託に伺った。すると、娘のひとりを犠牲に捧げればよいとお告げがあった。そこで彼は、最年少の娘を犠牲に捧げ、戦争に勝利すると、エウモルポスを殺した。

ところが彼の娘たちは、誰かひとりが犠牲になったら全員一緒に死のうと約束していたので、みな自害してしまった。[*五]

さらに、エウモルポスの父ポセイドンが怒って、エレクテウスを三叉の矛で突いて殺したのである。

この後で、エレクテウスの長子ケクロプスがアテナイ王となるが、彼はもちろん、アテナイの創建者とは別人である。

＊五　自害してしまった　エレクテウスの娘たちは、自ら生け贄になったという話もある。それによると、犠牲の予言を耳にした娘たちが、父親の苦しみを察し、互いに刺し違えて死んだという。

エウパラモスとアルキッペの息子

ダイダロス DAEDALUS

ERICHTHONIUS

アテナイ王家の血筋は受け継いでいるものの、王でもなければ立派な兵士でもない人間が、英雄テセウスとほぼ同時代のアテナイで絶大な人気を集めていた。ギリシア随一の名工といわれるダイダロスである。

ダイダロスは偉大な画家・彫刻家であると同時に、超人的な発明家だった。斧、錐、水準器、神像などが彼の発明品とされた。

しかし、ヘラクレスが自分以上の英雄を許し難いと感じたように、ダイダロスもまた自分以上の発明家を許せない人間だった。

かつて彼は甥にあたるタロスという男を徒弟として使っていた。タロスはなかなか才能ある男で、蛇の顎骨の歯を参考にして鋸を発明するほどだった。しかし、ダイダロスは大いに驚くと同時に、もしや自分を凌駕するのではないかと恐れ、タロスをアクロポリスの崖から突き落として殺してしまった。こうしてダイダロスは、アレイオス・パゴスで裁かれ、アテナイから追放されたのである。

これ以降のダイダロスはクレタ島で大いに活躍した。ミノス王の妻パシパエがポセイドンの神聖な牡牛に恋をし、ダイダロスに相談を持ちかけると、彼は即座に本物そっくりの木製の牝牛を作り、パシパエの望みを満たした。またミノス王に頼まれ、怪物ミノタウロスを閉じ込めるための、一度入ったら二度と出られないラビュリントス（迷宮）を作った。

この迷宮については、アテナイの英雄テセウスがミノタウロスを退治するためにクレタ島に乗り込んだとき、彼がアリアドネから麻糸の糸玉をもらい、この糸を辿ることでラビュリントスから脱出した話はとても有名だ。だが、このアイデアをアリアドネに教えたのもダイダロスだったのである。

このため、ダイダロスはミノス王の怒りを買い、一度は息子イカロスと一緒にラビュリントスに閉じ込められた。しかしダイダロスは、かもめの羽を真似て人間が空を飛ぶための翼を発明すると、息子とふたりでみごとにラビュリントスから脱出したのである。

ダイダロスとナウクラテの息子

イカロス ICARUS

ERICHTHONIUS

一代で名を成した人物の子供、いわゆる二代目は、親の苦労をまったく知らないことから、しばしば非難の対象になる。しかし親の苦労を知らない分だけ、どこかおおらかで冒険心に富んだところが二代目の魅力でもある。たとえ、その冒険が失敗に終わったとしても、その魅力は捨て難い感じがする。ギリシア随一の名工と謳われたダイダロスの息子イカロスの場合もそうだ。

ダイダロスとイカロスが、ミノス王の怒りによってクレタ島のラビュリントスに閉じ込められたときのことだ。発明家ダイダロスは、かもめの翼を真似て、人間が空を飛ぶための大きな翼を作り、イカロスに向かっていった。

「よいかイカロス。この翼で空に飛び上がったら、必ずわしの後をついてくるんじゃぞ。けっして低く飛び過ぎてはいけない。波のしぶきで鳥の羽が濡れ、翼が重くなってしまうからじゃ。また、高く飛び過ぎてもいけない。太陽の熱で翼を張りつけた蝋が溶けてしまうからじゃ」

イカロスが空高く舞い上がり過ぎて墜死したことから“Icarian”という言葉が派生した。“イカロスのような”というこの言葉は、「向こう見ずな」あるいは「冒険的な」という意味で使われている。

　こうしてふたりは一緒に空に飛び上がると、ラビュリントスの壁を越え、クレタ島から逃げ出した。

　海の上に出たふたりはそれから北東の方角、イオニアの方向を目指して飛んでいった。ふたりはどんどん飛んで、現在のスポラデス諸島のあたりまでやってきた。イオニアの海岸はもうすぐだった。

　ところが、スポラデス諸島の上を飛ぶうち、飛ぶことの楽しさを覚えたイカロスは、夢中になり過ぎて、自分でも気づかぬうちに、あまりにも高くまで舞い上がってしまったのだ。

　こうなると、もうどうにもならなかった。ぎらぎらする太陽の熱のために翼を張りつけていた蝋が溶け、あっという間に彼の翼はばらばらに砕けてしまった。そして、イカロスは恐ろしく高いところからまっさかさまに海の中に墜落して死んだのである。

　その海は彼の名前から、現在でもイーカリア海と呼ばれている。

パンディオンとピュリアの息子

アイゲウス AEGEUS

ギリシア神話に登場する英雄たちはみな、生まれながらに困難な冒険に立ち向かわなければならない運命を持っている。

アッティカの物語に登場する最大の英雄テセウスも、彼の冒険の多くは、彼の父である[*六]アイゲウスの代にその原因が作られている。

アイゲウスはアッティカ王で、二度結婚したが子宝に恵まれなかった。

彼はどうしても男子がほしかったので、デルポイに赴き、神託に伺いを立てた。

「アテナイに帰り着くまで、酒袋の突き出た口を解いてはいけない」

というのがそのときの神託の答えだった。

アイゲウスはその意味を解しかねたので、アテナイへの帰途、トロイゼンの王ピッテウスを訪ねて、神託の意味を質問した。

ピッテウスはすぐにその意味を理解した。それは、デルポイを出た後で、アイゲウスが最初に交わった女から立派な男子が生まれるという意味だったのだ。

しかし、ピッテウスはアイゲウスの子となる英雄をぜひとも自分の娘に生ませたいと考えたので、アイゲウスにはその意味を教えなかった。そのかわり、彼はアイゲウスを大いに酔わせた後、自分の娘アイトラと一緒に寝かせたのである。

翌日になって事態に気づいたアイゲウスはアイトラに向かい、もしも男子が生まれたなら、誰の子か告げずに育てるようにと命じた。そして、とある大きな岩の下に自分のサンダルと刀を隠し、子供がその岩を自力で動かせるようになったら、彼にそのサンダルと刀を渡し、アテナイへ送り出すよう言い残し、トロイゼンを後にした。

こうして時が過ぎ、生まれてきたのがテセウスだったのである。

成長したテセウスは母から事実を知らされると、例の岩を押し退け、父の残した刀を帯び、サンダルをはいて、徒歩でアテナイに向かった。

これがテセウスの最初の冒険譚で、トロイゼンからアテナイまでの道で、彼は早くも六つの手柄を立てるのである。

アテナイに着いたテセウスは、すぐに実父のところに向かった。

アイゲウスはこの頃コルキス王女メデイアと結婚していた。アルゴー号のイアソンがコルキスの国から連れ帰った魔女のメデイアである。しかも、ふたりの間にはメドスという息子までいた。

テセウスは父と会っても、すぐに息子だと名乗りを上げなかったが、メデイアはその魔術的能力で、テセウスがアイゲウスの実の子であって、やがてはアテナイの王になるということに気づいた。そして、自分の子供のためにテセウスを恐れ、アイゲウスに説いて、彼を殺すためにマラトンの平原を荒らし回る恐ろしい牡牛退治を命じさせた。

テセウスがそれをなんなくやり遂げると、今度はテセウスに毒の入った杯を飲ませようと考えた。

しかし、テセウスはその杯を渡されたとき、彼が手にしていた刀を父に手渡した。アイゲウスはそれが自分の刀だと気づき、慌ててテセウスの手から毒杯を叩き落とした。

こうして、テセウスとアイゲウスは改めて親子として対面し、メデイアは子供を連れて、アテナイから逃げ出したのである。

この後、テセウスはクレタ島にミノタウロス退治に出かけることになるのだが、このとき、アイゲウスはテセウスとある約束をした。テセウスの乗り込んだ船は初め黒い帆を張っていたので、もしも彼が生きて帰るようなことがあるなら、船に白い帆を張って帰ってくるというものだった。テセウスはクレタ島に乗り込むと、みごとミノタウロスを退治した。しかし、その喜びのあまり、アテナイに帰港するときに、船に白い帆を張るのを忘れ、黒い帆のまま港に入ってしまったのである。

アイゲウスは遠くから黒い帆を張った船が帰ってくるのを見て、てっきりテセウスが死んだものと考え、船が帰り着くのを待たず、絶望のあまり断崖から飛び降りて死んでしまったのである。

＊六　アイゲウス　アイゲウスというのは実はポセイドンの分身であって、テセウスはポセイドンの子ともいわれている。テセウスがときに自分自身をポセイドンの子と名乗ったりするのはそのためである。

アイゲウスとアイトラの息子

テセウス THESEUS

ギリシア神話の英雄たちを大きく分けると、ほとんど神々と区別できないペルセウスやヘラクレスのような存在と、完全な人間としてトロイア戦争で活躍するアキレウスやオデュッセウスのような存在がある。

このふたつの英雄グループの前者に属しながら、そのいちばん最後に登場するのがアッティカの英雄テセウスである。

●テセウスの英雄修行

アテナイ王である父アイゲウスが、母アイトラに、彼が成長するまでは父が誰であるか告げてはいけないと言い残したことから、テセウスは子供時代を、トロイゼン王である祖父ピッテウスの館で父の名も知らずに過ごした。しかし、多くの英雄たちがそうであるように、テセウスもまた幼いときから英雄としての素質を現していた。

テセウスが七歳のときのことだ。英雄ヘラクレスがピッテウスの館を訪れ、彼のトレードマークであるライオンの皮を広間に脱ぎ捨てた。テセウスはこれを本物のライオンと間違えたのだが、逃げ出すどころか、そばにあった斧を手に取って、それと戦おうとしたのである。

そんなわけで、成長したテセウスも冒険心旺盛だった。母から父アイゲウスのことを知らされたテセウスは、すぐにも父が隠したサンダルと刀を手に入れてアテナイへ向かうのだが、このとき、テセウスは安全な海路ではなく、盗賊たちがうようよする危険な陸路を選んだのである。そのため、この旅が彼の英雄修行[*七]ともいえる冒険となったのだ。

隣国のエピダウロスに入るとすぐに、鬼のような鉄棒を振り回して旅人を襲っていたペリペテスを退治し、鉄棒を取り上げた。これ以降、テセウスのトレードマークのようになった鉄棒である。

コリントス地峡では、松曲げ男とあだなされる盗賊シニスに出会った。彼は二本の松を内側にぐいぐい曲げると、それを旅人の二本の足に縛りつけ、一気に手を離して、旅人を股裂きにしてしまう悪党だった。そこで、テセウスはシニス自身をそのようにして殺した。

少し先のクロムミュオンを越えるときには、テセウスはパイアという狂暴な牝猪を退治した。

メガラには、切り立った山と海に落ち込む高い岩壁に挟まれた細い道があって、そこに

テセウスは正義の人だった。悪人を退治する際は「犯した罪をそのまま返す」という方法で倒し、怪物ミノタウロスに苦しめられていたクレタ島の人々を率先して助け、傷心の末放浪していたオイディプスを最後まで手厚くもてなしている。

スキロンという殺し屋がいた。彼は旅人を捕まえては海に投げ込み、海中に住む大亀の餌にするという恐ろしい男だった。が、テセウスはこの殺し屋を、反対に海に投げ込んで大亀の餌にした。

エレウシスではケルキュオンに挑戦された。彼は武器は持たないが、レスリングの名人で、旅人に挑戦しては殺してしまう力持ちだった。テセウスは彼を頭の上に担ぎ上げて、大地に叩きつけて殺した。

いよいよアテナイというところでは、ダマステスという悪人に出会った。この男は道のそばにある家に大きなベッドと小さなベッドを持ち、小さな旅人がくると大きなベッドに寝かせ、旅人がそのベッドと同じ長さになるようにハンマーで叩いて引き延ばし、大きな旅人は小さなベッドに寝かせ、ベッドからはみ出した部分を鋸で切ってしまうという極悪人だった。もちろん、テセウスはこれも退治した。

●クレタ島への冒険行

その後、テセウスはすぐにも父アイゲウスのもとを訪れ、そこで親子の対面となるのだが、そんな感動の場面も長くは続かなかった。ちょうどこの頃、クレタ島のミノタウロスの犠牲となるために、アテナイ人の少年七人と少女七人が、アテナイの船で出帆しようとしていたのだ。

これを知ったテセウスは、即座に犠牲のひとりに扮してその船に乗り込むことを決心した。もちろん、ミノタウロスを退治するためだった。アイゲウスは、もしも生きて帰るようなことがあったら、船の黒い帆を白い帆に張り替え帰ってくるように息子に命じ、テセウスを送り出した。

しかし、クレタ島に着いたテセウスにとって、問題はミノタウロスだけではなかった。ミノタウロスが閉じ込められているラビュリントスこそ、彼にとっていちばんの問題だった。この迷宮はダイダロスの作品で、入ったら二度と出てくることは不可能だったからだ。

このとき、ミノス王の娘アリアドネがテセウスに一目惚れした。そして、もしも自分をアテナイに連れ帰って妻にしてくれるならという条件で、彼に迷宮から脱出するための麻の糸玉を手渡した。

テセウスは糸の端を入口に縛りつけ、他の少年少女たちと一緒にラビュリントスの奥へと向かった。いちばん奥まで進んだとき、ついにミノタウロスに出会った。それはいかにも恐ろしい牛頭人身の怪物だったので、少年少女たちはみな悲鳴を上げた。しかし、テセウスは臆することなく飛びかかると、素手でこれを打ち倒したのである。

それから、糸を辿って入口まで帰り着くと、犠牲となるはずだった少年少女とアリアドネを連れて船に飛び乗った。

しかし、テセウスはアリアドネをアテナイへ連れて帰ることはなかった。途中でナクソス島に寄ったとき、彼女をその島に置き去りにしたのだ。さらにテセウスは帰りの航海の間、船に白い帆を張るという父との約束をすっかり忘れていた。このために、遠くから船の帆を見た父は息子が死んだと思い、絶望のあまり死んでしまった。

●アテナイ王としての冒険

父が死んでしまったことで、テセウスは期せずしてアテナイの王になったが、彼[*八]の統治は立派なものだった。テセウスはテバイへ向かう七将の物語にも、放浪の末アッティカに逃れてきたオイディプスの物語にも登場するが、そこにあるのはいつも立派な統治者の姿である。

しかし、しばらくすると、彼は王の身でありながら再び冒険を開始した。彼はヘラクレスがそうしたようにアマゾン族の国へ乗り込むと、アンティオペを誘拐して自分の妻にした。怒ったアマゾン族はアッティカまで攻め寄せ、アテナイのアクロポリスを取り巻くほどだったが、激戦の末、テセウスはどうにか勝利を収めたのである。

この後、テセウスはラピテス族の王ペイリトオスと知り合いになると、すぐに親友になり、彼の結婚式に参列した。ところがこの席上、ケンタウロスの一族が酒に酔って大暴れするという事件が起こり、テセウスはペイリトオスと一緒に何人ものケンタウロスを殺した。

　こうしたことがあって、テセウスの冒険もいよいよ最後の局面を迎えることになる。テセウスとペイリトオスは、それぞれ結婚はしたものの、間もなく妻は亡くなってしまった。そこでふたりは話し合って、ふたりともゼウスの娘と結婚しようと約束したのである。

　ここでテセウスが選んだのが、レダの娘ヘレネだった。その美しさのために将来、トロイア戦争の原因となる女性だ。しかも、そのとき彼女はまだ十二歳だったが、テセウスは少しも気にせずペイリトオスと一緒に彼女を誘拐したのである。

　ペイリトオスが選んだのは、冥界の王ハデスの妻となっているペルセポネだった。そこで、テセウスはペルセポネ強奪の手伝いをするために、ペイリトオスと一緒に冥界へ入り込んだが、さすがにこればかりは不可能だった。ふたりはハデスの罠にはまって、忘却の椅子に座らせられると、自分が誰であるかさえ忘れてしまい、椅子から動くことができなくなってしまった。随分後になって、ヘラクレスがケルベロスを生け捕りにするために冥界にやってきたので、テセウスは救い出されたが、ペイリトオスはいまもなお、その椅子に座っているのである。

　これがテセウスの最後の冒険だった。地上に戻ったときには、彼はもはやアテナイの王ではなかった。親戚に当たるメネステウスがクーデターを起こしたからだ。テセウスはすぐにスキュロス島に逃れた。しかし、今度はその島の王リュコメデスの裏切りに合い、崖から突き落とされて死[*九]んでしまったのである。

＊七　英雄修行　ここでのテセウスは、裁判官的な性格を持っている。冒険中に出会った悪党を「犯した罪をそのまま返す」という方法で成敗しているのである。

＊八　彼の統治　テセウスはアテナイに都市を築き、貨幣を鋳造し、中央集権制を敷いたといわれている。

＊九　死んでしまった　ペルシア戦争の時代にアテナイのキモンがテセウスの遺骸を発見して、アテナイに立派な墓所を作った。

テセウスとアンティオペの息子

ヒッポリュトス HIPPOLYTUS

ERICHTHONIUS

実の母と息子の恋はこの世ではあまり起こりそうにない。しかし、義理の母と息子という組み合わせならどうだろう？

ヒッポリュトスは英雄テセウスとアマゾン族のアンティオペの息子だったが、彼が青年になった頃、父テセウスは母を捨てて新しい女性と結婚した。クレタ島の新王となったデウカリオンが、姉妹のパイドラをテセウスに捧げたのである。

まだ若く美しかったパイドラは、テセウスとの間にアカマスとデモポンを生んだが、その後、テセウスとともにトロイゼンに赴いたことがあった。このとき、その地で狩猟をして暮らしていた義理の息子ヒッポリュトスを見かけ、激しい恋に落ちてしまったのである。

しかし、ヒッポリュトスの方は、アルテミス女神を崇拝するような性格の青年で、すべての女性を遠ざけていた。

恋に狂ったパイドラは遠くから彼の姿を眺めて過ごしたが、ヒッポリュトスは彼女の気持ちを知ってからも、彼女を相手にしようとはしなかった。こうしたことがあって、パイドラの愛は憎しみに変わった。

彼女は激怒すると自分の寝室を乱し、衣服を引き裂き、テセウスにヒッポリュトスに襲われたと訴えた。今度はテセウスが激怒した。彼はパイドラを疑うことなく、ポセイドンに、ヒッポリュトスを殺すように祈った。そして彼をトロイゼンの館から追い払った。

ヒッポリュトスは戦車を駆ってアルゴスを目指したが、海岸沿いを走っているときに、驚くことが起こった。激しく打ち寄せた波の間から、突如として牡牛が飛び出してきたのだ。

これには、戦車を引いていた馬たちも驚き、激しく暴れ出し、戦車を粉々にしてしまった。しかも、馬たちは狂ったように走り出したので、ヒッポリュトスは手綱に絡まれて、ぼろぼろになるまで引きずられて死んだのである。

だが、彼を陥れたパイドラもこのことを知って首を吊ったのだった。

DARDANUS

ゼウスとエレクトラの息子

ダルダノス
DARDANUS

トロイア戦争でギリシア人とトロイア人が戦うことからもわかるように、トロイアはギリシアと敵対する国である。しかし、ギリシア神話の中では、このトロイアの人々もギリシアの神々の後裔として登場する。

人間としてトロイア人の祖となるのはダルダノスだが、彼はギリシアの神アトラスの孫に当たっている。

アトラスはオケアノスの娘プレイオネと結婚し、プレイアデス[*一]と呼ばれる七人のニンフの娘を残した。アルキュオネ、メロペ、ケライノ、エレクトラ、ステロペ、タユゲテ、マイアである。

このうち、ダルダノスの母となるのはエレクトラで、彼女の時代に子孫をトロイアと結びつける次のような事件があった。

あるとき、ゼウスがエレクトラを犯そうとし、驚いた彼女はゼウスのそばにあったパラディオン神像の陰に隠れた。

この神像はアテナ女神ゆかりの品物で、この神像が置かれた都市を守護する力を持つものだった。

アテナは幼かったとき、トリトンのもとで彼の娘パラスと一緒に育てられたが、あるときふたりの間に争いが起こり、パラスがアテナに一撃を加えようとした。これを見たゼウスはパラスの前にアイギスという盾を差し出した。パラスはびっくりして天を見上げ、この瞬間、アテナに打たれて死んでしまった。ささいなことがきっかけで仲良しのパラスを殺してしまったアテナは、パラスの霊を慰めるために、自ら木を彫って像を製作し、アイギスを肩に掛けてゼウスのそばに安置した。それがパラディオン神像で、高さ約一・五メートルで、両足がひとつになり、高く上げた右手に槍を持ち、左手に糸巻竿と紡錘を持つものだった。

しかし、ゼウスはそんな神像には少しも気を留めず、いとも簡単にその神像を天上から投げ捨てた。それが落ちていった先が、やがてトロイア市となる場所だったのである。

こうして、エレクトラはゼウスの息子イアシオンとダルダノスを生んだが、彼らは初めエーゲ海北東のサモトラケ島で暮らしていた。あるとき女神デメテルがイアシオンに恋をするという事件が起こった。ふたりは愛し合い、三度耕された畑のうねの間で交わり、プルトス（富）が生まれた。しかし、人間の男が女神と交わることを嫌っていたゼウスは、イアシオンを雷で殺してしまった。

兄弟のダルダノスは深く悲しみ、サモトラケ島を捨てると海を越え、後にトロイアとなる小アジアの一地方テウクロイに渡った。

ダルダノスはテウクロイの王テウクロスの客人となると、王女バティエイアと結婚し、テウクロイの一部を与えられた。またテウクロス王の死後は、ダルダノスがテウクロイの領地を引き継ぎ、その地をダルダニアと呼んだ。そして、ダルダノスの孫のトロスが王となったとき、この一帯をトロイア地方と呼ぶようになったのである。

しかし、このときはまだトロイア市（イリオン）は存在しなかった。これを建設するのは、トロスとスカマンドロスの娘カリロエの間から生まれた息子たちのひとりイロスだった。兄弟のアッサラコスが父の王位を継いだことから、イロスはプリュギュアに赴いた。そこで、イロスは相撲競技で優勝し、土地の王から少年少女五十人ずつを賞品として与えられたが、このとき彼は神託を受けた。斑の牝牛に従って進み、それが横になったところに一市を建設せよと告げられたのだ。イロスは神託に従って王から斑の牝牛をもらうと、その後についていった。牝牛はやがてアテという丘の上で横になった。

イロスはその場所に市を建設し、それをイリオン（トロイア市）と呼んだ。また、イロスはゼウスに向かい、特別な神意の印を求めた。すると、ずっと以前にゼウスが投げ捨てたパラディオン神像が天から降ってきた。イロスはそこにアテナ神殿を築き、これ以降、パラディオンがそこに安置されているかぎり、トロイア市は滅びないと信じられるようになったのである。

＊一

プレイアデス　彼女たちは、プレイアデス星団と呼ばれる星になった。女好きのオリオンにしつこく追われ、逃げ続ける彼女たちをあわれんだゼウスが空へ逃してやったといわれている。しかし、後にオリオンもまた星になったため、彼女たちは現在も夜空で追われ続けている。

❀❀アトラスの一族

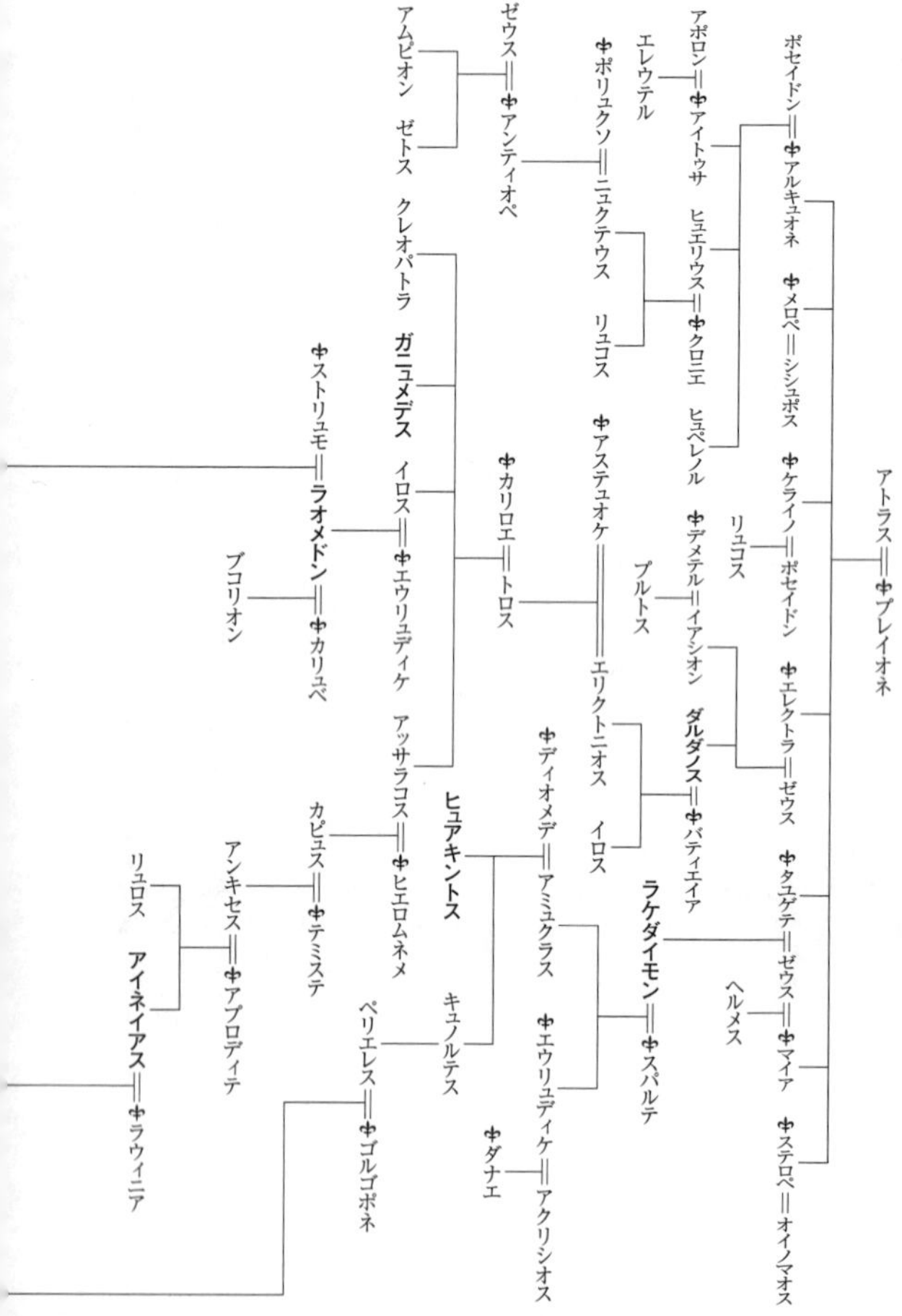
アトラス＝♀プレイオネ
ポセイドン＝♀アルキュオネ
♀メロペ＝シシュポス
♀ケライノ＝ポセイドン
♀エレクトラ＝ゼウス
♀タユゲテ＝ゼウス＝♀マイア
♀ステロペ＝オイノマオス
リュコス
ヘルメス
アポロン＝♀アイトゥサ
ヒュエリウス＝♀クロニエ
ヒュペレノル
♀デメテル＝イアシオン
ダルダノス＝♀バティエイア
エレウテル
プルトス
ラケダイモン＝♀スパルテ
♀ポリュクソ＝ニュクテウス
リュコス
♀アステュオケ＝エリクトニオス
イロス
♀ディオメデ＝アミュクラス
♀エウリュディケ＝アクリシオス
ゼウス＝♀アンティオペ
♀カリロエ＝トロス
♀ダナエ
ヒュアキントス
キュノルテス
アムピオン
ゼトス
クレオパトラ
ガニュメデス
イロス＝♀エウリュディケ
アッサラコス＝♀ヒエロムネメ
ペリエレス＝♀ゴルゴポネ
♀ストリュモ＝ラオメドン＝♀カリュベ
カピュス＝♀テミステ
ブコリオン
アンキセス＝♀アプロディテ
リュロス
アイネイアス＝♀ラウィニア

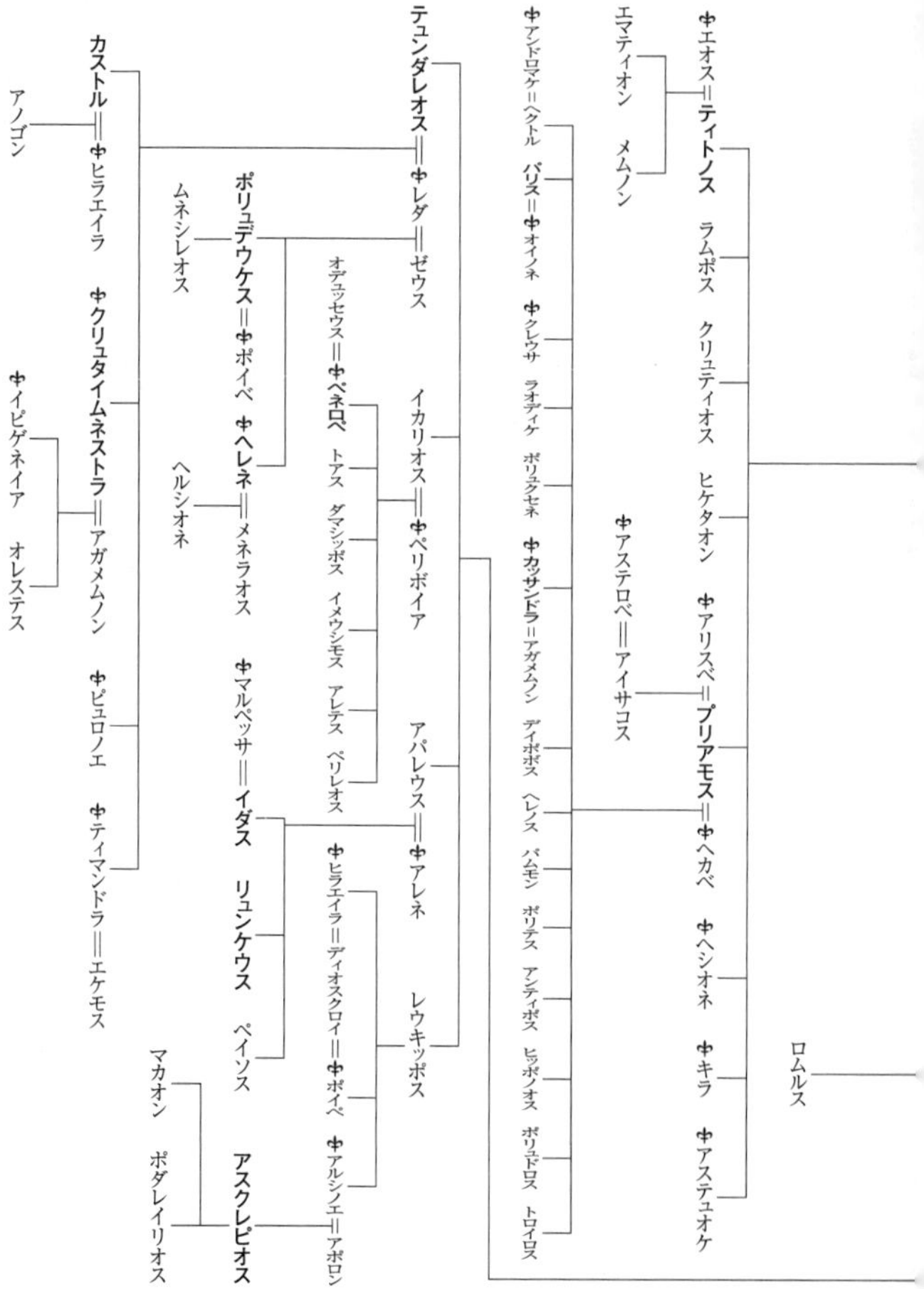
ロムルス
エオス＝ティトノス
ラムポス
クリュティオス
ヒケタオン
アリスベ＝プリアモス＝ヘカベ
ヘシオネ
キラ
アステュオケ
エマティオン
メムノン
アステロペ＝アイサコス
アンドロマケ＝ヘクトル
パリス＝オイノネ
クレウサ
ラオディケ
ポリュクセネ
カッサンドラ＝アガメムノン
ディポボス
ヘレノス
パムモン
ポリテス
アンティポス
ヒッポノオス
ポリュドロス
トロイロス
テュンダレオス＝レダ＝ゼウス
イカリオス＝ペリボイア
アパレウス＝アレネ
レウキッポス
オデュッセウス＝ペネロペ
トアス
ダマシッポス
イメウシモス
アレテス
ペリレオス
ヒラエイラ＝ディオスクロイ＝ポイベ
アルシノエ＝アポロン
ポリュデウケス＝ポイベ
ヘレネ＝メネラオス
マルペッサ＝イダス
リュンケウス
ペイソス
アスクレピオス
ムネシレオス
ヘルシオネ
マカオン
ポダレイリオス
カストル＝ヒラエイラ
クリュタイムネストラ＝アガメムノン
ピュロノエ
ティマンドラ＝エケモス
アノゴン
イピゲネイア
オレステス

トロスとカリロエの息子

ガニュメデス GANYMEDE

DARDANUS

あるギリシア新喜劇作家の警句に、「神々に愛される者は若死にする」というのがある。トロイア市を建設したイロスの兄弟ガニュメデスは、まさにこの警句にぴったりの存在である。

ガニュメデスはとにかく美しい少年だった。その美しさには、どんな美少女さえ負けてしまうほどだった。

やがて、彼の噂は天上にも届いた。

ゼウスも気になって、ガニュメデスがよく羊を追ってやってくるというトロイアの野に目を走らせた。と、そこに、この世に生まれた男女の中でいちばん美しい少年が現れたのである。ゼウスは一目でまいってしまった。ゼウスは美しい人間なら男でも女でもよかったのである。

いや、それどころか、ガニュメデスが少年であることはゼウスにとって好都合だった。少なくとも、ヘラの嫉妬を気にしなくてすむからだ。

そこで、ゼウスはいつもより大胆になって、すぐにも一羽の鷲を送って、羊を追いかけるガニュメデスを誘拐した。

天上にやってきた少年の美しさを見ると、ゼウスはますますガニュメデスが気に入り、いつでもそばにおいて置けるように、神々の酒注ぎとなることを命じた。

ガニュメデスはうなずくしかなかった。

こうしてガニュメデスは、神々の酒注ぎとして永遠の若さと美貌を与えられ、やがて水瓶座[*二]として天球を飾ることになったのである。

ガニュメデスを誘拐した鷲も、その功績をたたえられて、わし座となって天に置かれた。

ところで、ガニュメデスについては、ゼウスは心から気に入ったようで、父トロスのところにヘルメスを遣わすと、息子を提供してもらったお礼として、みごとな神馬を与えた。しかしこの神馬は、やがてイロスの息子ラオメドンに受け継がれ、ラオメドンとヘラクレスの対立を生むことになるのである。

＊二　水瓶座　ゼウスの酒注ぎは、本来ヘラの娘へべの役目だった。このためガニュメデスはヘラに恨まれることになった。ゼウスは、ガニュメデスの処遇として、星座に加えてやることが最善であると判断したらしい。

イロスとエウリュディケの息子

ラオメドン LAOMEDON

DARDANUS

トロイア戦争が勃発するよりもかなり昔に、英雄ヘラクレスが何人もの英雄を率いて、トロイアを攻撃したことがあった。このときにトロイア王だったのがラオメドンである。ラオメドンがトロイア王になって間もなくのことだ。アポロンとポセイドンが共謀してゼウスを縛り、天上の世界から吊り下げようと企んだことがあった。計画に気づいたゼウスは、二神に一年間人間の奴隷となる罰を与え、ラオメドンのためにトロイアの城壁を築くことを命じた。二神は人間に化けて現れると、報酬を得る約束で城壁を築いた。ところが城壁が出来上がっても、ラオメドンは報酬を払わなかった。あげく、どうしてもほしいというならふたりの耳をそぎ落とすと脅した。

激怒したアポロンはトロイアに疫病を送り、ポセイドンは高波の中から巨大な海蛇を出現させた。この海蛇は陸に上がって人々を襲った。

ラオメドンが神託を伺うと、娘ヘシオネを海蛇の犠牲に捧げよと告げられた。こうしてヘシオネが犠牲として海辺の岩に縛られたのである。

が、このときこの光景をヘラクレスが目撃した。彼は九番目の功業でアマゾンへいった帰りに、トロイアへ寄港しようとしたのである。

ヘラクレスはある条件を出して、ヘシオネを助けようとラオメドンに申し出た。その条件は、ガニュメデスが神々の酒注ぎとなったとき、ゼウスがトロイア王に与えた神馬を譲り受けるというものだった。

ラオメドンは承知した。そこで、ヘラクレスは海蛇を退治したが、このときになってラオメドンは神馬を譲ることを拒んだ。

ヘラクレスは功業の途中だったので、このときは復讐を予告するだけで先を急いだが、十二の功業を遂行した後で、十八艘の船に勇者を乗り込ませ、トロイアを攻撃した。この攻撃で、ラオメドンと彼の息子たちほとんどが殺され、ヘシオネは英雄テラモンに与えられた。

生き残った息子プリアモスはトロイア王となったが、彼の時代にホメロスの謳い上げたトロイア戦争が勃発することになるのである。

ラオメドンとストリュモの息子

ティトノス TITHONUS

人魚の肉を食べて不老不死となったものの、自分ひとりだけが永遠に生き続けることの寂しさに耐えられず、自分から死を選んでしまうという物語が、日本の伝説の中に残されている。その意味では、たとえ不老不死となっても、人間が幸せになれるとは限らない。

しかし、完全な不老不死ではなく、たんに不死だけを与えられてしまったティトノスの悲惨さは、はっきりいって不老不死の比ではない。

ティトノスは、月の女神セレネが恋したエンデュミオンと同じく人並外れた美青年で、そのために曙の女神エオスに愛されることとなった。

エオスはすぐに彼をエティオピアに連れ去ると、そこでふたりの息子まで儲けた。

それは、エオスにとってとても幸せな日々だったので、彼女はティトノスとの暮らしを永遠に続けるため、彼に不死を与えてくれるようにとゼウスに頼んだ。

こうして、ティトノスは不死となったので、ふたりの幸せな暮らしも永遠に続くかに見えた。

ところが、そうではなかった。年月がたつにつれ、ティトノスの髪の毛に白いものが目立ち始め、表情もはっきりと老けていったのだ。せっかくゼウスに頼んで不死を与えてもらったのに、これは一体どうしたことだろう？エオスは不思議に思った。

だが、そんなふうに考え考えしているうちにも、ティトノスはどんどんと老けていき、いつしか髪の毛は真っ白になり、身体の皮膚もしわだらけになって、昔の美しさは完全に失われてしまった。

このときになって、エオスは、ティトノスのために不死を頼んでおきながら、不老を与えるように頼むのを忘れていたことに気がついた。

しかし、もはや完全に手遅れだった。ティトノスは声を出しても声にはならず、ただじーじーと音をたてるだけで、身体も乾燥してどんどんと縮んでしまい、ついに一匹の蝉[*三]に変わってしまったのである。

＊三　蝉に変わってしまった　みにくく年老いていくティトノスの姿を見るにしのびなくなったエオスが、自分の力で蝉に変えたという説もある。また、ティトノスが変わったのは蝉ではなく、いなごであるという説もある。

DARDANUS

アンキセスとアプロディテの息子

アイネイアス

AENEAS

ダルダノスの子孫であるトロイア人たちは、トロイア市の陥落と同時にほぼ滅亡する運命にある。しかし、その中にあって、優れた英雄としてはただひとりだけ生き延び、次の時代の伝説にまでその名を残した者がいる。ローマ人の祖となったとされるアイネイアスである。

彼は直接に神の子として誕生したという点で、トロイア戦争で活躍したトロイア側の英雄の中では特別の存在だった。

話はトロイア戦争以前にさかのぼる。

アイネイアスの父アンキセスはトロイア王家の分家の出身で、トロイアの一地方であるダルダニアの王だったが、ある日羊の放牧をしているときに、女神アプロディテに見初められた。

アプロディテはすぐに人間の娘に変身してアンキセスに近づいた。

こうして誕生したのがアイネイアスで、彼は山中でニンフたちに育てられ、五歳のときに父のもとに戻された。

トロイア戦争が勃発すると、アイネイアスは足の悪い父に代わってダルダニア軍を率いて参戦し、トロイア側で総大将のヘクトルに次いで偉大な英雄として活躍した。

しかし、神々に寵愛されたという点では、彼はヘクトルの比ではなかったし、彼の運命はけっしてトロイア戦争で終わるものではなかった。

トロイア戦争中に、アイネイアスはアキレウスに一騎打ちを挑み、相手の投げた槍のために危うく身体を貫かれそうになったことがあった。このとき、その槍が身体に触れようという寸前に彼を救い出したポセイドン神から、彼は自分に与えられた運命を知らされた。

それによれば、アイネイアスはトロイアの血筋を絶やさぬために生まれてきたので、彼こそが現在のトロイアが滅亡した後に誕生する、新しいトロイア人たちの君主となるべき人物だというのである。

こうして、トロイア戦争を生き延びたアイネイアスは、その後まったく新しい冒険に乗り出すことになった。

トロイアが炎に包まれて陥落した夜、アイネイアスはトロイア人の一団を引き連れてトロイア市に近いイデ山に逃げ延びると、そこで船を建造し、新しいトロイアを建設すべく冒険の旅に出発した。

これは、オデュッセウスの漂流に似た、波乱に満ちた冒険だった。

デロス島に到着したとき、最初にトロイアの一族が誕生した土地に赴くべしというアポロンの神託があった。

これは、本当はダルダノス[*四]の国を意味していたが、アイネイアスは誤解してクレタ島に向かったため、そこで饑饉に見舞われた。

そのときの夢で真実を知った彼は、改めてイタリアへ向かおうとしたが、今度は嵐に邪魔されて、ストロバデス群島に流されてしまった。そこで、トロイア人たちは怪鳥ハルピュイアイに苦しめられたが、このときハルピュイアイのひとりケライノは、彼らが空腹のためにテーブルを食べるまでは新市を建設できないだろうと予言した。

やがてカルタゴとなるアフリカの一市にやってきたときは、アイネイアスはその地の女王ディドと恋に落ちるが、ゼウスに遣わされたヘルメスによって使命を思い出すと、彼はディドを捨てて出発した。

オデュッセウスと同様に、アイネイアスは冥界へも旅している。そして、亡き父の亡霊に会うと、彼の子孫がローマを建国することを知らされるのである。

この後で、ティベリス河をさかのぼり、現在のローマからそう遠くない場所にやってきた一行は、空腹のあまり、テーブル代わりにしていた平らなパンまで食べてしまった。こうして、ケライノの予言が成就されると、彼らは近くにあったラティウムという国を訪れた。そこでアイネイアスはその地の王女ラウィニアと結婚し、ローマ人の祖となることになったのである。

ローマ神話の中でローマを建国したとされる英雄ロムルスも、もちろんアイネイアスとラウィニアの子孫である。

＊四　ダルダノス　一般にダルダノスはサモトラケ島の出身とされるが、ローマの伝説ではイタリア出身と考えられており、この場合のダルダノスの国はイタリアを指している。

ラオメドンとストリュモの息子

プリアモス PRIAM

DARDANUS

ギリシア神話もトロイア戦争の時代になると、登場人物たちの行動や性格が、徐々に人間のそれに近づいてくる。

トロイア戦争時代のトロイア王プリアモスの場合もそうだ。

プリアモスは、トロイア戦争よりも以前にヘラクレスがトロイアを攻撃したときに、父ラオメドンと兄弟すべてを殺されるという不幸を経験したが、トロイア王となって後はヘカベを正妻として、トロイア戦争で活躍するヘクトル、パリスらの息子たち、クレウサ、カッサンドラらの娘たちを儲けた。彼は妾たちとの間にも子供を作ったので、その数は息子五十人、娘五十人にのぼった。しかし、これらの息子や娘たちも、トロイア戦争によって命を奪われたり、奴隷として連れ去られることになった。しかも、彼はこのときかなり老いていたので、自ら戦うこともできず、息子たちの死をただ見ているしかなかったのである。

しかし、彼はけっして臆病ではなく、最も愛していた息子ヘクトルがアキレウスに殺されたときは、ただひとりの老僕を従えただけで、ヘルメス神の案内でギリシアの陣地に赴き、ヘクトルの死体を譲り受けるという冒険をした。

トロイアが陥落した日にも、彼は王宮に討ち入ったギリシア兵たちと剣を交えようとした。しかし、ヘカベに諫められて断念すると、ゼウスの祭壇へと逃げ込み、アキレウスの子ネオプトレモスによって殺されたのである。

彼の妻のヘカベも悲劇的な人物だったが、その気性は激しかった。トロイア陥落の後、彼女はオデュッセウスに奴隷として与えられたが、トロイアの血を絶やさぬためにとケルソネソスの王ポリュメストルに預けておいた末子ポリュドロスが、王の裏切りで殺されたことを知るやいなや、オデュッセウスに懇願し、ポリュメストルとその子供たちをトロイアへ招く許可を得た。そして彼らがやってくると、息子たちを殺し、父の目をくり抜いて盲目にし、ポリュドロスの復讐を遂げたのである。

DARDANUS

プリアモスとヘカベの息子

パリス PARIS

トロイアにとってこれ以上ない不幸となったトロイア戦争は、この世で最も美しい人間の女性といわれたギリシアのヘレネを、トロイアの英雄が誘拐したことに端を発する。このとき誘拐者となった人物がパリスである。

ギリシア神話の中でもまれに見る大事件の張本人となった人物らしく、彼は誕生のときから不吉な影に包まれていた。

パリスは、トロイア王プリアモスの嫡子の中では次男として誕生するが、彼を妊娠しているときに、母親は奇怪な夢に悩まされた。夢の中でヘカベが出産したのは燃え木で、その炎のためにトロイアの街が燃やし尽くされてしまうのである。

驚いたプリアモスは、誕生した赤子をトロイアのイデ山に捨てさせた。

ところが、この赤子をひとりの羊飼いが拾い、自分の子として育ててしまった。羊飼いは、赤子にパリスという名を与え、後にアレクサンドロスというあだ名をつけた。

やがてパリスは人並外れた美男子に成長したが、まだ自分の両親のことは知らなかった。

そんなあるとき、トロイアで行われた競技会に参加したパリスは、すべての競技で優勝してしまった。

彼が兄弟だとは知らないプリアモスの子らはこれに嫉妬して、パリスを殺そうとした。このとき、パリスはゼウスの祭壇に逃れたが、そこに姉妹であるカッサンドラがいて、パリスを見るなり、それがかつて捨てられたプリアモスの子だということを見抜いたのである。

これを知った両親は、かつて捨ててしまったという負い目からか、彼が不吉な子であるということも忘れ、息子として受け入れた。

パリスはその後もイデ山で羊飼いをして暮らしたが、ちょうどこの頃、アキレウスの父となるペレウスと海のニンフのひとりであるテティスの結婚式が行われており、そこでパリスを巻き込むことになる重大な事件が起こることになった。

テティスはゼウスが寵愛する娘だったので、この結婚式にはほとんどのギリシアの神々が参加したが、ただひとり、争いの女神エリスだけは招かれなかった。これに腹を立てたエリスは、何かいざこざを起こしてやろうと考え、黄金のリンゴを手に入れると、それに「最も美しい女神に」と記して結婚式の会場に投げ込んだのである。

女神たちはみな内心では自分がいちばん美しいと思っていたが、なかでもヘラ、アテナ、アプロディテの三人は特別で、それは自分のものだといって、断固として譲らなかった。

ゼウスとしては、立場上、自分が判定者となるのはまずかったので、イデ山にいるパリスを指名した。

三女神はパリスを買収するために、すぐにイデ山へ飛んでいった。

突然三女神が現れたことに、パリスは狼狽した。が、ヘラは気にせず、もしも自分をいちばん美しいと認めたら、全人類の支配者にしてやろうと申し出た。すると、アテナは戦争における勝利を約束した。アプロディテはただ、世界でいちばん美しい女性ヘレネを与えようといった。

この問題に、パリスは迷わずアプロディテを選んだ。ヘレネの評判は、全ギリシアどころかトロイアにまで響いていたのである。

このとき、ヘレネはミュケナイ王アガメムノンの弟で、スパルタ王だったメネラオスの妻だったので、パリスは船を建造してスパルタへ向かった。やってきたパリスを、メネラオスは九日の間歓待した。アプロディテは約束どおりに、ヘレネにパリスへの恋情を吹き込んだので、彼女は激しく彼に惹かれた。

十日目に、祖父カトレウスの葬礼のためにメネラオスはクレタ島へ旅立った。このときとばかり、パリスはヘレネを船に誘い、夜陰に紛れてトロイアへ向けて出帆した。これがどれほど恐ろしい結果を招くか、パリスは夢にも思わなかったのである。

パリスは、とりわけ弓矢の腕に秀でていた。トロイア戦争の際は、アキレウスの唯一の弱点である踵の上に矢を射込み、彼を倒している。

プリアモスとヘカベの娘

カッサンドラ CASSANDRA

DARDANUS

トロイア戦争は、トロイアの英雄たちの多くを殺し、トロイアを滅亡へと導いた。しかし、戦争の不幸は、そこで死んだ英雄たちと同じように、そこで死ぬことのできなかった女性たちの身にも降りかかった。

トロイア王家の女性の中で、最も典型的に女性の不幸を引き受けたのはカッサンドラだった。

カッサンドラはまだ少女だった頃にアポロン神に気に入られ、予言[*五]の能力を与えられていたので、トロイア戦争以前からトロイアの不幸を予言していた。兄弟のパリスがヘレネを誘拐するためにスパルタに赴こうとしたとき、彼女はそれがどのような結果になるかを予言し、みなに引き止めさせようとした。その後、トロイア戦争中に、トロイア城外にギリシア軍が置いていった木馬を見たときも、彼女はその中に敵兵が潜んでいることを言い当てた。

しかし、誰も彼女の予言を何ひとつとして信じなかった。彼女に予言の能力を与えたものの、その後に彼女に愛情を拒まれたアポロンが、怒りからそうなるように仕向けたためだった。

木馬がトロイア城内に引き入れられ、その結果としてトロイアが炎の中で滅亡した夜には、彼女はギリシアの英雄アイアス（小）に追いかけられた。彼女はアテナの神殿に逃げ込み、アテナの聖像にしがみついて救いを求めたが、小アイアスはそこが神聖な場所であるにもかかわらず、彼女を犯した。

戦争が終わると、ギリシア軍は勝利の報酬を分け合い、カッサンドラは妾としてアガメムノンに与えられた。アガメムノンは彼女を深く愛したので、彼女はふたりの子供まで儲けた。しかし、この関係も長くは続かなかった。アガメムノンの妻クリュタイムネストラは夫が戦争にいっている間に浮気をし、その男と図って、帰国したアガメムノンとカッサンドラを殺そうとしていたからだ。そして、このときも、カッサンドラはそうなることを知っていたがどうすることもできなかったのである。

＊五　予言の能力　カッサンドラの予言は、ほとんどが不幸を予知したものであったが、ただひとつ明るい予言をしている。それは「アイネイアスが幾多の苦難を乗り越え、新しい国（ローマ）を建国する」というものだった。

ゼウスとタユゲテの息子

ラケダイモン

LACEDAEMON

歴史時代のギリシアでは、アテナイと並んでスパルタが重要な都市国家だった。このスパルタ人たちの祖となるのがラケダイモンである。

ラケダイモンの系譜から生まれてくる英雄たちの中には、ヘラクレスやテセウスのような特別な大物がいるわけではない。

しかし、エレクトラの子孫であるトロイア人たちが、ギリシア神話の中で重要な役割を演じるように、ラケダイモンの子孫たちも、舞台の上の名脇役のように、重要な働きをする。

トロイア戦争の前後になると、オデュッセウスの妻だったペネロペ、アガメムノンの妻だったクリュタイムネストラのように、いかにも人間的で、ギリシア神話を盛り上げる女性たちが登場するようになるが、これらの女性たちが、ラケダイモンの子孫として登場するのである。

ラケダイモンの母タユゲテは、姉妹のエレクトラと同じくニンフであって、アルテミス女神に仕えていた。アルテミスに仕える者たちは、みな処女でなければならず、男には興味を持っていないという特徴があった。当然、タユゲテもそのような女性であって、毎日女性だけで暮らしていた。

あるとき、そんなタユゲテにゼウスが目をつけた。アルテミスはタユゲテを哀れみ、彼女を牝鹿に変えて、ゼウスから逃げられるようにした。しかし、ゼウスはタユゲテを逃がさず、ふたりの間に息子のラケダイモンが生まれたのである。

ラケダイモンはラコニアを支配していた王の娘スパルテと結婚し、妻の名前から、その土地の首都をスパルタと呼ぶようになった。また、ラケダイモンの支配する土地であることから、ラコニアは別名ラケダイモンと呼ばれるようになったのである。

ラケダイモンの娘エウリュディケはアクリシオスと結婚し、娘ダナエを生んだので、ラケダイモンはペルセウスの祖父にも当たっている。

LACEDAEMON

ヒュアキントス HYACINTHUS

アミュクラスとディオメデの息子

古代のギリシア・ローマでは男女間の愛だけでなく、男同士の愛も、ごく自然なものとして存在していた。ギリシア神話にもそのような話はあるが、なかでも男たちに愛されたのはヒュアキントスだった。

彼は誰が見てもどきっとするような美少年だったので、多くの男に愛されても当然だったが、彼が愛したのはアポロン神だけだった。

アポロン神もまた彼のことを心から愛しており、晴れた日には必ず彼に会うためにやってきて、草原でスポーツを楽しんだ。ふたりは槍投げや円盤投げをしたり、野山を駆け巡ったりして、快い汗を流した。

ところが、こうして草原で楽しむふたりの姿を見るうち、もうひとりの神もまた、ヒュアキントスに恋心を抱いた。西風の神ゼピュロスだった。彼は、アポロンのいない隙にヒュアキントスを自分のものにしようと考え、彼に言い寄ったのである。

しかし、いまやアポロンに熱をあげているヒュアキントスは、ゼピュロスをまったく相手にしなかった。彼はまったく邪魔者を相手にするように、ゼピュロスを追い払ってしまった。

この冷たい態度が、ヒュアキントスに不幸をもたらすことになった。

ゼピュロスは、ヒュアキントスとアポロンの姿を見るたびに、激しい嫉妬心に苦しんだ。ゼピュロスも神だったので、誇りから、一度は嫉妬心を押さえつけようと努力した。しかし、無駄だった。

ある日、ヒュアキントスとアポロンが円盤投げをしているのを見ていたとき、ゼピュロスはふいに我慢ができなくなった。彼はふたりの遊びを妨害するため、アポロン神が円盤を投げた瞬間に、激しい西風によって円盤の飛行を狂わせた。と、それはヒュアキントス目がけて飛び始め、よける間もなく、彼の頭を打ち砕いてしまったのである。

このとき[*一]、彼の頭から大地へと流れ出た血からヒアシンスの花が生まれたが、それはアポロンが彼の思い出を永遠に失わないため咲かせたものだった。

＊一　**このとき、彼の頭から……**　アポロンはまた、スパルタの人々に、ヒュアキントスを記念した祭典を開くことも命じた。この祭典は「ヒュアキンティア」と呼ばれ、四月に催される。スパルタ人は戦争中であっても、この祭の間は戦いを中止したという。

LACEDAEMON

アパレウスとアレネの息子たち

イダスとリュンケウス

IDAS & LYNCEUS

デウカリオンの物語に登場するオトスとエピアルテス、テバイの物語にあったアムピオンとゼトスのように、ギリシア神話には個性的な双子の英雄が数多く登場する。ラケダイモンの子孫の場合、双子の英雄はとくに重要で、ここには争い合う二組の双子が登場する。

そのうちの一方がイダスとリュンケウスである。

ふたりは系図上はメッセネの王アパレウスの子だが、実はポセイドンの子で、生まれたときから特別な能力を持っていた。イダスは人間の中で最強といわれており、勇敢で、エウエノスの娘マルペッサを奪い取るためにアポロン神とさえ争った。リュンケウスも不思議な能力を持っていた。彼はどんな遠くに隠れているものも、地面の下にあるものでさえも見とおしてしまう、強烈な千里眼の持ち主だったのである。

彼らは、従兄弟に当たるもう一組の双子の英雄カストルとポリュデウケスとも、最初の頃はうまくつき合っていた。アルゴー号の冒険にも四人一緒に参加したほどだった。

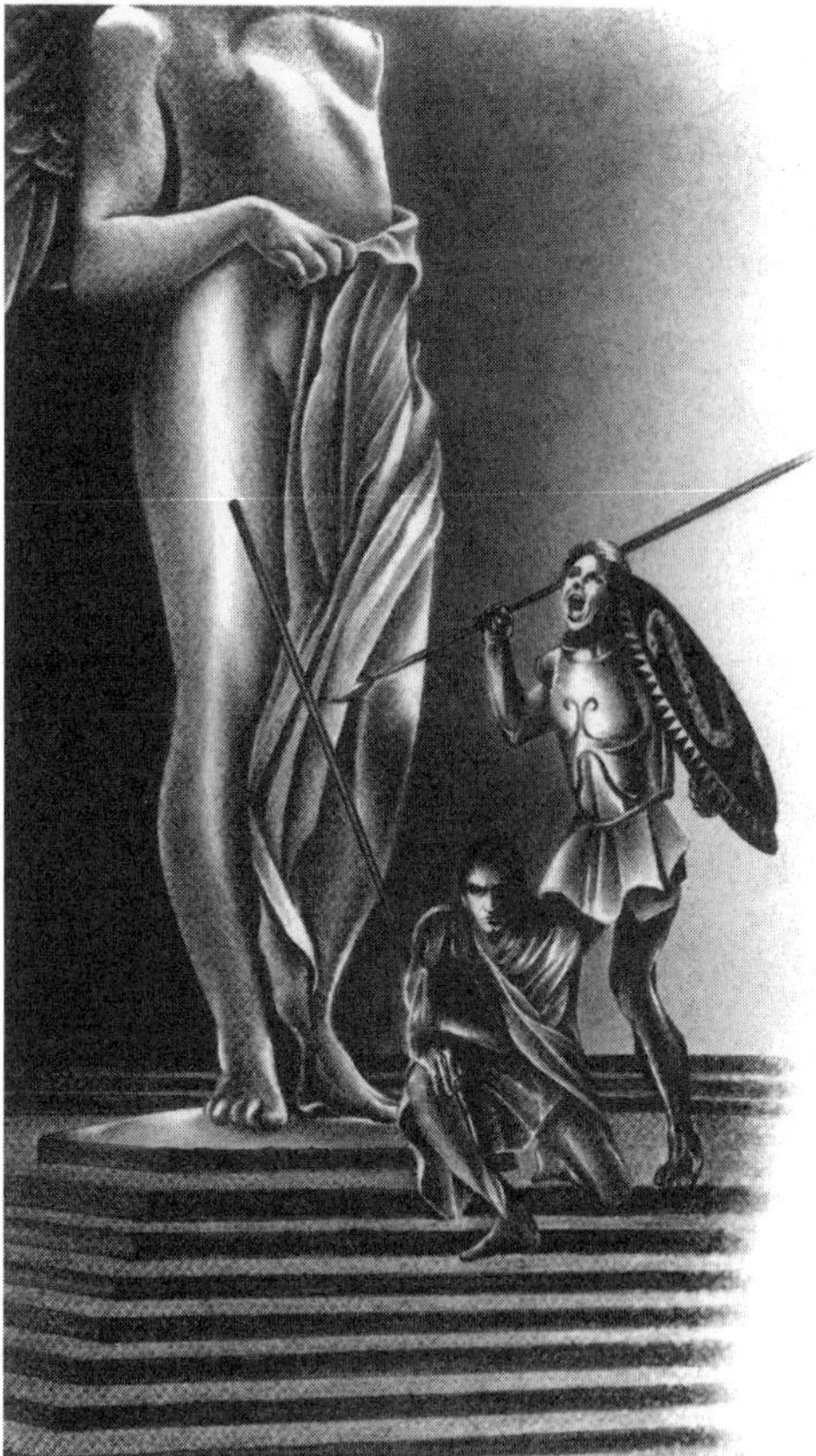

イダスは優秀な槍使いであり、また弓矢の名人でもあった。しかし、マルペッサを巡ってアポロン神と争った際には素手で対等に戦ったという。この戦いは、結局ゼウスの仲裁により、イダスがマルペッサを獲得するという決着をみた。

争いは、四人で一緒にアルカディアへ牛を略奪に出かけたとき起こった。四人は多くの獲物を得た後、イダスに分配の役目を与えた。イダスは一匹の牛を四つに分けて調理し、いちばん速く食べた者が獲物の半分を、次に食べ終えた者が残りの半分を得ることにしようと提案した。そして、もともと身体が大きく大食漢だったイダスは、さっさと自分の分を食べ終え、さらに兄弟のリュンケウスの分も食べ終えたのである。

怒ったカストルとポリュデウケスは牛を奪い取ると逃走し、樫の大木の陰に隠れて、イダスとリュンケウスを殺そうとした。このとき、リュンケウスは千里眼によってふたりを発見し、イダスが忍び寄ってカストルを殺した。しかし、ポリュデウケスは拳闘の達人で、リュンケウスは反対に殺されてしまった。最強の英雄といわれたイダスも、ポリュデウケスの父であるゼウスの雷で殺されたのである。

LACEDAEMON

アポロンとアルシノエの息子

アスクレピオス

ASCLEPIUS

日本の古代でもそうであったように、ギリシア神話でも占いと医術は切り離すことができない。ギリシア神話に登場する数多くの予言者は、しばしば病気の治療なども行って、医師に代わる役目を果たしている。

しかしギリシア神話の中にも、完全に医術を専門にする医師は存在している。アスクレピオスこそ、そのような医師の最初の人物であって、後の時代には、神として崇められたほどの天才だった。

アスクレピオスが生まれると、父であるアポロンは彼をケンタウロスのケイロンに預けた。ケイロンは優れた賢者で、多くの英雄を育てたことで知られているが、医術においても優れていた。これが、アスクレピオスに大きな影響を与えた。父アポロンが、予言や弓術の神であると同時に、医術の神であったことも重要だった。アスクレピオスはケイロンの教えを受けるうちに、いつしか天才的な医師へと成長したのだった。

彼以前には、医術を専門にする者はいなかったから、彼はまさにギリシア神話の中で最初に登場した医師だった。

最初の予言者メラムプスが数多くの予言者の祖となったように、アスクレピオスの子供たちも優れた医師になった。

彼にはマカオン、ポダレイリオスのふたりの息子がいたが、ともにトロイア戦争に参加し、兵士たちの治療に当たったことで知られている。

しかし、その優れた才能で、アスクレピオスはついにやってはいけないことをやってしまった。それは、死者を生き返らせるということだった。何人かの英雄を生き返らせた後で、彼がテセウスの息子ヒッポリュトスを生き返らせたとき、ゼウスはこれ以上黙認することはできないと思った。そのような行為は、生者の国と死者の国の境界を曖昧にし、ついには世界の秩序を破壊することにつながるからだ。

こうして、アスクレピオスはゼウスの雷で殺される[*二]と、彼の化身といわれた蛇と一緒に蛇遣座として、天空に飾られたのである。

＊二　ゼウスの雷で殺される　息子を殺されたアポロンは激怒し、ゼウスの雷を作ったヘパイストスの弟子キュクロプスを皆殺しにしたという。その後ゼウスにかけ合ったアポロンのおかげで、アスクレピオスは生き返ることができたともいわれている。

イカリオスとペリボイアの娘

ペネロペ PENELOPE

LACEDAEMON

貞女というと、どこか道徳臭い響きがあるので、人によって好き嫌いは分かれるだろう。男性社会が女性を押さえつけるために作った極めて不自然な強制というイメージも、そこには感じられる。

しかし、オデュッセウスの妻ペネロペの場合、同じ貞女でもかなり違っている。彼女の貞女ぶりは、社会の枠組みを一歩踏み出して、彼女自身の異常なまでの強さを感じさせるものになっているのである。

このような強さを、彼女はオデュッセウスと結婚したときから持っていた。

ペネロペの父イカリオスは娘を手放したくなかったので、オデュッセウスと娘の結婚が決まったとき、自分と一緒にスパルタに住むことをふたりに勧めた。イタケ島の王子だったオデュッセウスがそれを拒否し、ペネロペを戦車に乗せて出奔すると、イカリオスは馬に乗って追いかけた。やがて、戦車に追いついたイカリオスは、戦車と並走しながら娘の説得を続けた。が、ペネロペはこのときにはっきりとオデュッセウスを選び、父であるイカリオスを拒否したのだった。

オデュッセウスがトロイア戦争に出征すると、彼女はまだ幼い息子テレマコスとともに残され、王の家を治めなければならなかった。オデュッセウスは十年間続いたトロイア戦争後、帰国途中で遭難し、さらに十年間もイタケに戻らなかったので、その期間は二十年に及んだ。

王が長く不在であることは、土地の者にとっても好ましいことではなかった。そこで、トロイア戦争後数年した頃から、誰もがオデュッセウスは死んだものと考え、多くの土地の貴族たちが、求婚のために彼女のもとに訪れてきた。その数は百三十人にものぼった。

求婚者の中には紳士的な者もいたが、多くは傲慢な無礼者で、王の館に居座って、毎日のように豪華な料理を喰い、酒を飲んで過ごした。

オデュッセウスが不在であるうえに、貴族を敵に回すことは王家にとっても不都合なことだったので、ペネロペは求婚者を拒否しつつも、その程度のことは我慢するしかなかったのである。

しかし、いつまでもその場しのぎの言葉で求婚を拒否し続けるわけにはいかなくなったとき、ペネロペは義父ラエルテスのために死装束を織り始めた。そして、それが織り上がったら、貴族のうちの誰かと結婚すると約束した。義父の死装束を織るのは当時の嫁の役割で、もしペネロペが他家の嫁になってしまえば、その仕事をする者がひとりもいなくなってしまうからだ。これには、多くの貴族たちも納得しないわけにはいかなかった。

しかし、ペネロペは昼の間布を織っては、夜になると必死になって糸をほどくということを繰り返したため、死装束は三年たってもでき上がらなかった。

多くの貴族たちがこれに不信感を持っていたとき、召使いの女がこの秘密を貴族たちに密告したので、貴族たちはいきり立った。

ペネロペはさらにあれこれと言い抜けて、婚約者選びを先送りしたが、やがてどうすることもできない状態になった。

ちょうどこの頃、オデュッセウスが二十年ぶりに帰国し、無礼な求婚者たちを退治したのである。

しかし、オデュッセウスは最初乞食の扮装をしていたので、ペネロペはそれが夫だとは気づかなかった。

婚約者たちの誘惑を拒否し続けてきた習慣からか、オデュッセウスが昔どおりの王の衣装に戻っても、彼女はそれが自分の夫だと認めようとはしなかった。

彼女がその人物をオデュッセウスと認めたのは、彼がふたりだけしか知らないベッドの秘密を話[*三]したときだった。そのベッドはオデュッセウス自らが、地面から生えている木を切り、その幹の上に作ったものなので、動かすことができなかったのである。

もちろん、これ以降の彼女の暮らしは十分に幸せなものだった。

＊三　話したときだった　ホメロスの『オデュッセイア』では、乞食に扮したオデュッセウスが、十二の輪を一矢で貫いてみせ、その腕前を見たペネロペが、乞食の正体がオデュッセウスであることに気づいたという話になっている。

ペリエレスとゴルゴポネの息子

テュンダレオス

TYNDAREOS

TYNDAREOS

ラケダイモンの子孫の中では、ギリシア戦争の原因となったヘレネやアガメムノンの妻のクリュタイムネストラ、双子の英雄であるカストルとポリュデウケスがとりわけ有名だ。

それに比べると、テュンダレオスはあまり有名ではないが、少なくとも彼らの父だという点で、欠くことのできない人物である。

テュンダレオスはスパルタ王家の出身だが、親戚に当たるヒッポコオンによって一度スパルタを追放され、アイトリアに逃れた。そこで、テスティオス王の娘レダと結婚し、数多くの息子と娘を儲けた。先に挙げた英雄や女性も、彼とレダとの間に誕生したのである。

ただし、ヘレネとポリュデウケスは実はゼウスの子だった。ゼウスの子であるヘラクレスと、人間の子であるイピクレスが、母親アルクメネの胎から一緒に生まれたように、彼らもまたレダの胎から一緒に生まれてきたのである。

ミュケナイ王家の騒動のために、アガメムノンとメネラオスがスパルタに逃れてきたとき、テュンダレオスは彼らを助け、これが縁でクリュタイムネストラとヘレネはそれぞれアガメムノンとメネラオスの妻になった。後になって、メネラオスがスパルタ王になったのも、このためだった。

しかし、ヘレネの結婚の際には求婚者があまりにも多かったので、それを拒否してメネラオスの妻にするのは大変だった。このとき、テュンダレオスは聡明なオデュッセウスに助けられた。彼の考えによって、たとえ誰がヘレネの結婚相手に決まったとしても、残った求婚者たちはその人物を支援するという誓いが立てられたからである。ヘレネの誘拐事件が、トロイア戦争の原因になったのもこの誓いのためだった。

このことがあってオデュッセウスに恩を感じたテュンダレオスは、弟であるイカリオスの娘ペネロペがオデュッセウスの妻になるように取り計らっている。

テュンダレオスとレダの息子たち

カストルとポリュデウケス

CASTOR & POLYDEUCES

TYNDAREOS

ヘラクレスやペルセウスのように、ゼウスと人間の女性の間からは、ギリシア神話の中でもとくに偉大な英雄が生まれている。

カストルとポリュデウケスも、彼らと同様にゼウスの子として生まれた偉大な双子の英雄である。

ただし、出生に関してはいろいろな説がある。

あるとき、ゼウスが白鳥の姿になって、スパルタ王テュンダレオスの妻レダに言い寄ったが、同じ夜にテュンダレオスもレダと交わった。このため、妊娠したレダは二個の卵を生み、そのうち一個から神の子であるポリュデウケスとヘレネが、もう一個から人間の子であるカストルとクリュタイムネストラが生まれたともいわれている。

しかしこの場合でも、カストルとポリュデウケスが同等の英雄であることに変わりはない。

ふたりはとても仲がよく、どんなときでも一緒に活躍したが、彼らと同じ双子の英雄で、親戚に当たるイダスとリュンケウスがそれぞれ異なる特技を持っていたように、彼らもまたそれぞれ異なる特技を持っていた。カストルは馬術に優れ、ポリュデウケスは拳闘*四に優れていた。

ポリュデウケスはその拳闘の技を活かし、アルゴー号の冒険で活躍した。アルゴー号がボスポラス海峡の近くにあったベブリュクス人の国を訪れたときのことだ。その地の王アミュコスは、旅人に拳闘の試合を挑んでは次々と殺すという悪癖を持っていて、英雄たちを見るとすぐに試合を申し込んできた。この挑戦を買って出たのがポリュデウケスで、みごとに王を打ち負かしたのである。

アルゴー号が帰国した後は、ふたりはイアソンに協力し、イオルコスを攻撃する手伝いをしている。

姉妹のヘレネは、トロイア戦争の原因になったことで知られるが、少女の頃から美しかったので、わずか十二才でアテナイの英雄テセウスに誘拐されるということがあった。

事実を知ったカストルとポリュデウケスは、スパルタ人を率いてすぐにアテナイを攻撃した。このとき、テセウスは地獄にいって留守だったので、ふたりにとってアテナイを攻略することは簡単だった。ふたりはアテナイを混乱に陥れたうえ、テセウスがいないのをいいことに、エレクテウス王の子孫で、もともとテセウスの王座を狙っていたメネステウスをアテナイ王の地位に就かせた。そしてヘレネを取り戻し、テセウスの母を誘拐した。

ヘラクレスによって地獄から救い出されたテセウスがアテナイに戻ったとき、アテナイ人たちがテセウスを王として認めなかったのも、この事件のせいだったのである。

その後、ふたりは略奪した牛の分配を巡ってイダスとリュンケウスのふたりと争い、このためにカストルは殺されてしまった。

このときゼウスはポリュデウケスだけを天上に連れていき、神の仲間に入れて不死にしようとしたが、彼は兄弟のカストルが死んでしまったことを理由に、不死になることに同意しなかった。つねにふたり一緒に活躍してきたポリュデウケスにとって、自分ひとりだけが長生きするのは、とても耐えられないことだったからだ。

困ったゼウスは一計を案じ、不死をふたりに分配することにした。こうしてカストルも生き返り、双子の英雄は一日おきに神となって天上に住み、残りの時間は地上で暮[*五]らすようになったのである。

ところで、この事件が起こったのは、ちょうどトロイア人パリスがヘレネを誘拐した頃のことで、このためふたりは、今度ばかりは誘拐されたヘレネを救出することができなかったし、人間としてトロイア戦争に参加することもできなくなったといわれている。

ヘレネの方も、兄弟の身に起こった事件を知らなかったので、トロイア戦争中には、ギリシア軍の中にカストルとポリュデウケスの姿が見えないのをしきりに不思議がっている。

＊四　拳闘に優れていた　ポリュデウケスは、鍛冶の神ヘパイストスに頼み、鉄の手首を取りつけてもらったともいわれている。鉄の手をつけたポリュデウケスの戦闘力は、重装歩兵の一隊に勝るとも劣らなかったという。

＊五　暮らすようになったのである　その後彼らは、ゼウスの手により双子座として天の星に加えられている。双子座は、冬の天の川の中に見ることのできる北天の星座。

ヘレネ HELEN

テュンダレオスとレダの娘（ゼウスとレダの娘）

TYNDAREOS

「たとえトロイア人とギリシア人が長い年月にわたって国をあげて戦ったとしても、これほどの女人のためとなれば無理もない」

ギリシア側にもトロイア側にも甚大な被害をもたらしたトロイア戦争の最中、戦争の原因となったひとりの女性を目撃したトロイアの長老たちは、このような言葉で彼女の美しさを評価した。

その女性が、ヘレネである。

ヘレネはスパルタ王テュンダレオスの妻レダと白鳥の姿に変身したゼウスが交わり、卵から生まれるという不思議な出生の仕方をした。神の娘であるためか、その姿はアプロディテに恐ろしいほどよく似ていた。

その美しさのために、彼女は少女の頃から多くの男たちを悩ました。

彼女が十二歳のときには、アテナイ王テセウスが自分の妻にする目的で彼女を誘拐した。このときは、彼女の兄弟のカストルとポリュデウケスが彼女を救助したので、幸い大きな問題にはならなかった。

しかしさらに成長すると、ヘレネのところにはギリシア中の立派な若者たちが求婚に訪れるようになった。父テュンダレオスの城は、そんな若者たちであふれかえった。その数があまりに多いので、テュンダレオスは婚約者に選ばれなかった者たちが争いを起こすのではないかと心配し、娘の婚約者を決定することができなかったほどだ。

このとき、ヘレネの求婚者の中に混じっていたオデュッセウスが名案を出した。テュンダレオスはその意見に従い、ヘレネの求婚者たちに、誰が婚約者に決まっても残りの者はみんなでその者の生命と権利を守るように誓わせた。

そして、ヘレネはスパルタ王メネラオスの妻になることが決められたのである。

ところが、ヘレネがスパルタに移って数年後に、そこにトロイア王家のパリスがやってきた。彼は女神アプロディテの援助を受けて、世界一の美女ヘレネを誘拐しにきたのである。

このとき、アプロディテがヘレネの心を操ったので、彼女もまたパリスに恋心を抱き、しごくあっさりと、パリスとともにトロイアへ出奔してしまった。

妻を奪われたメネラオスは、すぐにミュケナイ王である兄のアガメムノンに相談した。アガメムノンはヘレネの求婚者たちの誓いを思い出すと、メネラオスの不幸を救うために、ギリシア中の英雄たちに軍を派遣することを要求した。

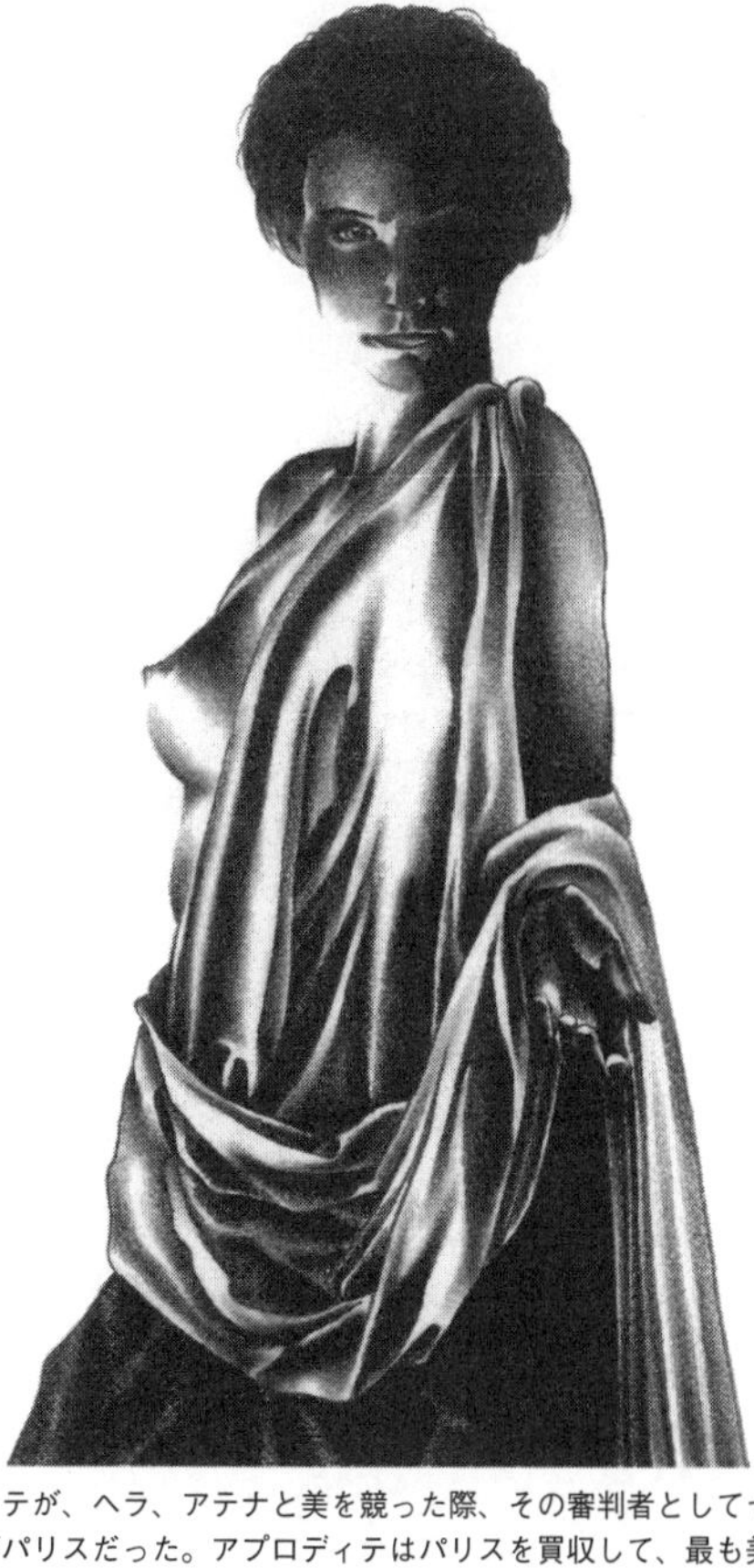

アプロディテが、ヘラ、アテナと美を競った際、その審判者としてゼウスに選ばれたのがパリスだった。アプロディテはパリスを買収して、最も美しい女神という地位を勝ち取ったのだが、そのときの買収条件が「ヘレネを与える」というものだった。

ヘレネには、そのように多くの人々を動かす魅力があった。トロイアの人々も、ギリシア軍の出征に際して、ヘレネを返還しさえすれば戦争を避けられたはずだった。しかし、彼らもまたヘレネの魅力に取りつかれていたので、彼女をギリシアに返そうとはせず、ついにトロイア戦争へと発展したのである。

しかし、ヘレネ自身には、不思議と悲劇の影が見えないという特徴がある。彼女の行動は奔放すぎて、ギリシアの味方なのか、トロイアの味方なのかもはっきりしない。ヘレネはメネラオスとの数年の結婚生活の後、パリスと十九年にわたって幸せな結婚生活を送った。戦争中にパリスが死ぬと、今度は彼の弟のデイポボスと結婚している。

ギリシア軍の作った木馬がトロイアの城壁の外に置かれた夜には、ヘレネはデイポボスと一緒に城外へ出て、ギリシア兵の妻の声音を真似て、木馬に呼びかけている。木馬の中に、ギリシア兵が潜んでいる疑いがあったからだが、これなどは明らかにトロイアのための行為である。

ついにトロイアが陥落してデイポボスも死ぬと、恨みのために彼女を殺そうとするメネラオスに、ヘレネは泣いて命乞いをした。

許されたヘレネは、メネラオスとともにスパルタで終生幸福に暮らしたが、メネラオスの心には最後まで、妻を殺したいという気持ちがあったともいわれている。

テュンダレオスとレダの娘

クリュタイムネストラ

CLYTEMNESTRA

TYNDAREOS

オデュッセウスの妻ペネロペは、夫がトロイア戦争に出征して留守にした二十年以上もの間、最後まで貞節を守り通した。

夫にしてみれば、これほどありがたい女性もいないだろうが、英雄たちの妻だからといって、みながみなペネロペのような女性だったわけではない。中には正反対ともいえる行動を選んだ女性もいる。それがクリュタイムネストラである。

クリュタイムネストラはヘレネの異父姉妹で、ミュケナイ王アガメムノンの妻だった。アガメムノンはギリシア軍の総大将としてトロイアを目指したが、途中で無風状態となり艦[*六]隊が立往生したことがあった。このときアガメムノンは、神託によって娘のイピゲネイアを神の犠牲として殺してしまった。しかも、妻には娘をアキレウスに与えるという嘘をついていた。

真実を知ったクリュタイムネストラはアガメムノンを深く恨み、彼の留守中に、テュエステスの子で、かつてミュケナイを支配したこともあるアイギストスと愛人関係を結んだ。

この結果、アガメムノンの留守中に、ミュケナイはアイギストスが支配するようになった。

やがてトロイア戦争が終わり、アガメムノンが帰国すると、彼女はアイギストスと共謀して、夫を殺す計画を立てた。

彼女は夫を入浴させている間に、首と両手の部分を縫いつけた着衣を用意した。そして、アガメムノンがそれを着るのに手間取っている間に、刃物で刺し殺した。

それから彼女は、アガメムノンが妾としてトロイアから連れ帰ったトロイアの王女カッサンドラも殺し、夫への復讐を遂げたのである。

しかし、このような恐ろしい行為は、彼女自身にも恐ろしい運命を与えることになった。やがて息子のオレステスが、父の復讐のために、彼女を殺すことになったからである。

＊六　艦隊が立往生　これは、出航前に狩に出たアガメムノンがアルテミスの飼う鹿を殺してしまったことが原因だった。怒ったアルテミスは、風の神アイオロスに頼んで出航の邪魔をさせたのである。

TANTALUS

ゼウスとプルトの息子

タンタロス TANTALUS

ヘラクレス、ペルセウス、テセウスなど、ギリシア神話には他を寄せつけない超人的な英雄が数多いが、これらの英雄さえ、全ギリシアを率いるほどの強大な権力を手に入れることはできなかった。

それを成し遂げたのは、彼らに比べると遙かに目立たないタンタロスの一族だった。タンタロスは小アジアのリュディアを支配する王で、最初は神々に愛されていた。しかし彼を愛する神々によって、どんな望みでも叶うという生活を続けるうち、徐々に傲慢になっていった。

彼は神々の食卓に招かれたとき、神の飲食物であるアムブロシア[*一]とネクタルを盗み、地上の人間に与えるという罪を犯した。アムブロシアは、それを食べると不老不死になるというもので、このときそれを食べたタンタロスは、人間の身でありながらも不老不死を手に入れたのである。

またタンタロスは、ゼウスにゆかりのある黄金の魔法の犬を、秘かに自分のものにしてしまうという罪も犯した。ゼウスは生まれたばかりのとき、父クロノスから逃れるためにクレタ島のイデの洞窟に隠されたが、そのときこの洞窟の番をした犬がいた。これが黄金の魔法の犬で、これをタンタロスの友人パンダレオスが盗み、タンタロスに預けた。ところが、タンタロスはそれを自分のものとすると、ヘルメス神がゼウスの命で捜しにきたときも、最後まで隠しとおしたのだった。

こうして、さすがのタンタロスも徐々に神々から疎まれるようになった。そんなとき、決定的な事件が起こった。

タンタロスが神の全能を試そうと考え、神々を自分の館の宴に招くと、自分の息子ペロプスを料理し、神々の食卓に供したのである。もちろん、神々のほとんどは一目でそれが不吉な食べ物だと悟った。そしてこんなことをされた神々が、怒りを爆発させるのは実に当然だった。しかもこのとき、豊穣の女神デメテルだけは、娘のペルセポネが冥界の神ハデスに誘拐されて行方不明になっていたため、目の前の食べ物に注意を払うことができず、ペロプスの肩の部分の肉を食べてしまったのである。

神々は口々にタンタロスを罵ると、彼を生きたままで冥界タルタロスに落とし、永遠の罰を与えることにした。この罰は、仏教の餓鬼に与えられる罰に似ていた。彼は永遠にタルタロスを流れる川に首までつかり、どんなに喉が渇いても水を飲めず、頭の上にはたわわに実る果実があるのに、どんなに飢えても食べられないという罰を与えられたのであ

タンタロスの一族

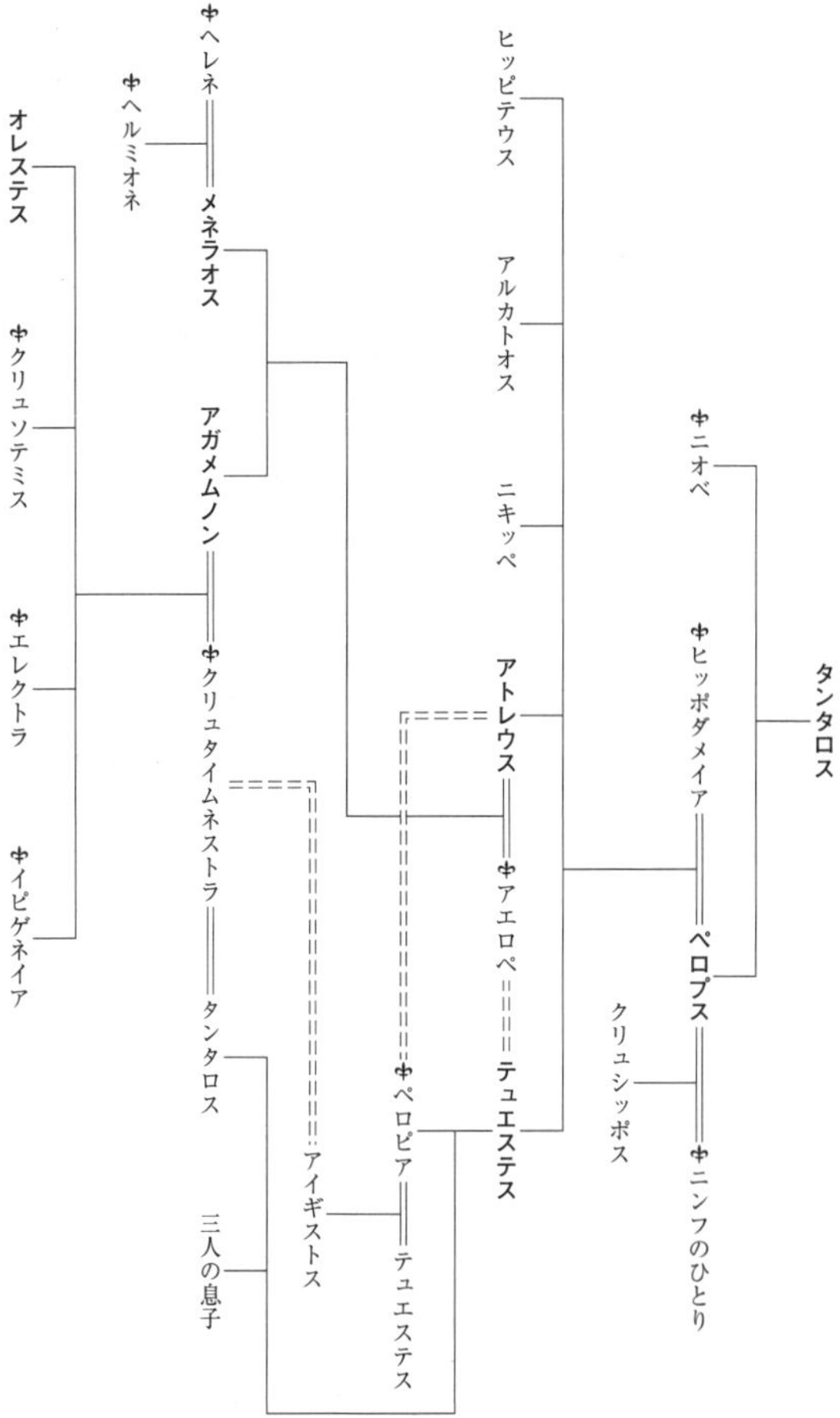
タンタロス
ニオベ
ヒッポダメイア
ペロプス
クリュシッポス
ニンフのひとり
ヒッピテウス
アルカトオス
ニキッペ
アトレウス
アエロペ
テュエステス
ペロピア
テュエステス
アイギストス
メネラオス
アガメムノン
ヘレネ
クリュタイムネストラ
タンタロス
三人の息子
ヘルミオネ
オレステス
クリュソテミス
エレクトラ
イピゲネイア

る。

その後、神々は話し合い、ヘルメスに命じて冥界にいるペロプスを呼び戻すと、切り刻まれて料理された身体を集めて復活させた。肩の部分だけはデメテルが食べてしまっていたので、象牙がはめ込まれた。

このペロプスから、トロイア戦争でギリシア全軍を指揮したアガメムノンに至る英雄たちが生まれてくるのである。

しかし、神を試みるという大罪を犯したタンタロスの血を引くこの一族は、罪と呪いの温床となった。

トロイア戦争の不幸もそうした一族の呪いと関係があったし、アガメムノンの不幸もこの呪いから生まれてくるのである。

＊一　**アムブロシアとネクタル**　アムブロシアは神々の食べ物で、ネクタルは神々の酒。両方とも飲食した者を不老不死にするという不思議な力を持っていた。アムブロシアは外傷の塗り薬にも用いられ、それを塗ると傷は即座に治った。

ペロプス
PELOPS

タンタロスとニンフ（プレイアデスのひとり）の息子

TANTALUS

タンタロスは大罪を犯したことで神に罰せられた。しかし、このとき神々はタンタロスの子孫まで呪ったわけではなかった。そのような呪いの発信者となったのは、むしろタンタロスの子孫に属する者であって、その人物がペロプスだった。

ペロプスは少年の頃、神を試みた父に一度は殺され料理されたが、その後、神々の手で[*二]復活し、それまでとは比べものにならないくらい美しい少年になった。

そのおかげで彼はポセイドンに愛され、一組の有翼の馬と戦車を与えられた。これらの馬たちが引く戦車は、海上を走っても車軸が濡れないという奇跡の乗り物だった。

この頃、トロイア王イロスが力をつけて、ペロプスは小アジアのリュディアから追われてしまうが、ポセイドンの戦車のおかげで彼は新しい運命を切り開くことになる。

彼はギリシアに渡ると、エリス地方にあるピサに赴いた。ピサの王オイノマオスが、王女ヒッポダメイアの婚約者を決めるために、しばしば戦車競争を開催していたからだ。

ペロプスはポセイドンの戦車を持って、この競争に参加した。しかし、競争に勝つのは大変なことだった。オイノマオスはアレス神から譲られた戦車を持っており、これまでに十二人もの挑戦者を打ち破っていた。しかも、競争で敗れた者は殺されるという約束で、王の館にはこれまでに殺した十二人の挑戦者の首が飾られていたのである。

そこでペロプスは、王の戦車の御者であるミュルティロスを買収し、王の戦車の輪止めくさびを抜かせておいた。

このため、ふたりの競争が始まるとすぐにオイノマオスの戦車の車輪ははずれてしまい、王は転落した。ペロプスはすぐに駆け寄って王を槍で突き殺し、ヒッポダメイアを手に入れてピサの王になったのである。

オイノマオスは殺される寸前に、御者ミュルティロスに裏切られたことを知って彼を恨むと、彼が自分と同じようにペロプスに殺されることを祈ったが、この呪いは間もなく成就された。

ペロプスは、ミュルティロスを買収するときに王国の半分を分け与えるといったが、後になって約束を果たすのが嫌になった。そこで彼は、ミュルティロスをポセイドンの戦車に同乗させると、海上を走っているときに彼を突き落としたのだ。ミュルティロスは、ペロプスの子孫に災いが降りかかることを祈りながら溺れ死んだ。

ピサを手に入れたペロプスは、その後勢力を拡大し、ついにペロポネソス半島の南部一帯を支配するまでになった。というより、このときからその土地はペロポネソス（ペロプスの島）と呼ばれたのである。

こうしてタンタロス一族は、ヘラクレスやペルセウスのような英雄でさえ手に入れられなかった巨大な権力を手に入れた。

しかしこの頃、ペロプスが自らの一族に呪いをかけるような事件が起こった。

ペロプスとヒッポダメイアからは、アガメムノンの父アトレウスやテュエステスなどが生まれたが、この他にもペロプスは、ニンフとの間にクリュシッポスという息子を儲けていた。この息子はとても美しかったので、ペロプスは他の子供たちよりも愛していた。その愛し方は異常なほどで、テバイ王家のライオスはこの少年を愛し手を出したためにペロプスに呪われ、その結果オイディプスの悲劇も生まれることになったのである。

それだけにアトレウスやテュエステスは、ペロプスの王位が、正妻の息子である自分たちではなく、妾の息子に譲られてしまうのではないかと大いに心配した。そこで彼らは、母ヒッポダメイアと共謀し、ついにクリュシッポスを殺してしまった。

こうして、ペロプス自身が自分の子供であるアトレウスやテュエステスを呪うことになったのである。

＊二　神々の手で復活し　ペロプスの肩の肉は、女神デメテルに食べられてしまっていた。このためゼウスは、彼を復活させる際、象牙で肩の部分を作って与えたという。

ペロプスとヒッポダメイアの息子

アトレウス

ATREUS

TANTALUS

トロイア戦争のとき、ミュケナイ王アガメムノンがギリシアの総指揮官となるが、これは彼が祖父ペロプスから大きな権力を受け継いでいたからだった。しかし、ペロプスは強大な権力を残すと同時に、激しい呪いを子供たちにかけていた。その呪いの効果はすぐにも表れ、彼の子供たちを苦しめることになった。

ペロプスの最愛の息子クリュシッポスを殺したアトレウスとテュエステスは、共謀者である母ヒッポダメイアを連れて、ミュケナイ王ステネロスのもとに逃れた。ステネロスの妻ニキッペが、彼らの姉妹だったからだ。

ここで、彼らはステネロスからミデアの統治を任されたが、それから間もなくステネロスの系統が絶え、ミュケナイ王が空位になるという事件が起こった。ステネロスの息子でミュケナイ王位を継いだエウリュストスは、ヘラクレスに十二の功業を命じた人物で、その結果、ヘラクレスの子供たちに殺されてしまったのである。

そこで、王を失って困り果てた臣下たちがデルポイの神託に伺いをたてると、ミデアの統治者の中から王を選べと告げられた。つまり、アトレウスかテュエステスがミュケナイ王になるということだった。

テュエステスはすぐに、黄金の子羊の皮を持つものが王になるべきだと提案した。

これにはわけがあった。

かつて、アトレウスが女神アルテミスに、自分の家畜の中で最上のものを犠牲に捧げると誓いを立てたおりに、女神が彼を試そうとして、彼の家畜に黄金の子羊を誕生させたことがあった。このとき、アトレウスはそれを犠牲にするのを惜しみ、皮を剥ぐと、それを箱に入れて大切に保管した。この皮を、このときはテュエステスが持っていた。アトレウスの妻アエロペがテュエステスと情を通じ、黄金の皮を愛人に譲ったからだった。

何も知らないアトレウスは、この毛皮が現在も当然自分のもとにあると信じていたので、テュエステスの提案を喜んで受け入れた。

するとテュエステスが、してやったとばかり黄金の毛皮を差し出したので、ミュケナイはテュエステスのものとなってしまった。

しかし、天上から一部始終を見ていたゼウスは、詐欺のような方法を用いた新しい王を認めなかった。ゼウスはアトレウスに命じて、もしも太陽が西から上って東に沈むような奇跡が起きたら、王位はアトレウスのものになると、テュエステスに告げさせた。

テュエステスは当然そんなことが起こるはずはないと信じていたので、この提案に喜ん

アトレウスとテュエステスは、お互いにいかんともしがたい憎悪を抱き合っていた。これは、末弟のクリュシッポスを殺した彼らにふり向けられた、父ペロプスの呪いのためであった。

で賛成した。

しかしゼウスの力によって、実際に太陽が西から上るという奇跡が起こったため、王位はアトレウスのものとなり、テュエステスは追放されたのである。

だが、妻アエロペの不義を知ったアトレウスは、王位に就いてからも、テュエステスへの復讐の手を緩めようとはしなかった。

彼は決定的な復讐をするために、和解したと見せかけて、テュエステスを帰国させた。そして、あらかじめ捕らえておいたテュエステスの三人の息子を殺し、手や頭を残して料理すると、和解の饗宴の席で彼に供したのだった。

テュエステスは何も知らずに料理を喰い尽くしたが、アトレウスはその様子を嬉しそうに眺めていた。そしてその直後に、アトレウスは料理するために殺した子供たちの頭を差し出し、いま喰ったものが何であるかをテュエステスに理解させたのである。

その後、アトレウスはテュエステスを罵倒し、再び国外追放としたのだが、これだけのことをされたテュエステスが、報復の気持ちを持たないはずはなかった。この呪いは激しく、アトレウスばかりか、その子供であるアガメムノンにまで及ぶものだった。

TANTALUS

ペロプスとヒッポダメイアの息子

テュエステス THYESTES

ミュケナイ王位を巡るアトレウスとテュエステスの争いは、アトレウスが目を覆いたくなるようなやり方でテュエステスに復讐を遂げたとき、一件落着したかに見えた。しかし、テュエステスのアトレウスに対する復讐は、誰にも気づかれないところで静かに進んでいた。

子供たちを食べさせられたあげくに、国外追放となったテュエステスは、すぐに復讐の方法を神託に尋ねた。その答えは、自分の娘の子を得よという信じられないものだった。

しかし、復讐のことしか頭にないテュエステスは、父だと気づかれないようにして、神託どおりに娘ペロピアを犯し、妊娠させた。

すると彼女が妊娠中に、復讐に必要な条件が整い始めた。

この頃、ペロピアはシキュオンに滞在していたが、彼女がテュエステスの娘だと知らないアトレウスが、彼女の美しさに惹かれて結婚したのだ。彼女はすでに父の息子を妊娠していたが、生まれたときに彼はアイギストトスと名づけられ、[*三]アトレウスの子供として育てられた。

アイギストスが成長した頃、テュエステスがアトレウスに捕らえられた。アトレウスはアイギストスに命じて、テュエステスを殺させるため、彼を牢屋に送った。ところが、テュエステスはアイギストスの剣を見て、彼が自分の子であることを知ると、父であることを打ち明けて彼を説得し、反対にアトレウスを殺させたのである。

しかし、テュエステスの呪いはまだ終わらなかった。

トロイア戦争が勃発し、アトレウスの息子アガメムノンがトロイアの地に赴くと、アイギストスはアガメムノンの妻クリュタイムネストラと密通した。そして、クリュタイムネストラと共謀し、十年後にやっと帰国したアガメムノンを、帰国したその晩に殺させたのだった。

アイギストスは、クリュタイムネストラとともに、アガメムノンの息子オレステスに復讐されることになるが、これらの不幸はすべて、テュエステスの呪いによって始まったのである。

＊三　アトレウスの子供として　アイギストスは、生まれた直後に捨てられたという説もある。それによると彼は、牝山羊に育てられて成長した後、自分の出生の経緯を知り、自らアトレウスを殺しにミュケナイへ赴いたという。

アトレウスとアエロペの息子

アガメムノン AGAMEMNON

TANTALUS

タンタロス一族のギリシア支配は、二代目のペロプスがペロポネソス半島南部を支配し、三代目のアトレウスがミュケナイ王となってアルゴリス地方を支配するというように確実に拡大した。アトレウスの子アガメムノンがミュケナイ王に君臨していた頃には、彼の弟のメネラオスがスパルタ王としてラコニアを支配しており、アガメムノンの力はほぼペロポネソス半島全域に及んでいた。

トロイア戦争が勃発したとき、アガメムノンがギリシア全軍の総司令官となるのも、実に当然の情勢だったのだ。

だが、ギリシア全軍の総司令官となるほどの人物も、彼自身の一族の呪いから自由になることはできなかった。

アガメムノンは、父アトレウスがアイギストスに殺されると、弟のメネラオスと協力して、犯人とその父のテュエステスを追放した。

この追放劇のとき、アガメムノンらを助けたスパルタ王テュンダレオスに、クリュタイムネストラとヘレネというふたりの娘がいた。アガメムノンとメネラオスは、このふたりの娘と結婚した。クリュタイムネストラは、すでにテュエステスの息子タンタロスと結婚していたが、アガメムノンはタンタロスとその子供を殺し、彼女を奪ったのである。これはクリュタイムネストラがアガメムノンを裏切る理由のひとつとなった。

トロイア戦争が始まって、ギリシアの艦隊がトロイアを目指したときには、アガメムノンは無風によって立往生した艦隊を前進させるために、神託に従って娘のイピゲネイアを犠牲に捧げた。妻のクリュタイムネストラには、娘をアキレウスに与えると嘘をついた。

こうしたアガメムノンのやり方が、妻の復讐心に火をつけたことは間違いなかった。

戦争が終結し、華々しく凱旋したその日に、アガメムノンは妻の手で殺されることになった。彼が妾として連れ帰ったトロイア王女のカッサンドラも、彼と一緒に殺された。

アトレウスとアエロペの息子

メネラオス

MENELAUS

TANTALUS

ギリシアとトロイアが国をあげて闘争したトロイア戦争は、トロイア王子パリスがギリシアの一女性ヘレネを奪ったことから起こった。

この女性の夫だったのがメネラオスだった。

ヘレネが適齢期に達したとき、ヘレネの父でスパルタ王だったテュンダレオスの館には、数え切れないほどのギリシアの優れた若者たちが求婚に訪れていた。メネラオスもそのひとりだったが、彼は他の若者に比べて富裕なうえ、兄アガメムノンがヘレネの姉妹であるクリュタイムネストラと結婚しており、有利な立場にあった。

問題は、競争者があまりに多いため、婚約者を決定することで争いが起きはしないかとテュンダレオス王が心配したことだった。

この問題を、オデュッセウスの提案が解決した。それは、求婚者たちのすべてに、たとえ誰が婚約者に決まっても、他の求婚者たちは必ずその男の権利を守ると誓わせるというものだった。こうして、誓いが立てられたとき、メネラオスが婚約者に決まったのである。

この時点で、世界一の美女を手に入れたメネラオスは、かなり幸せな人物だった。テュンダレオス王の死後は、メネラオスがスパルタ王になったので、地位という点でも不満はなかった。

が、こんなにも幸せなメネラオスの前に現れたのが、トロイア王子のパリスで、ヘレネは彼によってトロイアに連れ去られたのである。

アガメムノンは弟のためにギリシア全土から軍を召集したが、ここでかつてヘレネの婚約者たちが立てた誓約が役に立った。ギリシアの英雄たちはメネラオスのために戦うことを拒否できなかったのである。

トロイア戦争の結果、メネラオスは妻ヘレネを取り返すことができたが、心は複雑だった。ヘレネの出奔は彼女の意志[*四]によるものでもあったし、パリスの妻としてのヘレネは十分に幸せな暮らしをしていたからだ。メネラオスは、その美しさのためにヘレネを許しはしたが、その後の人生で、彼女を殺したいという気持ちに何度も苦しめられたのである。

＊四　意志による　メネラオスから見るとヘレネの意志だったが、そこには女神アプロディテの力が働いていた。パリスに借りのあったアプロディテは、ヘレネがパリスに好意を持つように仕向けたのである。

アガメムノンとクリュタイムネストラの息子

オレステス ORESTES

神を冒瀆して地獄に落ちたタンタロスの子孫たちは、兄弟であるアトレウスとテュエステスの争いや、クリュタイムネストラによる夫アガメムノンの殺害のように、次々と呪わしい事件に襲われた。

が、彼らに与えられた報いはこれで終わったわけではなかった。一族を襲う忌まわしい事件は、アガメムノンの息子オレステスまで巻き込んでいったのである。

オレステスは、実の母が実の父を殺したとき、ミュケナイにいなかった。そのとき彼はまだ幼かったので、事件の直前に夢で危険を察知した姉エレクトラによって、秘かに父の義弟ストロピオスのところへ預けられていたからだった。

オレステスはそこで、やがて親友となるストロピオスの息子ピュラデスと一緒に育てられたのである。

アガメムノンが殺害されたことは当然オレステスも知らされていたが、彼は成人するまではと自重していた。

事件から七年が過ぎたとき、彼は初めてデルポイの神託にどうすべきか伺いを立てた。その答えは、母クリュタイムネストラと愛人アイギストスに復讐せよ、というものだった。神の許しを得たと考えたオレステスは、すぐにもピュラデスとともにミュケナイへ向かった。

ミュケナイで、オレステスは誰にも気づかれないようにアガメムノンの墓に詣でた。そしてやはり墓参りにやってきた姉エレクトラと偶然に出会い、ふたりは久しぶりに対面した。オレステスは七年前とは別人のように成長していたので、エレクトラは初め実の弟だと気づかないほどだった。が、やがて気がつくと、ふたりは復讐の成就を神に祈った。エレクトラは長い間、父を殺した母と一緒に暮らしてはいたが、オレステスと同様に絶えず復讐のことを思い続けていたのだった。

夕暮れ時に、商人に変装したオレステスとピュラデスは、オレステスが死んだという情報を知らせにきたと偽って、ミュケナイ王の館に入り込んだ。そして、ミュケナイ王となっていたアイギストスを呼び出して殺した。

驚いたクリュタイムネストラは必死になって命乞いし、オレステスは一瞬躊躇した。しかし、ピュラデスに激励されると、思い切って刺し殺した。

こうして、復讐は成就された。しかし、クリュタイムネストラはオレステスの実の母であって、事情はどうあれ、親殺しは大罪だった。

　このような罪を復讐の女神エリニュスたちが許すはずはなく、母を殺したその瞬間から、オレステスは彼女たちに呪われることになったのである。

　そのとき、エリニュスたちは頭に無数の蛇を生やした犬のような恰好でオレステスの前に出現し、彼を脅かした。その姿は他の者には見えず、オレステスにだけ見えるものだったので、彼は他人の目には狂っているも同然だった。

　こうして彼は、エリニュスの影に脅えながら、ギリシア中を放浪したのである。デルポイの神であるアポロンは終始オレステスの味方だったが、アポロンの力もこのときはあまり効き目はなかった。

　オレステスの苦しみは、アテナイのアレイオス・パゴスで、市民を陪審員として裁判を受けるまで続いた。この裁判で、陪審の投票による有罪無罪が同数となったため、オレステスの罪はやっと許[*五]された。

　さすがに、エリニュスたちはかなり不満の様子だったが、裁判長を務めた女神アテナの口添えで、これ以降はオレステスを苦しめないと約束したのである。

＊五　許された　アレイオス・パゴスで無罪を勝ち取ったオレステスは、その後さらに殺人を犯したという説がある。ひとりはトロイア戦争の原因となったヘレネ、もうひとりは、恋人のヘルミオネを奪ったアキレウスの息子ネオプトレモスである。

AEACUS

ゼウスとアイギナの息子

アイアコス AEACUS

トロイア戦争にはギリシア中から数多くの武将たちが参加した。その中でも最強とされたのはアキレウスで、それに次ぐとされたのがアイアス（大）[*1]だが、このふたりの英雄はともに同じ家系に属していた。

その家系の祖となったのがアイアコスだった。

偉大な英雄たちの多くがゼウスの血を引いているように、この家系にもゼウスの血が混じっていた。

あるとき、ゼウスはアソポス河神の娘アイギナを見初めて誘拐した。アソポス河神は娘を手離したくなかったので、取り返そうとしてゼウスを追いかけた。が、彼はゼウスの発した雷に打たれて、河の中に追い返されてしまった。このときアイギナが誘拐されたのを目撃し、犯人がゼウスであることをアソポス河神に教えたのは、人間の中でいちばん悪賢いといわれたシシュポスだったが、このためにゼウスに憎まれたことが、彼が将来地獄に落ちるときの大きな理由のひとつとなった。

こうしてアイギナを手に入れたゼウスは、後にアイギナ島と呼ばれることになるアルゴリス東方の島で彼女と交わり、アイアコスが生まれたのである。

ところが、アイギナ島は無人島だったので、成長したアイアコスはその島でたったひとりで寂しく暮らさなければならなかった。これを見たゼウスは彼を憐れに思い、蟻を人間に変えて彼に仕えさせた。この蟻人間は後にミュルミドン族と呼ばれるようになり、アイアコスの孫のアキレウスに従ってトロイア戦争にも参加している。

やがて、アイギナ島の領主となったアイアコスは、テセウスが退治したことで知られる盗賊スキロンの娘エンデイスと結婚し、アキレウスの父となるペレウスと大アイアスの父となるテラモンを儲けた。アイアコスにはこれらの息子の他に、ネレイスのひとりプサマテとの間にポコスという優れた息子がいたが、そのことを妬んだ兄弟のペレウスとテラモンに殺されてしまった。

アガメムノンの祖先タンタロスが、その思い上がりから神々の怒りを買ったのと対照的に、アイアコスは終生神々を敬うことを忘れなかったので、人間の中でいちばん敬虔な人物として、ゼウスを中心とした神々の愛顧を受け続けた。神々はアイアコスの頼みなら、多少無理があっても聞いてくれた。

タンタロスの息子ペロプスが、アルカディア王をだまして、その身体を八つ裂きにして蒔き散らすという残酷な犯罪を犯したときもそうだった。このとき、神々はその罰として

アソポスの一族

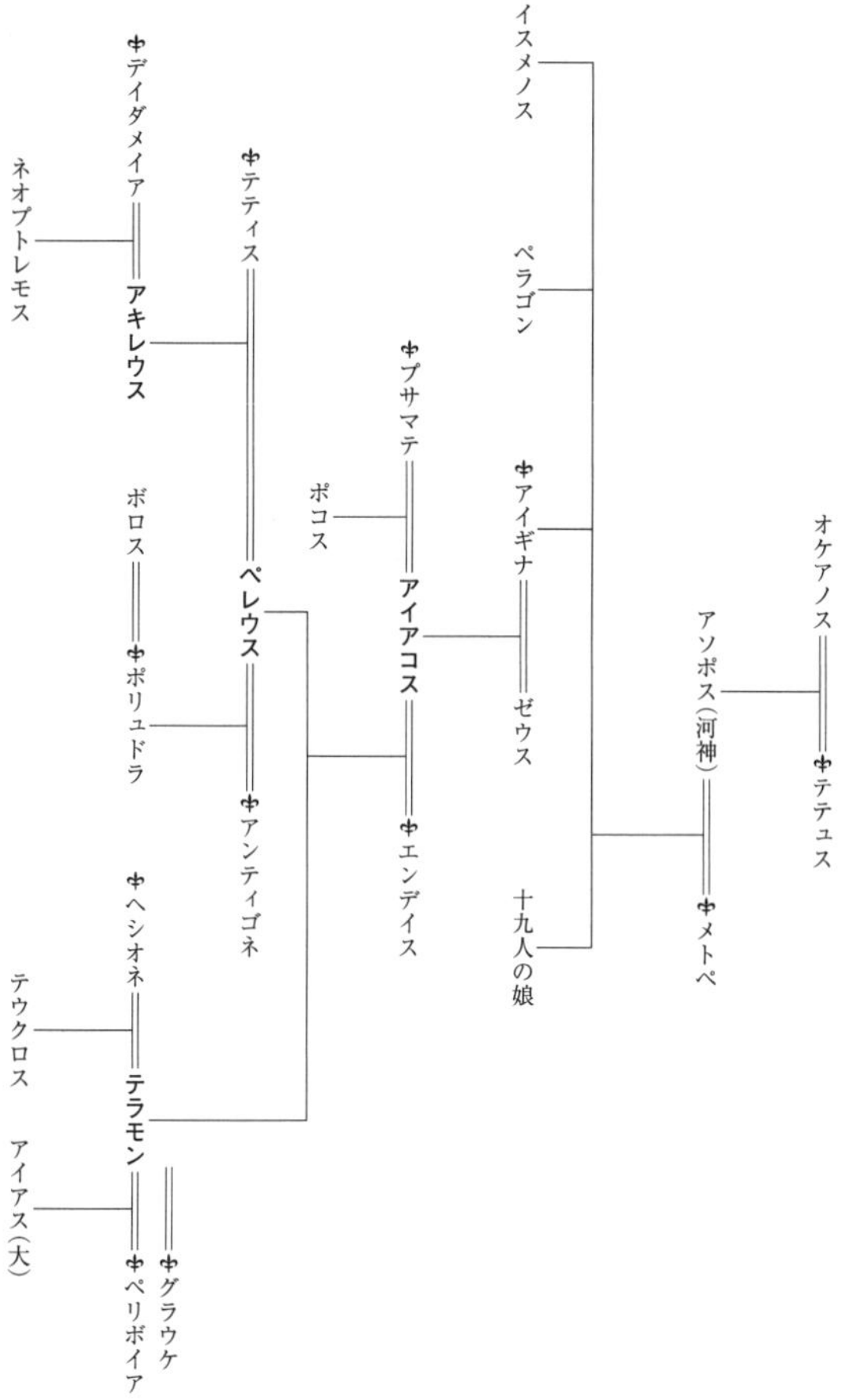
オケアノス
テテュス
アソポス(河神)
メトペ
イスメノス
ペラゴン
アイギナ
ゼウス
十九人の娘
プサマテ
ポコス
アイアコス
エンデイス
テティス
ペレウス
アンティゴネ
ボロス
ポリュドラ
デイダメイア
アキレウス
ネオプトレモス
ヘシオネ
テラモン
ペリボイア
グラウケ
テウクロス
アイアス(大)

ギリシア中に凶作をもたらしたが、神託によって、アイアコスが祈ればギリシアは救われるという抜け道を用意した。そして、その神託に従ってアイアコスが祈ると、実際にギリシアは凶作から救われたのである。

アイアコスはオリンポスの神々ばかりか、冥界の神ハデスにも寵愛された。そのため彼は、死んでから冥府において死者の裁判官の役を与えられることになった。これは、日本の地獄の閻魔大王のように死者の生前の行いを判断し、その報いを与える重要な役目である。

地獄の門番も彼の役目であって、冥府の鍵は昔も今もアイアコスが管理しているのである。

＊一 **アイアス（大）** ギリシア神話にはふたりのアイアスが登場する。ここでのアイアスは、その体格のよさから大アイアスと呼ばれる英雄である。小アイアスと呼ばれるのは、トロイア陥落時にアテナ神像の脇でカッサンドラを陵辱し、アテナの怒りを買った人物。

AEACUS

アイアコスとエンデイスの息子

テラモン TELAMON

ギリシア神話には、自分よりも優れた者に激しい嫉妬心を抱く英雄がしばしば登場する。テラモンもそんな英雄のひとりだった。

テラモンの兄弟にはペレウスの他に、異母兄弟ポコスがいたが、彼はどんな競技でも異母兄弟たちに勝っていた。

このことに激しい嫉妬を感じたテラモンとペレウスは、あるとき共謀してポコスを殺してしまったのである。

これが原因でアイギナ島を追放されたテラモンは、以降は自分の道を進むことになった。

テラモンはすぐにサラミス島に渡り、その地の王女グラウケと結婚した。そしてサラミス島の英雄として、アルゴー号の冒険やカリュドンの猪退治にも参加した。

サラミスの王には男子の跡継ぎがいなかったので、その死後はテラモンがサラミスの王になった。が、その後間もなくグラウケも死んでしまい、テラモンはアルカトオスの娘ペリボイアと結婚した。この結婚から誕生したのがトロイア戦争の勇者アイアスだった。

息子アイアスが誕生する際に、ヘラクレスが男子が誕生するように神に祈ったことが縁で、ヘラクレスがトロイアを攻撃したとき、テラモンもそれに従った。

このときテラモンは、トロイアの城壁をいちばんに打ち破るという功績を立てた。しかし、これを知ったヘラクレスは、彼が自分よりも優れていると思われるのが嫌で、彼を殺そうとした。テラモンはとっさに石を集めて、ヘラクレスのための祭壇を築いているのだといい、ヘラクレスを讃えた。この言葉にヘラクレスは喜び、テラモンに褒美として、トロイア王ラオメドンの娘ヘシオネを与えた。そして、テラモンとヘシオネから、トロイア戦争にも参加したテウクロス[*二]が生まれた。

晩年のテラモンは、サラミス島の王としてその島で暮らし、トロイア戦争後に没した。

＊二　テウクロス　トロイア戦争時に異母兄弟のアイアスが自殺すると、彼は父テラモンによってサラミス島から追放されている。テラモンは、テウクロスがアイアスの自殺を止められたはずだと判断したのである。

AEACUS

アイアコスとエンデイスの息子

ペレウス

PELEUS

ゼウスやポセイドンは、気に入った女性がいると、ほとんど確実に思いどおりにしてしまうのだが、そんな彼らでもついに手が出せなかった女性に、海神ネレウスの娘テティスがいた。

法の女神テミスが、テティスから生まれた息子は父よりも偉大になると予言したからだった。

ゼウスもポセイドンも彼女を狙ってはいたが、この予言のために結婚を躊躇し、テティスはついに人間に与えられることになった。

このときテティスを与えられ、トロイア戦争の英雄アキレウスの父となったのがペレウスである。

が、結果的にこうした幸運が訪れたとはいえ、彼の人生は全体としては苦難の連続だった。

テラモンと一緒に異母兄弟ポコスを殺し、アイギナ島を追放されたペレウスは、テッサリアのプティアに逃れた。そして、エウリュティオン王に罪を清められ、王女アンティゴネと領土の三分の一を与えられた。

ところが、カリュドンの猪狩に参加したとき、投げた槍が獲物をそれ、誤って一緒に参加していたエウリュティオン王を殺してしまった。

これで、プティアにも戻れなくなったペレウスは、今度はイオルコスを訪れ、そこでアカストス王によって罪を清めてもらった。

しかし、人並外れて美男子だった彼は、ここでよくある恋愛事件に巻き込まれてしまった。

この頃、前王ペリアスの追悼競技会が開催され、ペレウスは女性戦士アタランテとレスリングの試合をしたのだが、それを見ていた王妃アステュダメイアが、彼に恋をしてしまったのである。しかも、ペレウスが逢引きの申し出を拒絶すると、彼女はアカストス王に、彼が無理矢理自分を犯そうとしたと嘘の訴えをした。

王は妻の言葉を信じたが、客人であるペレウスを殺すのを好まず、ペリオン山の奥深くに置き去りにしようと考え、彼を狩猟競争に誘った。

この競争のとき、ペレウスは自分の倒した獲物の舌を切り取って袋に入れておき、後でアカストスの一味が、ペレウスの倒した獲物を自分たちのものだと主張したとき、切り取った舌を見せて勝利を手に入れた。

夜になって、みな山中で一泊することになったが、このときアカストスはペレウスが眠ったのを見計らい、ヘパイストスが作ったという彼の剣を牛の糞の中に隠した後、彼を置き去りにした。目覚めたときペレウスはケンタウロス族に囲まれていたが、危機一髪のところでケイロンに救われた。ケイロンは剣の在処も発見し、ペレウスに返した。

ペレウスとテティスの結婚が決まったのは、ちょうどこの頃だった。が、決まったといっても、それはゼウスが勝手に決めたことで、ペレウスはまずテティスを捕[*三]まえなくてはならなかった。

このとき、ケイロンが策を授けた。テティスは父ネレウス同様変身の能力を持っていたが、一度捕まえたら彼女がどんな姿に変身しても離してはいけないというのである。

ペレウスは、テッサリアの海岸でネレウスの娘たちが犠牲の儀式を行っているときにテティスを捕まえると、ケイロンにいわれたとおり、彼女が火、水、獣などに変身してもけっして彼女を離さなかった。

こうして、ふたりの結婚が成就されると、翌日には神々が参加した結婚式が執り行われた。この結婚式は、カドモスとハルモニアの結婚式に匹敵するほど華々しいものだった。争いの女神エリスが、「最も美しい女神へ」と記された黄金のリンゴを投げ込んだことが唯一の難点だった。

ふたりの結婚からアキレウスが誕生したが、彼が誕生すると、テティスは子供を捨てて、海の世界に帰ってしまった。このため、アキレウスはケイロンのもとで育てられることになった。

ペレウスはその後、イアソンたちとイオルコスを攻撃したとき、かつて自分を陥れたアカストスの妻アステュダメイアを殺した。彼は彼女を八つ裂きにしたうえで、それを踏みつけて軍隊を進めたのである。

＊三　捕まえなくてはならなかった　女神のテティスがペレウスに熱をあげたという説もある。美男子であり、勇猛な戦士でもあったペレウスを見たテティスは、自分より先に死ぬ運命の人間であることを承知で彼との結婚を望んだという。

ペレウスとテティスの息子

アキレウス ACHILLES

AEACUS

女神テティスから生まれたアキレウスは、それだけでも十分に特別な存在だった。トロイア戦争の時代になると、昔のように神や女神から直接誕生する英雄は少なくなっており、彼の他にはトロイア側にアプロディテの息子アイネイアスがいるくらいのものだった。

しかも、アキレウスは生まれるとすぐに、子供を不死にしようと考えた母の手で冥府のステュクス河に浸された。母が彼の踵を手に持っていたために、そこだけは水に浸からず不死にならなかったが、このためにアキレウスは、踵以外は不死という超人的な能力を手に入れたのである。

この後、ケンタウロスのケイロンに預けられたアキレウスは、彼のもとで医術や戦争の技術を学んだが、何といっても優れていたのは駆け足で、彼は人間の中でいちばん速い走者に成長した。

彼が九歳になったとき、後にトロイア戦争にも随行した予言者カルカスが、トロイアへの遠征には必ず彼が必要となると予言した。しかしテティスは、アキレウスがトロイアへいけば必ず戦死することを知っていたので、スキュロス島の王リュコメデスのところに預け、女装させて少女たちと一緒に育てさせた。この間に、アキレウスはリュコメデスの王女デイダメイアを見初め、やがてトロイア戦争にも参加することになる息子のネオプトレモスを儲けた。

そのうち、トロイアへの遠征が迫ってくると、ギリシアの英雄たちは是非ともアキレウスが必要だと感じ、彼を捜し始めた。

リュコメデス王のところには、オデュッセウスが捜索にやってきた。アキレウスは英雄たちの中でいちばんの美貌だったので、少女たちに混じっていても、すぐには見つからなかった。だが、オデュッセウスは少女たちの部屋に装飾品を並べ、その間に武器を置くと、危険を知らせるラッパを吹いた。

このとき、アキレウスだけはとっさに武器を手にしたので、変装が見破られ、ついにトロイア戦争に参加することになったのである。

三

叙事詩の英雄たち

ここでは、古代ギリシアの叙事詩でしばしば取り上げられたアルゴー探検隊と、トロイア戦争に登場する英雄たちを紹介したい。

ギリシア神話の英雄たちの物語の中には、ヘラクレス伝説のようにひとりの英雄にスポットを当てた物語の他に、大きな事件そのものをテーマにしているものがいくつかある。ここで紹介するアルゴー探検隊やトロイア戦争のように、叙事詩の題材となっている物語がそうだ。この他にも叙事詩として扱われた題材はいくつかあるといわれているが、ここに挙げたふたつの物語はギリシア神話の中でも特別に大きな事件を中心にしているので、ストーリーの展開も他の物語よりも複雑で、それなりに長いものになっている。

もちろん、英雄たちも数多く登場する。ギリシア神話の多くの物語がある特定の地域や人物にまつわっている中で、これらの事件はギリシア中の英雄たちを巻き込んでいるのである。血族を中心とした物語には登場しない、人間や英雄もそこにはたくさん登場する。その意味で、これは英雄たちのオリンピックといった印象を与えるものだ。そこでは、数多くの英雄たちがひとつの目標のために力を合わせて戦うのである。

そんなわけで、これらの物語では、ヘラクレス伝説のように最初から最後までひとりの英雄が活躍しているわけではない。物語のそれぞれの場面で、それぞれの英雄がその個性に応じて活躍するのである。数多くの英雄たちの中には、友情で結ばれた英雄たちもいれば、仲たがいする英雄たちもいる。

そこでここでは、登場する数多くの英雄たちを、物語の展開に沿って紹介していくことにした。もちろん、登場する英雄たちの多くは、物語が続いている間、最初から最後まで存在しているわけだが、彼らがいちばん活躍する場面で、そのプロフィールと活躍振りを紹介すれば、ストーリーの展開も一緒に楽しむことができると思えるからだ。本章で紹介されている英雄の中には、すでに「二　英雄の物語」で紹介してある人物もいるが、そのような場合は、ここでは特に物語に関係ある事柄だけを紹介することにした。英雄の出生やその後の物語については、前章の方を参照してほしい。

アルゴー探検隊～英雄たちの大航海伝説～

コロンブスやマゼランが活躍した大航海時代のことを考えただけで、かつての人間たちにとって海に乗り出すことがどれほど危険なことだったかはある程度想像がつく。それが、コロンブスからさらに二千五百年以上も昔の太古の時代となればなおさらのことではないだろうか。その頃は、もちろん大帆船など存在しないし、人間たちの多くが驚くほど狭い地域の中で生きていた時代なのである。

アルゴー探検隊伝説は、海に出ること自体が危険だったそのような太古の昔に、ギリシア中から集まった五十人の英雄たちが、当時としては地の果てともいえる土地を目指して、想像を絶する海の大冒険に乗り出す物語である。

テッサリアにあったイオルコス王国が物語の最初の舞台である。この国はデウカリオン一族のクレテウスが創建したもので、順当にいけば、王位は彼の息子のアイソンに受け継がれるはずだったが、クレテウスの死後、アイソンの異父兄弟に当たるペリアスがアイソンの王位を奪い取るという事件があった。

そのとき、アイソンはまだ幼かった息子イアソンを救うため、どうにかペリオン山のケンタウロスの賢者ケイロンに預けることができたものの、それ以降は、イオルコスの片隅に幽閉され、王位を奪い返すことはできなかった。

こうして、イオルコス王国は正当な王位継承者ではない人間に、長い間支配されることになったのである。

ところが、それから二十年近くが過ぎたとき、立派に成長したイアソンが自分こそ正当な王位継承者であるとして、王位を譲り受けるためにペリアスのところを訪れたのである。

これにはペリアスも驚いた。が、なんといっても悪知恵の働く老かいな人物だった彼は、ついにイアソンを罠にはめ、金羊毛皮を取りにいくという難題を押しつけた。金羊毛皮はイアソンと同じデウカリオン一族のプリクソスと関係の深い、空飛ぶ黄金の羊の毛皮で、そのころ黒海東岸のコルキス国の軍神アレスの森の中にあるといわれていたものだった。

当時、黒海といえば、まったく未知の海だったから、金羊毛皮を取りにいくことなどまったく不可能なことだったが、約束してしまった以上、イアソンとしてはやり遂げないわけにはいかなかった。

そこで、イアソンが呼びかけて、ギリシア中の英雄たちを集めてアルゴー探検隊を組織すると、イオルコス王国からコルキス国までを往復する破天荒な冒険航海が行われることになったのである。

未知の航路を進む航海だけに、この冒険で彼らを襲った困難ははなはだしかった。自然の嵐などはまだ序の口で、英雄たちはゼウスが飼っていた怪鳥と戦ったり、船が通るとシンバルのように打ち合わさる海峡の間を通り抜けたりしなければならなかったのである。コルキス国では、竜の歯から生まれてくる兵士や金羊毛皮を守る火を吐く竜も待ち構えていた。

彼らの時代に黒海がいかに未知の世界だったかは、英雄たちの帰りの航路を見てもわかる。英雄たちの乗ったアルゴー号は、黒海からダニューブ河をさかのぼり、内陸部の河を通ってアドリア海へ抜け、そこからポー河をさかのぼってティレニア海に抜け出たりするのである。

特別に新しい人物が登場しないので本書では扱わなかったが、無事にティレニア海を抜け出た後も、アルゴー号には大きな波乱が待っていた。シチリアを越えたあたりで激しい嵐に襲われたアルゴー号はついにアフリカに流されてしまい、その地で英雄たち五十人はなんとアルゴー号を肩に担いで、十二日間歩きとおして砂漠を越えなければならなかった。そして、やっとのことでクレタ島までやってきて寄港しようとしたときは、島を守る青銅の巨人タロスに襲われる羽目になったのである。

こんな航海は普通の人間たちにできるはずがないので、まさに英雄たちならではの大航海だったといっていいだろう。

ARGONAUTS

イアソン JASON

アイソンとポリュメデの息子

イオルコス国の正当な王位継承者であるイアソンが、世界の東の果てへと冒険航海に出発したのには次のようなわけがあった。

ペリオン山でケンタウロスのケイロンに育てられたイアソンがたくましい青年となり、豹の毛皮を身にまとい、現在の国王ペリアスから王位を譲り受けるために、イオルコス王国を訪れたときのことである。

しばらく前に、片方だけサンダルを履いた男に殺されるだろうという神託を受けていたペリアスは、イアソンの姿を見て驚いた。イオルコスにくる途中の河で片方のサンダルを急流に取られてしまったイアソンは、ペリアスに下った神託と同じように、サンダルを片方しか履いていなかったからだ。しかも、イアソンは父アイソンから王位を簒奪したペリアスに向かい、正直に自分がやってきた理由を告げたのである。

何とかしてイアソンを亡き者にしたいと思ったペリアスは、どんな方法を用いればいいか思案しながら、彼に尋ねた。

イアソンは容姿端麗な若者だった。豹の皮をまとい、左右の手に1本ずつ槍を持っていた。美しい金髪は、一度として刈ったことがなく、両肩の間でなびいていたという。

「もしも王だったとして、誰かがおまえを殺しにくるという神託を受けたとしたら、おまえならどうする？」

イアソンはそんなことは決まっているというように即座に答えた。

「プリクソスをコルキスまで運んだ金色の羊の皮を取りにやらせますよ。絶対に生きて帰ってくることなど不可能ですから」

すると、ペリアスはまさに名案だというように、大声でいった。

「ではイアソンよ、さっそく金羊毛皮を取ってきてもらおうか。なぜなら、イオルコス国王であるわたしが、おまえに殺されるだろうという神託を受けているからだ。おまえ自身がいったことなのだから拒否はできまい。しかし、金羊毛皮を持って無事に帰ってきたら、そのときこそ王位を譲ろうではないか」

イアソンは自分の言葉の不注意に気がついたが、もはや遅かった。自分の言葉を裏切らない立派な英雄であるイアソンは、ペリアスの命令に従うしかなかったのである。

両親不詳

アルゴス ARGUS

ARGONAUTS

金羊毛皮があるというコルキス国は黒海の東岸にあった。しかし、イアソンの時代のギリシア人にとっては、身近にあるエーゲ海でさえ未知の部分が多く、黒海は完全に未知の世界だった。コルキス国の位置も、東の海の果てにあるということくらいしかわからなかったのである。

そのような場所まで航海するとなれば、何にもまして立派な船が必要なのは当然だった。イアソンは考えた末にギリシア随一といわれる船大工アルゴスに船の建造を任せることにした。

アルゴスは、山から杉の木を切り出して、パガサイ湾で五十の櫂を持つ大型船アルゴー号を建造した。船の建造中に女神アテナが現れ、船のへさきにするようにと、一本の樫材をアルゴスに与えた。それは、ドドナ[*1]の森にある特別な樫の木を、アテナ自身が切り出して予言の能力を与えたもので、英雄たちの冒険航海中に何度か人語を発し、彼らを危険から救うことになる不思議なものだった。アルゴスは喜んで、それを船のへさきに取りつけた。

船が完成すると、イアソンは航海の仲間を集めるために、ギリシア中の勇士たちに援助を求めた。この声に応じて、五十人を超える英雄たちが続々とイオルコスに集まってきた。やってきたのはそうそうたる人々で、ギリシア中でいちばん有名なヘラクレス、冥界に旅したことのあるオルペウス、双子神のカストルとポリュデウケス、アキレウスの父であるペレウスなども含まれていた。この時代には、重要な仕事には必ず予言者が同伴することになっていたので、アポロンの息子のイドモンが予言者として英雄たちと一緒に乗船することになった。

明日は出帆という日の夜、英雄たちは航海の無事を祈って神々に犠牲を捧げた。それからぐっすりと眠り、翌朝船に乗り込んだ。

その日はよく晴れ、風があり、船出にはうってつけの日だった。

ギリシア随一の音楽家でもあるオルペウスが竪琴を奏で、その音楽に合わせるように、アルゴー号は船出した。

＊一　ドドナの森　エペイロス山中にあったゼウスの神託所。樫の神木の葉が風にそよぐ音で神託が下された。

トアスの娘

ヒュプシピュレ HYPSIPYLE

レムノス島の女王

アルゴー号の航海は順調に進み、三日目に最初の寄港地レムノス島に到着した。

この島の女王がヒュプシピュレで、彼女はギリシアの英雄たちがやってきたことを知ると心から喜んで歓待した。

しかし、これにはわけがあった。数年前のことだ。レムノス島の女たちは女神アプロディテを崇拝しなかったために罰を受け、一時的にひどい悪臭を放つようになった。しかも、女の夫たちがこれに耐えきれずに別な島の女たちを妾にすると、レムノス島の女たちは腹立ち紛れに、島中の男という男を殺してしまったのだ。女王ヒュプシピュレだけは父を箱の中に入れて海に流し、その命を助けたが、このためにこの島には男がいなくなってしまい、女たちは子孫を残すこともできず、大いに困っていたのである。

そんなところにギリシアの英雄たちがやってきたのである。女たちが喜ぶのは当然で、すぐに島中がお祭り騒ぎになった。女たちは英雄たちのために競技会を催し、英雄たちは競技に熱中した。そして、女たちと親しくなった英雄たちは、レムノス島に数多くの子孫を残すことになったのである。イアソンも女王ヒュプシピュレと結婚し、エウエノスと小アトスというふたりの息子を残した。最初から船に留まり、女たちと関係を持とうとしなかったのは、ヘラクレスだけだった。

そんなわけで、やがてヘラクレスの提案で英雄たちが出発することになったとき、女たちは大いに悲しんだ。イアソンは、冒険が成功し、再び帰ってきたときは、レムノス島の女王ヒュプシピュレをイオルコス国の王妃として迎えることを約束し、アルゴー号に乗り込んだ。

しかし、アルゴー号が出帆した後、女王ヒュプシピュレには不幸な運命が待っていた。レムノス島の女たちがかつて男たちを殺したとき、ヒュプシピュレだけが父を殺さずに助けていたことがみなの知るところとなり、彼女は島から追放されてしまったのである。

アイネウスとアイネテの息子

キュジコス CYZICUS

ドリオニア王

レムノス島を出たアルゴー号は次にドリオニア人の国に寄港した。その国はエーゲ海と黒海の間にあるマルマラ海[*二]の小アジア側にあり、キュジコスという王が支配していた。

キュジコス王は神託によってアルゴー号がやってくることを知っており、やってきたら厚遇するように告げられていたので、英雄たちが到着したという知らせを受けると、自ら迎えに出てもてなした。英雄たちは王の歓迎に感謝し、たった一日の滞在の間に親しい友達のようになった。

ところが、この後で不幸な事件が起こった。

アルゴー号は翌日にドリオニア人の国を出ると海上で夜を迎えたが、夜の間に嵐に襲われ、再びドリオニア人の国に戻ってしまった。すると、この頃近国と戦争状態にあった彼らは、これを敵国の襲撃と勘違いしてアルゴー号に攻撃を開始したのだ。

アルゴー号の英雄たちも、闇と嵐のために自分たちの相手がドリオニア人とは気づかなかったので、全力で戦った。そして、ドリオニア人の多くとキュジコス王を殺してしまったのである。

やがて、嵐も去ってあたりが明るくなったとき、双方ともにこの戦いが間違いであることを知り、大いに悲しんだ。いちばん悲しんだのは王妃クレイテで、彼女は悲しみのあまり首を吊って自殺してしまった。アルゴー探検隊の英雄たちはキュジコス王を立派に葬ると、三日間にわたって葬礼競技を催し、王の死を悼んだ。

しかし、その後はプリュギア地方に古くから伝わる女神[*三]キュベレがキュジコスの死を悲しんで激しい嵐を起こしたので、アルゴー探検隊は十二日間もその地に足止めされた。十三日目にアルゴー探検隊のひとりである予言者モプソスが嵐の原因を突き止め、英雄たちは海辺の岩山で女神キュベレに犠牲を捧げ、女神の怒りを鎮めた。

こうして、アルゴー探検隊は、再びはるかな冒険航海に出発することができたのである。

＊二　マルマラ海　マルマラ海は「プロポンティス」と呼ばれていた。
＊三　女神キュベレ　地中海沿岸のプリュギア地方で崇められた月と収穫の女神。クロノスの妻レアと同一視されることもある。

テイオダマスとメノディケの息子

ヒュラス HYLAS

ARGONAUTS

マルマラ海をさらに東に向かって進んだアルゴー号は、数日もしないうちにミュシア地方のある入江に入り込んだ。その近くにきたとき、ヘラクレスの櫂が、その怪力のために折れてしまったからだった。

船が岸に着き、みなが上陸すると、ヘラクレスはすぐに従者として連れてきたヒュラスという少年と一緒に、櫂にするのにちょうどいい木を探すために森の中に入っていった。ヘラクレスはかつてドリュオプス人の王テイオダマスと争って殺したことがあったが、ヒュラスはその王子で、そのとき以来、ヘラクレスが従者として可愛がっていたのだった。しばらくして、ヘラクレスが気に入った木を見つけて櫂を作り始めると、ヒュラスは彼のために泉の水を汲みに出かけた。

どんどんと森の奥まで入り込んでやっと泉を見つけたヒュラスは、岸辺にひざまずいて水の中に皮袋を差し入れた。そのときだった。ヒュラスの美しさに魅せられた数人の水のニンフたちが泉の中から現れると、水の中に伸ばしたヒュラスの腕を掴んだのである。

驚いたヒュラスは大声で助けを求めた。偶然、探検隊のひとりポリュペモスが森の奥で獣を追っており、その声を聞きつけると剣を振り回しながら駆けつけた。が、泉にはもはや誰の姿もなかった。ポリュペモスはさらにあたりを捜し回り、櫂を作っているヘラクレスに出会った。それからふたりで、どこかに消えてしまったヒュラスを捜し始めた。

その頃、アルゴー探検隊の英雄たちはほとんどがアルゴー号に乗船していた。戻っていないのは、先の三人だけだった。英雄たちは、これからどうすべきか盛んに議論した。このとき、沖の海に突如として海神グラウコスが出現すると、ヘラクレスたちは自分の運命に従ってこの地に残ったのだから捜す必要はない、と英雄たちに告げた。そこで英雄たちは、行方不明の三人を残してその地を後にした。このため、残されたヘラクレスは間もなくギリシアへ帰り、ポリュペモスはその地に留まって、キオスという市を興すことになったのである。

ポセイドンの息子

アミュコス AMYCUS

ベブリュクス王

小アジア側の岸辺に沿ってマルマラ海を東に進んでいたアルゴー号が、もうすぐボスポラス海峡というあたりまできたとき、飲み水が完全に尽きたので、英雄たちは水を補給するために近くの岸辺に上陸しなければならなかった。

ところが、英雄たちが泉を見つけて水を汲もうとしたときのことだ。

「この泉はベブリュクス人のものだから、水がほしい者は掟に従って、アミュコス国王と拳闘の試合をしなければならない。試合に勝ったら、いくらでも好きなだけ水を持っていくがいい。ただし、これまで国王に挑戦して、生きて帰った者はひとりもいないのだが」

どこからか武装した男たちが突然現れて、英雄たちにこんなことをいったのである。

そこで、英雄たちはすぐにアミュコス王の館に向かうと、ゼウスの子で、カストルと双子の兄弟であるポリュデウケスが、ギリシア随一の拳闘家として王に挑戦することになった。

英雄たちとベブリュクス人が見守る中、アミュコス王とポリュデウケスがリングにのぼった。

アミュコス王は実にたくましい巨人で、これまで一度も負けたことがないという言葉に嘘はないことは確かだった。リングの上に対戦者が並ぶと、英雄ポリュデウケスでさえ、子供のように小さく見えるのだ。

が、いざゴングが鳴って、ふたりがリングの中央に歩み寄ると、次の瞬間ポリュデウケスのパンチが王の頭に炸裂し、さしものアミュコス王もあっという間に白目をむいてリングの中央に倒れてしまった。

こうして英雄たちは、アルゴー号のすべての水瓶が一杯になるまで、十分に泉の水を汲み出すことができたのである。

ポリュデウケスにKOされたアミュコス王も、さすがに深く反省したようで、今後は誰が泉の水を汲みにきても、喜んで水を分け与えることを誓ったのだった。

両親不詳

ピネウス PHINEUS

サルミュデッソス王

マルマラ海の果てにあるボスポラス海峡は、アルゴー号の英雄たちにとってこの世の果てと同じだった。そこから先に何があるのかは、誰ひとりとして知る者はいなかった。そこで、ボスポラス海峡の入口付近までやってきたとき、英雄たちはトラキア地方にあるサルミュデッソス国のピネウス王を訪れた。王は盲目だったが、優れた予言者だったので、今後の困難を教えてもらえると思ったからだ。

が、このとき、ピネウス王の方もアルゴー探検隊の到着を待ち望んでいた。王はその予言の能力で、人間の将来をすべて予言してしまったためにゼウスの怒りを受け、女性の顔を持つ怪鳥ハルピュイアイに悩まされていた。王が食事をとろうとするたびに、ハルピュイアイが上空から現れて、テーブルの上を無茶苦茶にし、汚物を残して去っていくのである。このため王は食事もとれず、今にも死にそうなほど痩せ細ってしまったが、ある夜の夢で、アルゴー探検隊と一緒に北風ボレアスの双子の子カライスとゼテスがやってきて、怪鳥の罰から王を救い出してくれるというお告げがあったのである。

カライスとゼテスはこの話を聞くと、即座にハルピュイアイを追い払ったので、ピネウス王は礼として、英雄たちにコルキスまでの航路と今後の困難を教えた。それによれば、最大の困難はボスポラス海峡にあった。その海峡の出口あたりに海上に浮かぶふたつの岩の島があり、海峡を出ようとすればその間を通るしかないが、船が通ろうとすると、ふたつの岩はまるでシンバルのように打ち合わさり、船を押し潰してしまうというのだ。が、ピネウス王はそこを通り抜ける唯一の方法も教えてくれた。そこで英雄たちはその教えのとおり、岩の手前で鳩を放った。すると、岩は鳩を挟み込むために打ち合ったが、鳩は尾羽を挟まれただけでみごとに岩の間を通り抜けた。それを見た英雄たちは、岩が再び開き始めた瞬間に一斉に櫂を漕ぎ、鳩と同じ速さで船を進めると、船尾の一部を挟まれただけで岩の間を通り抜けることができたのである。[*四]

＊四　通り抜けることができた　これは、人間として初めての快挙だった。「人間が通過することができたときから永遠に開く」という伝説どおり、この岩は、アルゴー号の通過後閉じなくなった。

ボレアスとオレテイアの息子

カライスとゼテス

CALAIS & ZETES

ARGONAUTS

サルミュデッソス国のピネウス王のところで、探検隊のカライスとゼテスが怪鳥ハルピュイアイを追い払うことができたのは、彼らの背中に黄金の大きな翼が生えており、怪鳥と同じように空を飛ぶことができたからだった。

ピネウス王の妻クレオパトラは、カライスとゼテスの姉妹だったので、ふたりはもともと王とは深い関係にあった。そこで、王の窮状を聞いたふたりは、すぐにも王の館の中庭に食事の支度を整え、王とともにテーブルにつき、ハルピュイアイをおびき寄せた。

何も知らない二匹の怪鳥は、いつもと同じように王のテーブルに舞い降りてきたが、いまにもテーブルの食事をつかもうとした瞬間に、翼の生えたカライスとゼテスが剣を抜いて舞い上がったので、慌てて逃げ出した。

こうして、双子の英雄と二匹のハルピュイアイの、空中の追いかけっこが始まった。ハルピュイアイは疾風のように空を飛んだので、カライスとゼテスも追いかけるのは大変で、四つの影はどこまでも大空を飛び続けた。マルマラ海もエーゲ海もあっという間に通り過ぎた。

　が、彼らの飛行がペロポネソス半島にまで及んだとき、怪鳥の一匹が力つきて眼下を流れていたティグレス河に落ちていった。もう一匹はさらに飛び続けてペロポネソス半島を越えていったが、ストロバデス群島の上空でカライスとゼテスはついに怪鳥に追いつき、手に持った剣を振り上げた。

　ところが、そのとき虹の女神イリスが出現すると、ゼウスの所有物であるハルピュイアイを切ってはならないとふたりに告げた。そこで、ふたりは剣を収めると、捕まえた怪鳥に、もう二度とピネウス王の土地に出現し、王を困らせるようなことはしないと誓わせ[*五]、再びボスポラス海峡の入口まで戻っていったのである。

＊五　誓わせ　ハルピュイアイはその後ある島に棲みついた。この島では、トロイア戦争後、漂流の末たどり着いたアイネイアス一行を困らせている。このときアイネイアス一行は、動きの速いハルピュイアイを追い払うことができず、早々にその島を立ち去っている。

ヘリオスとペルセイスの息子

アイエテス

AEETES

コルキス国王

ボスポラス海峡の打ち合わさる岩の島を無事に通過したアルゴー号は、その後は黒海南岸に沿って順調に航海を続けた。そして、いくつかの寄港地を経た後で、黒海の東の果てコルキス国の岸辺までやってきたアルゴー号は、そこからパシス河をさかのぼり、夜の間に国王アイエテスの館のある首都アイアに到着した。

そこで、英雄たちはアルゴー号を葦の繁みに隠して夜を明かすと、翌朝イアソンがふたりの従者とともにアイエテスの館に直接乗り込んで事情を説明し、金羊毛皮を要求した。

コルキス国王アイエテスは、美しい前庭のある館で臣下とともにイアソンたちを迎えた。しかし、彼はギリシア人が国を乗っ取りにきたと考えたので、素直に金羊毛皮を渡そうとはしなかった。そのかわり、イアソンがふたつの試練を成し遂げたら、金羊毛皮を渡そうといった。すなわち、国王が所有する巨大な火を吐く二匹の牡牛にくびきを取りつけて大地を耕し、その後で竜の歯を大地に蒔き、そこから生え出てきた武装した兵士たちを撃退しろというのである。二匹の牡牛は軍神アレスから譲られたもので、竜の歯はテバイの建国者カドモスが倒したアレスの泉の竜の歯だった。アイエテスがイアソンを殺そうと考えていることは間違いなかった。

さすがのイアソンもこの試練の前にいささか考え込んだ。

しかし、アイエテスがそれを望む以上はそうする以外になかった。金羊毛皮は、首都アイアの背後に広がるアレスの森の奥深くにある、巨大な樫の木に掛けられており、恐ろしい火を吐く竜がそれを守っていた。たとえ、盗み出すにしても竜と戦う必要があった。それなら、とイアソンは思ったのである。

「では、国王のいうとおりやってみましょう」

イアソンはこう答えて、アイエテスの館を後にした。しかし、そうはいったものの、何かいい方法があるわけではなかった。

コルキス王女

メディア MEDEA

アイエテスとイデュイアの娘

アイエテス王の課した試練に挑戦することを約束したものの、イアソンにはどうしたらそれを成し遂げることができるかわからず、アルゴー号に戻ってからもあれこれと頭を悩ました。

このとき意外な人物がイアソンを援助するためにやってきた。アイエテス王の娘メディアだった。

コルキス王女メディアは、イアソンが金羊毛皮を求めてアイエテス王の館を訪ねたとき、王の近くでイアソンを迎えた。これを天界から見ていたアプロディテが、イアソンのために彼への激しい恋心をメディアに吹き込んだのだ。このため、彼女はイアソンのために何かしないではいられなくなった。彼女は美しい少女だったが、魔術を心得ており、アイエテス王の試練に打ち勝つ方法を知っていたのである。

イアソンが出迎えると、彼女は魔法の香油を彼に手渡した。牡牛と戦う前にそれを身体に塗っておけば、一日の間は、炎によっても剣によっても傷つくことはないという香油だった。さらに、メデイアは竜の歯から生まれた兵士たちとの戦い方をイアソンに教えた。竜の歯から生まれた何人もの兵士の真ん中に大きな石を投げ込むと、彼ら自身が争い始めるので、その隙に全員を打ち倒せというのである。

翌日、イアソンはメデイアにいわれたとおり、体中に魔法の香油を塗ってから、試練の場に向かった。

アイエテス王の命令で、すぐにも二匹の牡牛がイアソンの前に引き出された。王がいっていたとおり、それは口から炎を吐くいかにも恐ろしげな牡牛たちだったが、その炎も香油を塗っているイアソンには効き目がなかった。イアソンは少しも恐れることなく牡牛たちを押さえつけ、その首にくびきをつけて大地を耕した。

それから、イアソンは王から与えられた竜の歯を耕したばかりの大地に蒔いた。すると、歯が蒔かれた場所から何人もの武装した兵士が出現したので、メデイアにいわれたとおり、大きな石を彼らの真ん中に投げ込んだ。そして、彼らが仲間同士で争い始めたところで、一気に全員を切り殺したのである。

ところが、アイエテス王はこの結果が気に入らなかった。彼はうわべでは敗北を認め、明日になったら金羊毛皮を手渡そうとイアソンに告げたものの、腹の中では別のことを考えていた。彼は秘かに、その夜、英雄たちがぐっすりと眠っている頃にアルゴー号を襲い、英雄たちを皆殺しにしようと計画していたのである。

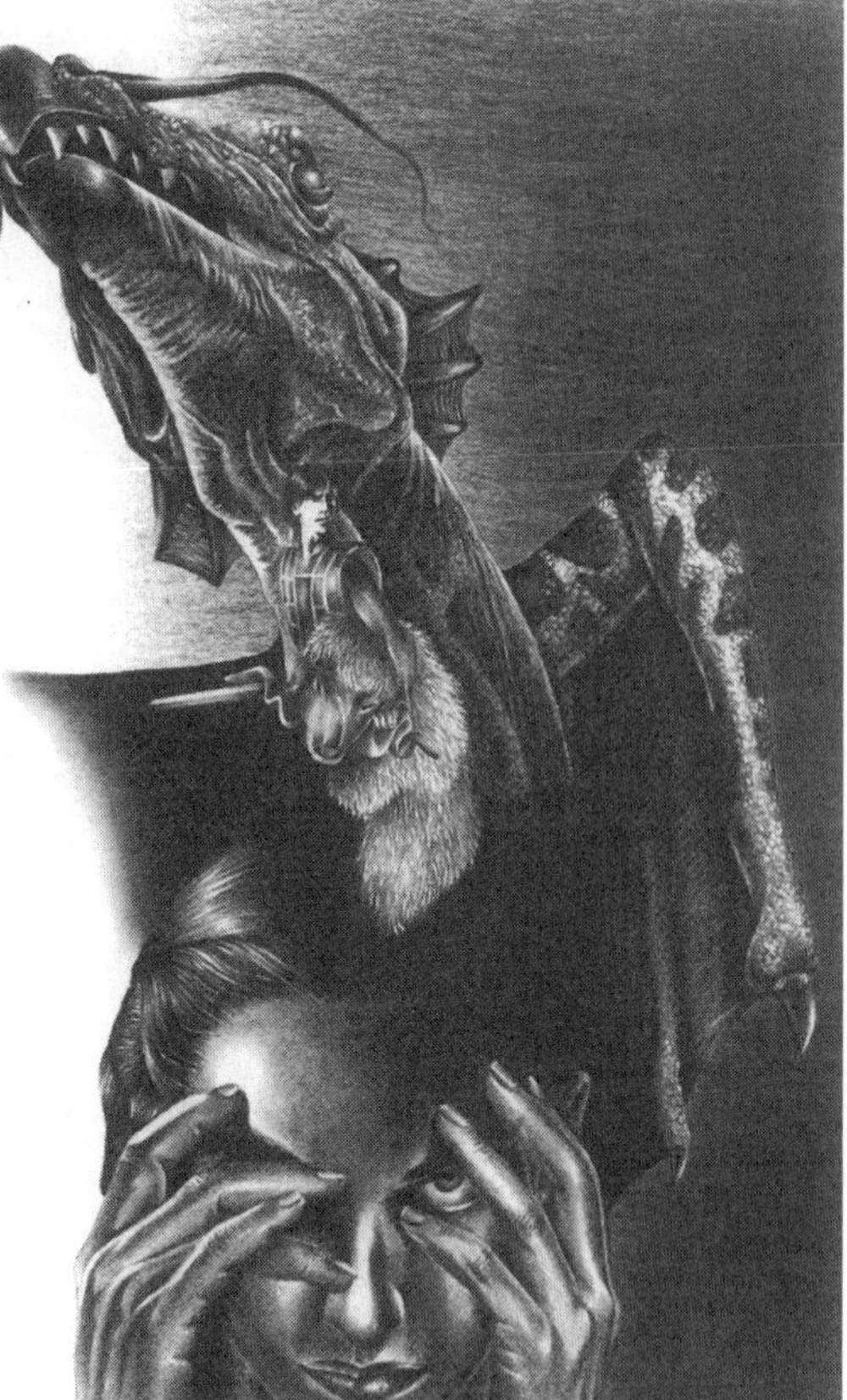

アプロディテによって恋心を吹き込まれたメデイアは、父の敵であるイアソンを助けることになった。彼女は、叔母のキルケから学んだ魔法を使い、金羊毛皮を守る竜を眠らせた。

イアソンに恋しているメデイアは、この計画を知ると再び彼のもとを訪れ、英雄たちにすぐに逃げることを勧めた。そして、イアソンとの結婚を条件に、アレスの森から金羊毛皮を奪い取る手伝いをすることになった。彼女はイアソンを案内して森の奥へと入っていった。やがて、金羊毛皮が掛けられた大きな樫の木までやってくると、その前で巨大な竜が見張っていた。が、メデイアが秘かに近づいて不思議な薬をあたりに撒くと、竜はあっという間に眠ってしまったので、イアソンは金羊毛皮を手に入れることができたのである。

こうして、金羊毛皮を持ったイアソンが戻ると、すぐにアルゴー号は出帆した。このとき、メデイアは弟のアプシュルトスを同伴していたが、これには残酷なわけがあった。アルゴー号の英雄たちが金羊毛皮を奪って逃げ出したことを知ったアイエテス王は、すぐにも大船団を率いてアルゴー号を追跡した。王は、金羊毛皮ばかりか王女と王子まで誘拐されたと考えたので、その追跡は激しく、さしもの英雄たちも一度は追いつかれそうになったほどだった。

しかしこのとき、メデイアは弟アプシュルトスを父の目に見える場所に立たせると、八つ裂きにしてその肉をばらばらと海に投げ込んだのである。驚いたアイエテス王は船団を止めると、王子の肉をすべて拾い集めるまでは大船団を動かそうとしなかった。アルゴー号はその間にはるか彼方まで走り去り、ついに追手から逃げることができたのである。

ヘリオスとペルセイスの娘

キルケ CIRCE

アイアイエ島の魔女

コルキス人の船団を引き離したアルゴー号は、帰途はボスポラス海峡を通らず黒海からイストロス（ダニューブ）河をさかのぼる航路を取り、アドリア海[*六]に抜け出した。

ところが、この頃になって船足が極端に遅くなった。女神アテナに贈られたアルゴー号のへさきに尋ねると、コルキス王子アプシュルトスを殺したメデイアとイアソンの行為をゼウスが怒っており、ふたりとも魔女キルケによって清められる必要があるとのことだった。

キルケは、かつて海神グラウコスに恋し、嫉妬から彼が愛していた美しいニンフのスキュラを、十二本の犬の足を持つ海の怪物に変えてしまったことのある恐ろしい魔女である。メデイアの叔母に当たっており、ティレニア海のアイアイエ島に住んでいた。

そこで、英雄たちはアドリア海からエリダノス（ポー）河を通ってティレニア海に出ると、さっそくキルケの住む島を訪れた。

キルケはやってきたイアソンとメデイアの罪を清めたが、ふたりが犯した罪を具体的に聞くとその残酷さに怒り出し、ふたりを島から追い出した。しかし、すでに罪は清められていたので、その後はアルゴー号の速度も、もとに戻ったのである。

アルゴー号とキルケの関係はこれだけだが、このときから数十年後には、彼らとは別な英雄がこの島を訪れることになった。トロイア戦争後に海上を漂流したオデュッセウスである。

オデュッセウスはこの島に到着すると、島内を探検するため、部下たちを先発隊として送り出したが、キルケは彼らを発見するなり豚に変えてしまった。オデュッセウス自身はヘルメス神のアドバイスで、豚に変えられることはなかったが、この島でキルケと一緒に一年間を過ごすことになったのである。

イアソンの場合と異なり、キルケはオデュッセウスには親切で、帰国のための航路なども詳しく説明している。

＊六　**アドリア海に抜け出した**　この神話が作られた頃の古代ギリシアでは、黒海、アドリア海、ティレニア海などが内陸部の河川で繋がっていると考えられていた。

ARGONAUTS

オイアグロスとカリオペの息子

オルペウス

ORPHEUS

アイアイエ島からティレニア海を南下していったアルゴー号は、現在のシチリア島の手前あたりで、当時、海の難所として船乗りたちに恐れられていたセイレンの岩場を通過した。セイレンは女の顔と鳥の姿を持つハルピュイアイに似た鳥で、美しい歌声で船乗りの心を惑わすと評判の怪物だった。というのも、セイレンの歌声を聞いた船乗りは、気が狂い、セイレンの歌をもっと近くで聞こうとその岩場へ上陸し、時を忘れて永遠にその歌声に聞き惚れてしまうからだった。セイレンの岩場には、そのために船乗りたちの白骨が山のように溢れているのである。

アルゴー号がそこにやってきたときもセイレンは歌い出し、これを聞いたブテスがその歌声に心を奪われ、彼女たちの島まで泳ごうとして帰らぬ人になってしまった。が、その他の英雄には被害は及ばなかった。アルゴー号に乗り込んでいたオルペウスがとっさに竪琴を奏でたからだ。そこから聞こえてくる音楽はセイレンの歌声よりも美しく、多くの英雄たちがセイレンの歌声に心を奪われずにすんだのである。

このときに大いに活躍したオルペウスは、ギリシアで最高の音楽家であり同時に最高の詩人でもある英雄だが、アルゴー号の冒険から帰国した後に、死んだ恋人に会うために冥界を訪ねたことでも知られている。

冒険の後、故郷へ戻ったオルペウスは美しい木の精エウリュディケを熱愛して結婚したが、アポロンの息子アリスタイオスが彼女に横恋慕するということが起こった。アリスタイオスがエウリュディケを自分のものにしようと追いかけたので彼女は逃げたが、このときに踏みつけた蛇にかまれて死んでしまった。

それ以来、オルペウスは歌も音楽も忘れ、悲しみのうちに暮らした。が、どうしても彼女のことを忘れることができなかった彼は、あるときラコニアに旅すると、タイナロンの洞窟から冥界を目指して進んでいったのである。

冥界に入り込むためには、カロンが渡し守をしているステュクス河や番犬ケルベロスが目を光らせている冥界の門を通らなければならなかったが、このときオルペウスは自慢の竪琴を奏でた。

この音楽があまりに美しかったので、カロンは感動のあまりオルペウスに河を渡ることを許可し、ケルベロスも吠え立てることを忘れてしまった。冥界のタルタロスには、永遠の罰に苦しむ亡者たちが数多くいたが、彼らもまたこのときばかりは苦しみを忘れ、しばし音楽に聞き惚れたほどだった。

オルペウスは詩人にして音楽家だった。彼が竪琴を奏でると、木々は根を足代わりに飛び跳ね、動物まで耳を傾けたという。

オルペウスの音楽は冥界の王ハデスや王妃ペルセポネの心も動かした。このため、彼らはオルペウスに好意を抱き、特例として、エウリュディケを地上に連れていき、生き返らせることを認めたのだった。ただし、これにはひとつ条件があった。それは、ふたりが地上に帰り着くまで、エウリュディケがオルペウスの後に従い、彼は何があっても後ろを振り返ってはいけないというものだった。そんなことは簡単だと思ったオルペウスは喜んで承知し、ふたりは地上を目指して洞窟をのぼっていった。

ところが、いままさに地上に出ようというときになって、あまりに背後が静かなので、オルペウスは冥界の王の言葉に疑いを持ち、ついに後ろを振り返ってしまったのである。振り返ったとき、エウリュディケは確かにそこにいたが、いかにも悲しそうな表情を浮かべると、再び冥界の奥へと引き戻されてしまったのだった。

絶望しきったオルペウスは、以降は新しい妻を迎えることもなく、完全に孤独な生活を送った。トラキア地方の女たちは、何度も彼を誘惑しようとしたが、彼の心は動かなかった。すると、女たちは無視されたことに腹を立てて彼を恨むようになり、あるディオニュソスの祭りのときに、狂乱のうちに彼を八つ裂き[*七]にしてしまったのである。

＊七　八つ裂きにしてしまった　オルペウスの死後、彼の竪琴はアポロンによって天の星座に加えられ、琴座となった。琴座のまわりには、動物たちの星座が輪を作り、竪琴の音を聞いているといわれる。

ペリアスとアナクシビアの息子

アカストス ACASTUS

ARGONAUTS

アルゴー探検隊には、不思議なことにイアソンに金羊毛皮の獲得を命じたペリアスの息子アカストスも参加していた。彼は、イアソンこそ王にふさわしい人物だと確信していたので、父の反対を押し切って遠征に加わったのである。

が、そうまでして探検隊に加わったアカストスも、イアソンの度重なる残酷な行為に嫌気がさし、やがて彼と対立することになった。

アルゴー探検隊は数年の航海の後、目的だった金羊毛皮とともにイオルコスに帰国した。が、彼らが帰国したとき、イアソンの両親はすでに死んでいた。もはやアルゴー号が帰国することはないと考えた国王ペリアスが彼らを殺してしまったのである。

これを知ったイアソンはなんとか復讐しようと、妻の魔女メデイアに相談した。そこで、メデイアは策略を練ると、若返りの秘法を教えるといって年老いたペリアスの娘たちを呼び出した。そして、老いた羊を八つ裂きにして、いんちきな薬を入れた鍋の中で煮、魔法を使って若返らせた。これを見た娘たちは驚いた。さっそくメデイアからその薬を譲り受けると、これで若返ることができるといって同じことを父ペリアスに行ったのである。もちろん、ペリアスは二度と生き返ることはなく、イアソンは復讐を遂げたのだった。

だが、このやり方があまりに残酷だったので、アカストスはイアソンらに恨みを抱くことになった。アカストスは父の死後すぐにイオルコスの王位に就くと、市民と一緒にイアソンとメデイアを追放した。

やっとのことで金羊毛皮を手に入れてきたイアソンだったが、このためについにイオルコスの王位に就くことはできなかった。

冒険の間、常にイアソンを保護していた女神ヘラも、憎んでいたペリアスが死んでからは、イアソンを救おうとはしなかった。イアソンとメデイアはやむをえずコリントスへ逃れ、そこで暮らしたが、ふたりの関係にもやがて終わりが訪れることになった。

リュカイトスの息子

クレオン CREON

コリントス王

イアソンとメデイアがイオルコスを追放されてコリントスで暮らすことになったとき、コリントス王クレオンはふたりがやってきたことを大いに歓迎した。

このおかげで、イアソンとメデイアはこの地で十年間も幸せに暮らし、メルメロスとペレスという息子まで儲けたのである。

しかし、この後、イアソンとメデイアの幸せを壊すような出来事が持ち上がった。というのは、息子のいなかったクレオンが十年間も彼らの面倒をみるうちに、英雄として血筋も優れたイアソンを大いに気に入り、ぜひとも自分の娘グラウケの婿にしたいと考えるようになったからだった。彼は考えに考えた末、あるときイアソンを呼び出して娘と結婚してくれるように相談を持ちかけた。

コリントス王女グラウケと結婚することは、メデイアと離婚することを意味していたが、それでもイアソンはその話に魅力を感じた。彼女と結婚すれば、彼はコリントスで大きな権力を手に入れることができるからだ。クレオンも執拗にそうすることの利益を説いて、イアソンの心を動かそうとした。このため、イアソンはしばらくは悩んだものの、やがて完全にメデイアからグラウケへと心を移してしまった。こうして、イアソンとグラウケの結婚が決まると、メデイアは離婚されたばかりか、邪魔者として国外追放を命じられた。

　これでは、メデイアがイアソンやクレオン親子に恨みを抱くのも当然だった。彼女は悲しみのうちにも復讐を決意すると、イアソンの将来のために国外追放の命令に素直に従うような振りをして、国を去る前に王女グラウケに花嫁衣装を贈った。世間知らずのグラウケは、メデイアの言葉を信じて喜んでそれを受け取った。

　しかし、結婚式の当日にグラウケがその結婚衣装を身につけると、みなの見ている前で突然に衣装が激しい炎を上げて燃え始めたのである。父クレオンはびっくりして火を消そうと娘に抱きついたが、このために彼もまた炎に包まれてしまった。

　こうして、コリントス王と王女はめでたいはずの結婚式の当日に、ふたり一緒に火だるまになって死んでしまったのである。

　これにはコリントス人たちが腹を立て、この仕打ちが魔女メデイアによって行われたことを知ると、イアソンとメデイアの間に生まれたメルメロスとペレスを[*八]石詰めにして殺した。

　イアソンとメデイアは、この後、まったく対照的な人生を送ることになった。

　イアソンはこの事件があって、新しい妻と古い妻の両方を一緒に失うと、絶望のあまり気が狂い、以降はギリシア中を放浪して過ごすことになった。そして、そんなあるとき、イアソンはある海岸でかつて金羊毛皮を手に入れるために数多くの英雄たちと一緒に乗り込んだ、懐かしいアルゴー号を見つけた。それはもう壊れかけてはいたが、確かにアルゴー号だったので、イアソンは喜びのあまり、その下で休息した。と、突然アルゴー号ががたがたと傾いてイアソンを押し潰し、その場で彼は死んでしまったのである。

これに対してメデイアは、グラウケが死んだことを確認すると、祖父である太陽神ヘリオスの助けを借り、翼のある炎の戦車に乗り込んでコリントスを逃れた。そして、アテナイに逃れた彼女は、テセウスの父であるアイゲウスを誘惑してアテナイの王妃に納まった。このため、彼女は英雄テセウスの物語にも登場することになったのである。

やがて、テセウスを殺そうとしたメデイアはアテナイにもいられなくなるが、その後は故郷のコルキスへ帰った。しかし、コルキスでは彼女が不在の間に権力闘争が起こっており、彼女の父アイエテスは殺され、兄弟のペルセスが王位に就いていた。彼女は悲しんだが、ペルセスこそ父を殺した犯人であることを知ると、神を祭る儀式を装って彼を殺し、ここでもまたみごとに復讐を遂げたのである。

＊八　石詰めにして殺した　一説によると、メルメロスとペレスを殺したのはメデイアであるという。彼女の愛は、自分の弟を八つ裂きにしてまでイアソンを逃がすという激しさを持っていたが、裏切られたときの復讐心にも相応の激しさがあったようだ。

⚜トロイア戦争～ギリシア神話の最後を飾る最大の英雄ドラマ～

神々の誕生から始まったギリシア神話は、ヘラクレスやテセウスといった半神的な英雄たちの時代を経た後、ついに数多くの英雄たちが一堂に会して共同で立ち向かわなければならないような大事件に遭遇する。英雄たちにとって最後の戦いとなるトロイア戦争である。

が、そのような大事件にもかかわらず、トロイア戦争のきっかけは実に些細なことだった。

英雄アキレウスの父であるペレウスと女神テティスの結婚式が催されたときのことだ。ギリシア中のほとんどの神々が招待された中で、結婚式には不釣り合いというので、不和の女神エリスだけは招待されないということがあった。すると、これに怒ったエリスが、争いを起こそうとして結婚式の行われている場所に、「最も美しい女神に」と記された黄金のリンゴを投げ込んだのである。これがきっかけで三女神の間に争いが起こった。アプロディテ、アテナ、ヘラがそれは自分のことだといって譲らなかったからだ。そこで、ゼウスはその判断をトロイア王子パリスに委ねることにした。

このとき、パリスは世界一の美女を与えるという条件と引き替えに、アプロディテを選び、その結果として、アプロディテの援助を得て、当時スパルタ王だったメネラオスの妻ヘレネを夫の留守の間に手に入れてしまったのである。

この事件がトロイアとギリシアの関係を悪化させることになった。ギリシア側は、何度かトロイア側にヘレネの返還を求めたが、パリスはそれを拒否した。こうして、ついにミュケナイ王アガメムノンを総大将とするギリシア軍がトロイアを攻撃することになったのである。

国をあげての大戦争なので、ギリシア側もトロイア側もすべての英雄たちを総動員した。ギリシア側からは、アキレウス、オデュッセウス、ふたりのアイアスなどが参加した。トロイア側にもヘクトル、アイネイアス、サルペドンなどがいた。これらの英雄たちが、多くの兵士たちとともに、トロイア城外の平原で激しい攻防戦を繰り広げたのである。当然のように、両国の多くの兵士と英雄たちがこの戦いの中で次々と死んでいった。

しかし、両軍総力をあげての戦いはなかなか決着がつかなかった。種々の事情があって、ヘレネの誘拐からトロイアの陥落まで両国の不和は二十年間続いたが、トロイアにおける戦いだけでもそのうちの最後の十年が費やされたのである。

戦争は最終的にギリシア側の勝利となるが、この戦争の影響はトロイア側にもギリシア側にも大きなものだった。

トロイアはこの戦争で完全に滅びることになった。

ギリシア軍は戦争には勝利したものの、戦争中に神を冒瀆するような行為をしたことから、帰国時にその罰を受けることになった。神の怒りによって暴風雨に遭遇したギリシア艦隊は、そのほとんどが難破し、数多くの兵士たちを失ったのである。ギリシア神話の有名な冒険譚にオデュッセウスの漂流があるが、この冒険もトロイア戦争からの帰国時に暴風雨に襲われたことが発端となっているのである。

暴風雨を乗り越えて無事に帰国した者たちにも、多くの場合不幸な運命が待ち構えていた。総大将アガメムノンの場合もそうで、彼は帰国後に妻クリュタイムネストラに殺される運命だった。

このように、ギリシア神話の最後の部分は、トロイア戦争後の彼らの運命を扱ったもので、アガメムノンの息子オレステスが父の復讐を遂げる事件が、事実上主要なギリシア神話の最後の物語となるのである。

滅亡したトロイアの英雄アイネイアスについては、トロイア戦争後も生き残り、ローマ神話に繋がる特別な物語の主人公となっている。彼はトロイア陥落の夜を生き延びて、海を渡ってローマにたどり着くと、ローマ人たちの祖になったというのである。しかし、この物語はギリシア神話というより、ローマ神話に含まれるといっていいだろう。

アトレウスとアエロペの息子

アガメムノン

AGAMEMNON

GREECE

トロイア王子パリスに妻ヘレネを連れ去られたときスパルタ王メネラオスは、すぐに兄であるミュケナイ王アガメムノンに相談を持ちかけた。

アガメムノンは大神ゼウスにも似た威厳のある王で、当時ペロポネソス半島の多くの土地を支配しており、ギリシア全土に巨大な影響力を持っていた。この兄の影響力によって、ギリシア中から艦隊を集め、はるばるトロイアまで、奪われた妻ヘレネを取り返しにいこうとメネラオスは考えたのである。

相談を受けたアガメムノンはどうすればいいか考えた。彼はギリシア中に影響力を持つとはいえ、さすがにギリシア中の軍隊を召集したことはこれまで一度もなかった。それほどのことをするには、何といっても正当な理由が必要なのだ。

が、このときに彼はあることを思い出した。世界一の美女といわれたヘレネには、求婚の資格を持つギリシア中の王が求婚に訪れたが、そのとき、すべての求婚者たちが、それが誰であれヘレネと結婚したものの権利を守るために戦う[*1]という誓いを立てていたのである。

この誓いが、アガメムノンを大いに助けた。彼はこの誓いを利用してギリシア中の軍を召集しようと考えると、ギリシア全土の諸王に向けて、ヘレネの誘拐はメネラオスひとりの問題でなく、かつて誓いを立てた諸王すべての問題であるとゲキを飛ばした。

ミュケナイ王アガメムノンの力は大きかったうえ、彼の主張は正当な誓約に基づいていたので、ギリシアのほとんどの王がこれに応え、すぐにもエウボイア島に面したギリシア本土にある港町アウリスに向けて、兵士と艦隊を送り出した。

この結果、アウリスに集結したギリシア艦隊とギリシア兵はおびただしい数にのぼり、ギリシア兵は十万、船は千隻を超えた。

こうして、ギリシア全土から召集されたギリシア軍が、アガメムノンを総大将として、トロイアと一戦を交えることになったのである。

＊一　**戦うという誓い**　この誓いは、ヘレネへの求婚者たちを押さえ、平和を保つために考えられた絶好の案だった。創案者はオデュッセウスである。

ナウプリオスとクリュメネの息子

パラメデス PALAMEDES

GREECE

トロイア戦争の開戦を決めたアガメムノンは、すぐにもギリシア各地の君公たちに従軍を求めた。このとき、アガメムノンの使者として各地を訪れた者の中にパラメデスがいた。彼はアガメムノンの支配するミュケナイ王国の武将で、知勇兼備《ちゆうけんび》という評判が高かったが、使者としての仕事においても、その能力を十分に発揮した。

もうひとりの使者メネラオスとともに、イタケ島のオデュッセウスに従軍を求めにいったときのことだ。人間の中でいちばん悪賢いといわれたオデュッセウスは、神託によって、もしも戦争に出かければ二十年間は戻れなくなるだろうと告げられていたことから、何とかして従軍することを免れようと考えていた。そこで、彼は従軍を求める使者がイタケ島を訪れたとき狂人を装うことにし、奇妙な帽子を被り、ロバと牡牛に鋤を引かせて畑を耕すと、麦の代わりに塩を蒔いた。

これを見たパラメデスは嘘だと見破り、オデュッセウスの妻ペネロペの手から生まれたばかりの彼らの息子テレマコスを奪い取ると、彼を鋤を引く牛たちの通り道に置いたのである。さしものオデュッセウスもこれには困った。もし狂人を装い続けるなら、愛する我が子の上を通っていかなければならなかったからだ。

こうして、従軍を拒否しようとするオデュッセウスの策略は打ち破られ、彼もまたトロイア戦争に参加することになったのである。

だが、このことがあって、パラメデスはオデュッセウスの恨みを買い、ギリシア軍がトロイアに着いてから復讐されることになった。オデュッセウスはパラメデスのテントの中に多額の金を隠した後、トロイア王プリアモスが同量の金によってパラメデスに裏切りを勧めている手紙を偽造し、ギリシア軍の陣中に落としておいたのである。このため、疑いを受けたパラメデスのテントは調べられ、そこから手紙に書いてあるのと同量の金が発見されるや、完全な裏切り者として石詰めにされて殺されてしまったのである。

ヘラクレスとアウゲの息子

テレポス

TELEPHUS

GREECE

港町アウリスに集結したギリシア軍は、勇躍トロイアに向かって第一回目の船出をしたが、このときギリシア軍の中には、トロイアまでの航路を知っている者がひとりもいなかった。このため、ギリシア軍はこの遠征では誤ってミュシアを攻撃してしまい、一度帰国し、八年後に再び出征することになったのである。*二

しかし、二度目に出征しようとしたときも、どのようにしてトロイアまでいけばよいか誰も知らず、ギリシア軍は大いに困った。

このとき、ミュシア王テレポスがはるばるギリシアを訪れ、ギリシア軍をトロイアまで案内する役目を果たすことになった。

アルカディアのテゲアで生まれたテレポスは、神託によってミュシアを訪れると、ミュシア王テウトラスに気に入られ、やがてミュシア王の地位を受け継いだのだが、彼が王になってから、ギリシア軍の第一回遠征があった。そのため、テレポスはミュシア人を率いてギリシア人と戦ったが、アキレウスの槍で太股に深手を負った。この傷がなかなか治ら

ないので神託に伺いを立てると、傷つけた者が医者となれば治癒するだろうと告げられた。そこで、彼はミュシアからアキレウスに会うためにアウリスを訪れ、ギリシア軍をトロイアへ案内することを交換条件として、傷を治してもらおうとしたのである。

アキレウスは医者の経験はなかったので、どうすればいいかよくわからなかったが、オデュッセウスはこの話を聞くと、傷つけたのはアキレウスの槍なのだから、槍の錆を薬代わりに傷口につければいいのだと神託の意味を解釈した。そこで、そのとおりにすると、数日後にはテレポスの傷は完全に癒えたのである。

こうして、テレポスは約束どおりにギリシア軍をトロイアまで案内することになるのだが、地理的にはトロイアと縁の深いミュシア王である彼は、ギリシア側に味方することはできず、最後までトロイア戦争に参加しない道を選んだのだった。

＊二　再び出征する　ギリシア軍が第一回目の遠征に失敗し、二回目のときにテレポスに案内されてトロイアに到達したという話は、ホメロス以前にはなく、それ以降に作られたといわれている。

テストルの息子

カルカス CALCHAS

GREECE

すべての準備が整い、いよいよ船出も近いというある日、ギリシア軍がアポロン神に犠牲を捧げると、不思議なことが起こった。祭壇の中から大蛇が出現して近くにあった鈴懸けの木にのぼり、そこにあった雀の巣の中から八羽の雛を、そして九番目に母鳥を次々と飲み込んだのである。しかも、これを天から見ていたゼウスはこの蛇を即座に石に変えた。

これは確かに奇怪な出来事だったので、誰もが特別な意味があるだろうと考えたが、ほとんどのギリシア人には理解できなかった。

ただひとりカルカスだけが、この出来事からトロイア戦争に関する重大な予言を読み取ったのである。彼はトロイア戦争に従軍した予言者の中でも最大の能力を持つ者で、戦争中数々の予言を的中させることになるが、このときの彼の予言も的中することになった。それは、ギリシア軍とトロイア軍の戦いは九年間続き、十年目になって初めてトロイアを攻略することができるだろうというものだったのである。

しかしカルカスは、彼自身の予言によって、自分よりも優れた予言者に出会ったとき死ぬことになっていた。トロイア戦争中は幸いにも彼は自分以上の予言者に出会わず生き延びることができたものの、結局はその予言から逃れることはできなかった。

トロイア戦争直後のことだ。彼はトロイアから帰国するギリシア艦隊が大きな苦難に直面し、ギリシア人の多くが死んでしまうことを予言によって知っていたので、少数の仲間とともに、陸路イオニアのコロポンまでやってきた。そこで、彼は運悪く予言者モプソスに出会い、予言の能力を競い合うことになった。最初、カルカスが数え切れないほどの実をつけている無花果《いちじく》の木の実の数を尋ねたとき、モプソスはぴたりと言い当てた。次いで、モプソスが妊娠中の牝豚の腹の中の子の数を尋ねたとき、カルカスは八匹と答えた。だが、モプソスは翌日の六時に九匹の子を生むと予言し、結果はそのとおりとなった。このために、カルカスは意気消沈して死んでしまったのである。

イピゲネイア

アガメムノンとクリュタイムネストラの娘

IPHIGENIA

GREECE

最初の遠征に失敗したギリシア軍は、二回目の今度こそトロイアを滅ぼそうと意気込んでいたので、出発の日が近づくにつれ、兵士たちの士気もどんどんと高まっていった。ところが、いざ出発というそのときになって激しい逆風に襲われ、ギリシア軍はアウリスに集結した艦隊を動かすこともできなくなってしまったのである。

数日間ならともかく、それ以上に長くこんな状態が続いて、総大将アガメムノンもさすがに困り果て、予言者カルカスに理由を尋ねた。

このときのカルカスの答えは、とりわけアガメムノン自身にとって深刻なものだった。この逆風は女神アルテミスの怒りによるものだが、それはかつてアガメムノンが狩猟のおりに女神を侮辱するような言動をしたからであって、彼の娘のひとりイピゲネイアを、人身御供として犠牲に捧げなければ解決できないというのである。

アガメムノンは迷った。しかし、予言の内容を知っていた弟メネラオスとオデュッセウスの説得で、娘を犠牲にする覚悟を決めると、彼はミュケナイに残してきた娘に、アキレ

犠牲の祭壇に運ばれたイピゲネイアは、実の父アガメムノンの手によりその喉をかき切られた。アガメムノンはこの後、このことに恨みを抱いた妻クリュタイムネストラによって殺されることになる。

ウスとの結婚が決まったから至急アウリスにくるようにと偽りの手紙を書いたのである。

結婚の相手がアキレウスだというので、心はずませてアウリスにやってきたイピゲネイアと母クリュタイムネストラは、事実を知って大いに落胆した。母は娘のために、口を極めてアガメムノンを罵った。陰謀の手紙の中に自分の名を使われたアキレウスも激昂し、イピゲネイアのために戦おうとした。が、このときすでにカルカスの予言はギリシア全軍の知るところとなっており、ギリシア兵たちは誰もが口々にイピゲネイアの犠牲を求めていた。

アガメムノンは最後の最後まで迷ったが、いまとなってはどうすることもできず、ついに嘆き悲しむイピゲネイアはギリシア軍のために犠牲の祭壇へ運ばれた[三]。こうして、アルテミスの怒りは鎮められ、ギリシアの艦隊はトロイアに向けて出港することができたのだった。

＊三　祭壇へ運ばれた　犠牲の祭壇に運ばれたイピゲネイアをアルテミスが哀れみ、一匹の牝鹿を身代わりにして彼女を救い出すと、クリミア半島のタウリスにあるアルテミスの神殿に連れ去って、巫女として仕えさせたという物語も残っている。

アイシュエテスとクレオメストラの息子

アンテノル ANTENOR

ギリシア艦隊がトロイアに近いテネドス島までやってきたとき、ギリシア軍はヘレネの返還を求める最後の話し合いをするため、メネラオスとオデュッセウスを使者としてトロイアに送った。

この話し合いは、トロイア側がヘレネ返還を拒否したために結局は決裂するのだが、これによって、トロイア側にも好戦論者ばかりでなく、ヘレネを返還して戦争を回避しようとする平和論者のいることがわかった。この代表がアンテノルだった。

アンテノルはトロイア王プリアモスの信頼の篤い長老のひとりで、トロイア側にあって、古くからギリシア側とのパイプ役を果たしてきた人物だった。トロイア戦争より以前、ヘラクレスがトロイアを攻撃し、プリアモスの姉妹に当たるヘシオネを奪ってきたときは、彼は新しく王となったプリアモスの命令で、ヘシオネの返還を求める使者としてギリシアを訪れたこともあった。パリスがギリシアからヘレネを連れ去ってきたときも、アンテノルは彼女がギリシアとの確執の原因になることを予感し、即座に彼女を返還することを主張したのだった。

今回、ギリシアの使者がトロイアを訪れたときも、彼は平和論者として使者たちを歓迎した。ヘレネの返還要求に腹を立てたトロイア王子パリスは、配下の者に命じてメネラオスとオデュッセウスを殺そうとしたが、アンテノルはふたりを自分の家に泊め、彼らを守りとおした。

アンテノルの平和論者としての態度はトロイア戦争中も一貫しており、戦争が十年目に入ったとき、戦死者を必要以上に増やさないために、パリスとメネラオスの一騎打ちによって戦争を決着させようと図ったのも彼だった。

こうした彼の貢献には、メネラオスもオデュッセウスも感謝しないわけにはいかなかった。そのため、トロイアが陥落した日、ふたりはアンテノルの家の入口に豹の皮を掛け、その家の者に危害を加えることをギリシア軍に禁じたのである。

イピクロスの息子

プロテシラオス

PROTESILAUS

GREECE

ヘレネの返還要求を拒否されたギリシア軍は、千隻を超える艦隊で、テネドス島から一気にトロイアの浜辺へ押し寄せた。が、多くの兵士たちが上陸をためらった。トロイア軍が待ち構えていたからではない。いちばん最初にトロイアの地を踏んだギリシア人は死ぬという神託があったからだった。

このとき、敢然としてトロイアの浜に最初の一歩をしるしたのが、テッサリア地方にあるピュラカイの王プロテシラオスだった。

浜辺で待ち構えていたトロイア兵たちは、彼を目がけて一斉に弓を射たが、彼はそれさえも恐れることなくトロイア軍中に突き進んだ。

これを見ると残ったギリシア兵も大声を上げて上陸し、ここに戦端が開かれたのである。

だが、神託は本当だった。いち早く敵兵の中に突き進んだプロテシラオスは、次々と敵兵を打ち倒したが、やがて彼の前に敵の総大将ヘクトルが出現し、槍のひと突きで彼を打[*四]

ち倒したのである。

しかし、プロテシラオスはその後一度だけ生き返ったという物語が残されている。彼が勇敢に戦って死んだという知らせが、ピュラカイで彼を待つ妻ラオダメイアのもとに届けられたときのことだ。彼は結婚したばかりで出征したので、知らせを受けた妻は大いに悲しんだ。彼女の父は、何もかも運命と諦め、彼女を別の男に嫁がせようと考えたが、ラオダメイアはこれを拒絶し、死んだ夫のことをいつまでも思い続け、神々に夫に会わせてくれるよう祈り続けたのである。

その姿はあまりにも痛々しかったので、やがて神々も同情し、たった三時間だけだったが、プロテシラオスを生き返らせ、彼女に会わせることになったのである。死者の道案内であるヘルメス神が、プロテシラオスを生者の国へと連れていく役目を果たした。しかし、ラオダメイアは生き返ったプロテシラオスと夢のような三時間を過ごした後、別れに堪えきれず、自ら死を選んで夫についていくことを選んだのだった。

＊四　打ち倒したのである　ギリシア軍は、最初に討死にしたプロテシラオスのために、墓を作り楡の木を植えた。この木は、トロイア市を眺められる高さまで成長すると自然に枯れ、再び根元から生えてきたといわれる。

TROY

クリュセスの娘

クリュセイス

CHRYSEIS

千隻を超える艦隊でトロイアに遠征したギリシア軍だが、トロイア城壁の守りは堅く、戦闘は膠着状態となったまま十年目を迎えることになった。この間、ギリシア軍は大きな成果を上げられず、トロイアの周辺の小さな街や市を攻略し、戦利品を手に入れたりしていた。が、こうして手に入れた戦利品の中に、ギリシア軍に大きな痛手を与えた事件の原因となるものが含まれていたのだった。それは、戦場における妾としてアガメムノンに与えられたクリュセイスという娘だった。

彼女の父クリュセスはアポロン神殿に仕える神官で、娘が略奪されたと知るや莫大な身代金を持ってギリシア軍の陣地を訪ねたが、アガメムノンはこれを口汚く罵って追い返してしまった。このため、悲しみにうちひしがれたクリュセスは、ギリシア軍を懲らしめてくれるようアポロン神に祈った。神はすぐにもこの願いを聞き届け、ギリシア軍に疫病の苦しみを送ったのである。

疫病の災難は九日間続き、多くのギリシア兵が次々と死んでいった。

十日目に、アキレウスの呼びかけで会議が召集され、予言者カルカスの占いによって、疫病の原因はアガメムノンがクリュセイスを父のもとに返さなかったことにあり、彼女が返還されるまで疫病の苦しみは止むことはないということがわかった。が、この答えにアガメムノンが腹を立てた。彼はクリュセイスを返すことには同意したが、その代わりに彼女と同じくらい美しく、やはり戦利品としてアキレウスに与えられていたブリセイスという娘を要求し、無理矢理に自分のものにしてしまったのである。

アキレウスがアガメムノンを恨んだのも当然だった。彼はついに戦いを放棄し、自分が戦いに参加しないことでギリシア軍が大いに苦しみ、やがて嫌でも彼を必要とするようになれと、母であり女神であるテティスに祈ったのである。すると、この願いは神々によって聞き届けられ、ギリシア軍は開戦以来最大の危機に立たされることになったのだった。

テルシテス THERSITES

両親不詳

GREECE

アガメムノンと争い、戦闘に参加することを拒否したアキレウスの願いを聞いたゼウスは、ギリシア軍を困らせるため、アガメムノンに偽りの夢を見せた。それは、いまこそトロイアを陥落させる絶好の時であって、ギリシア軍はすぐにも一斉攻撃を行うべきだというものだった。

夢を見たアガメムノンは、攻撃に移る前にギリシア軍の士気を試そうと、兵士たちを集めて嘘をつき、もはやいくら戦っても無駄に時間を費やすだけだから、ギリシアに引き返すことにしようと演説した。

これを聞くと、ギリシア軍の兵士たちはみながみな、国へ帰るために我勝ちにと船の方へ駆け出してしまった。

驚いたオデュッセウスがすぐにもギリシア軍の陣地を説得して回り、彼らをもといた場所に引き戻したからよかったものの、彼がいなければ、ほとんどのギリシア兵たちが船に乗って出帆してしまうところだった。

が、兵士たちのすべてが集会の場所に戻ってからも、ただひとり、国に帰るという考えに捕らわれ、いつまでも終わらない戦争に腹を立てて、総大将であるアガメムノンを口汚く罵り続けている者がいた。テルシテスという兵士だった。

もちろん、彼は英雄ではなく、トロイア戦争に参加した兵士の中でも最も卑しい人間で見た目も悪かったが、口が達者で、みなが座に着いた後もひとり立ち上がり、非難の言葉を途絶えることなくアガメムノンに投げつけたのである。

しかし、こんなことがいつまでも許されるはずはなく、彼はついにオデュッセウスに笏杖で打ちすえられて、だまらされた。*五

オデュッセウスはさらに兵士たちに向けて、九年の戦いの後の十年目に勝利を得るだろうというかつてのカルカスの予言を思い出させ、いまこそ勝利の時なのだと演説した。こうして、一度は国へ引き返そうなどと考えた兵士たちも考えを変え、ギリシア軍の士気は大いに高まることになったのだった。

＊五　だまらされた　テルシテスはこの後、アキレウスの鉄拳によって殺されている。アマゾンの女王ペンテシレイアに惹かれながらも戦わざるを得なかったアキレウスが、ついに彼女を倒して泣いていたとき、その姿を笑ったことでアキレウスの逆鱗に触れたのである。

TROY

リュカオンの息子

パンダロス

PANDARUS

ゼウスの送った夢によって、ギリシア軍がトロイアに一斉攻撃を加えるために城外の平原に隊列を整えると、トロイア軍も城を出て軍勢を勢ぞろいさせた。

このときトロイア側の先陣に立ったのが、ヘレネを連れ去った他ならぬパリスだったので、ギリシア側で彼をいちばん恨んでいたメネラオスは大いに喜び、馬車を飛び降りると、兵士たちをかき分けてギリシア軍の先頭へと進み出た。これを見たパリスは途端に怖気づいて、一度はトロイア軍中に逃げ戻ってしまったが、兄であり総大将であるヘクトルにその懦弱《だじゃく》振りを罵られると、ついにメネラオスとの一騎打ちを決意した。ヘクトルはすぐにもこれをギリシア側に伝え、勝った方がヘレネと一切の財宝を手にして戦争を終結させるという約束を結んだ。

こうして戦争は一時休戦となり、両軍兵士の見守る中、メネラオスとパリスの一騎打ちが行われた。結果は、メネラオスの圧倒的勝利だった。驚いた女神アプロディテがパリスをもやで隠して戦場から救い出さなければ、彼は危うく死ぬところだったのである。

これで戦争に勝利したと思ったギリシア軍は大喜びだった。が、天からこれを見ていた神々の中には、一騎打ちでの終結を喜ばぬ者もいた。とりわけトロイアを敵視し、徹底的に打ちのめしたいと思っていたヘラとアテナはそうだった。そこで、ふたりは話し合い、アテナがトロイア軍中に舞い降りると、豪勇の誉れも高く弓の名手だったパンダロス[*六]をそそのかし、メネラオスに矢を射かけさせたのである。

パンダロスの射た矢は、居並ぶギリシア兵の間を突き進み、みごとにメネラオスに命中した。ギリシア側に与する神の力で、矢は押し止められ、傷は浅かったが、メネラオスの身体は血に染まった。

ギリシア軍は腹を立てた。トロイア軍の裏切りによって休戦の約束が破られたのだ。ギリシア軍は戦列を整え直すと、大地を揺らしてトロイア軍へ襲いかかり、ここに激しい戦闘が再開したのである。

＊六　パンダロス　彼は、トロイアの王子トロイロスとクリュセイスとの仲を取り持った。このことから、英語の「取り持つ、仲介する」という意味を持つ「Pander」という言葉が派生した。

ディオメデス DIOMEDES

テュデウスとデイピュレの息子

GREECE

パンダロスの弓矢によって再開された戦闘において、ギリシア軍の中で最も活躍した英雄たちのひとりにディオメデスがいた。

彼はテバイの七将のひとりテュデウスの息子で、テバイを陥落させるという輝かしい過去を持つ英雄だったが、戦闘が再開されるや女神アテナが彼に勇猛心を吹き込んだので、もはやあたるところ敵なしの活躍だった。メネラオスに弓を引いたパンダロスが、ここでも彼に弓を引き、みごとに肩を射抜いたが、それでもディオメデスは屈しなかった。彼は敵の戦列に飛び込んでは、次々と敵兵を倒した。

トロイアの英雄アイネイアスはこれを見ると、パンダロスと一緒に戦車を駆ってディオメデスを目指した。が、ディオメデスは臆することなく、戦車にも乗らずに彼らを待ち構えた。これを目がけてパンダロスの投げた槍はみごとに彼のわき腹に当たったが、胸甲にさえぎられた。続けてディオメデスが槍を投げると、それはパンダロスの鼻筋を貫いた。アイネイアスは戦車から飛び降りて、大盾と手槍で戦車から落ちたパンダロスの死体を守ろうとしたが、ディオメデスは彼を目がけて、大人ふたりでも持てないような巨大な石を投げつけて腰骨を打ち砕いた。このとき、アイネイアスの母アプロディテが現れて、慌てて息子を戦車に引き上げ、トロイアの陣地に向けて逃げ出したが、ディオメデスは馬に乗って追いかけると、槍を突き出し、女神の手にさえ傷を負わせたのだった。この後、ディオメデスは女神アテナの力添えがあったとはいえ、トロイア側に味方して戦場に姿を現した軍神アレスにさえ歯向かい、その腹に槍を突き刺して追い返したのである。

が、ディオメデスは友情を重んずる男だったので、戦場でリュキア勢の大将グラウコスに出会ったときは、彼の曾祖父ベレロポンが自分の祖父オイネウスと親しかったことを知って、互いに鎧を交換した。そして、たとえ今後戦場で出会うことがあっても、自分たちが槍を向け合うことだけは避けようと約束したのだった。

TROY

プリアモスとヘカベの息子

ヘクトル HECTOR

人間離れしたディオメデスの活躍が大きくものをいって、ギリシア軍はついにトロイア軍を追い詰めたかに見えた。が、それも束の間、トロイア軍のただひとりの英雄の活躍によって、戦況は大きく変わることになった。その英雄こそ、トロイア軍の総大将ヘクトルである。

ヘクトルは、国を守る軍隊の総大将として、武勇はもちろん、人間的な道義の点でも極めて優れた人物だった。彼は、パリスがヘレネを連れ去ってきたことにもともと反対で、ヘレネをギリシア側に返還することを主張していたが、それを根に持つわけではなく、戦場では国のために常に果敢に戦うような男だった。

戦況がトロイア側に不利になったこのときも、彼は弟であり優れた予言者であるヘレノスの勧めで、女たちに命じて女神アテナに犠牲を捧げさせるために一度は城内に戻ったが、すでに命を賭けた最後の戦いを決意しており、妻アンドロマケとまだ幼い息子アステュアナクスに優しい言葉をかけた後、すぐにパリスを伴って戦場に舞い戻ったのである。

そんな彼に神々が最後のチャンスを与えることになった。トロイア側に与する神アポロンと、ギリシアに与する女神アテナとヘラが話し合い、ヘクトルとギリシアの英雄を一騎打ちさせることが決まったのだ。

神々の意志を受け取った予言者ヘレノスからこの考えを聞かされるや、ヘクトルは両軍の間に進み出て、ギリシア軍に一騎打ちを申し込んだ。

相手がヘクトルだったので、さしもの英雄たちも恐れをなし、ギリシア軍からは当初誰も出てこようとはしなかったが、間もなく、アキレウスに次いで二番目に偉大な武将とされる、テラモンの子のアイアスが登場した。

こうして、両軍の見守る中、ヘクトルとアイアスの一騎打ちが始まった。ふたりは投槍を投げ合った後、手槍を使って、激しく戦った。

この戦いは夜になっても決着が着かず、ついに引き分けということになったが、ヘクトルが一騎打ちによって劣勢を食い止めたことで、勝負の運がトロイア軍に傾き始めた。

ギリシア軍が船のまわりに防壁を築いた翌日、大神ゼウスは他の神々が戦いに関与することを固く禁じ、トロイア軍を応援したので、もはやヘクトルの活躍を止められる者は、ギリシア軍中には誰もなかった。ヘクトルは戦車を駆って広い平原をところ狭しと駆け巡り、名だたるギリシア兵たちを次々と打ち倒した。この勢いにはオデュッセウスやディオメデスさえ逃げ出す始末で、ギリシア軍はついに、陣地の前に築いた防壁の中に追い詰め

ヘクトルは理を重んずる人だった。トロイア戦争の前には、あらゆる手を尽くして戦いを避けようとした。が、いざ戦争となると、獅子奮迅の働きをした。1回の戦闘で30人の敵を倒したという。

られたのである。防壁の上では、弓の名手テウクロスがヘクトル目がけて弓をつがえたが、飛び出した矢は、秘かに関与したアポロン神の力でことごとく的を外してしまうのである。

その夜、ギリシア軍は絶望的な雰囲気に包まれた。総大将アガメムノンさえ、もはや敗北を認め、ギリシアに引き返そうと提案するほどだった。この意見はディオメデスの反対で退けられたものの、かといって特別な方法があるわけでもなかった。しかも、アキレウスはまだアガメムノンに腹を立てており、出陣する意志を見せなかった。

こうして、その後も戦いはトロイア軍に有利に進んだ。トロイア軍はギリシア軍の防壁に何度となく攻撃を仕掛けた末、サルペドンが防壁を壊すと、続いてヘクトルが巨大な石を投げつけて門を破壊し、一気に防壁内に攻め込んだのである。なだれ込んでくるトロイア兵の勢いにギリシア軍は敗走し、戦いはギリシア軍の船のそばへと近づいていった。

このとき、ギリシアを応援する女神ヘラが、アプロディテから人の心を惑わす帯を借り受けてゼウスを誘惑し、ゼウスの視線を戦場からそらしたので、ギリシア軍はわずかに勢いを盛り返したが、それも一時的なものだった。

間もなく、トロイア軍の先頭集団が一隻の船に近づくと、ヘクトルが火を放ち、プロテシラオスの船が燃え上がった。このとき、勝利はもはやトロイア軍の目前にあるようだった。

ゼウスとエウロペの息子

サルペドン SARPEDON

TROY

トロイア軍がギリシア軍をその陣営の中まで追い込んだ激しい戦いで、ヘクトルに次ぐ活躍をしたものにサルペドンがいた。

サルペドンはクレタ王ミノスの兄弟だったが、兄弟間の王権争いに敗れた後リュキアへ去り、その地の王となっていた。兵を率いてトロイア戦争に参加すると、戦争中はトロイア側の同盟軍の指揮を執り、ギリシアの陣営の防壁をいちばん最初に打ち破ったのが他ならぬ彼だった。

トロイア軍が、ギリシア軍の防壁を取り巻くように勢ぞろいしたときのことだ。防壁の上からはギリシア兵たちが弓を射たり、石を投げたりして、トロイア軍になかなか攻め寄せるチャンスを与えなかった。

このとき、サルペドンは雨霰と降り注ぐ石や矢を恐れる風もなく、リュキアの兵たちを率いて敵の防壁に近づくと、頑丈な手で防壁をつかんで打ち壊し、兵士たちの通り道を作ったのである。

ギリシア軍はその通り道に防御を集中したので、リュキア兵たちもそこから中に入ることはできなかったが、彼らの活躍がトロイア軍の士気を高め、続いて攻め寄せてきたヘクトルが大石で防壁の門を打ち破ることに繋がったのである。

が、ゼウスの子であって、その力の幾分かを受け継いでいたサルペドンも、この後の戦いで死ぬ運命から逃れることはできなかった。

ギリシア軍の中から、アキレウスの鎧を借りたパトロクロスが出陣したとき、彼はその槍を受けて死ぬことになったのである。天上からこの様子を見ていたゼウスは、我が子のために彼を危機から救い出そうかと考えた。が、運命を変えてはならないとヘラに諭され、泣く泣くそれを諦めたのだった。そして、サルペドンの死を確認すると、悲しみのうちにもアポロンに命じ、彼の死体を戦場の外へと連れ出させ、彼の故郷であるリュキア[*一]の地まで運ばせて埋葬させたのである。

サルペドンはトロイア人ではなかったが、ヘクトルを含むすべてのトロイア人が、大きな功績を残した彼の死を悲しんだ。

＊一　故郷であるリュキア　ゼウスとエウロペの子であるサルペドンの故郷は、正確にはクレタ島である。

TROY

エウメデスの息子

ドロン DOLON

ギリシア軍が陣地の中に追い詰められ、トロイア軍がそれを遠巻きにするように陣を取って夜営をした最初の夜のことだ。トロイアの陣地から、夜の闇に支配された平原に、ひとりの男が駆け出していった。ドロンである。

彼は英雄というほど優れた人物ではなかったが足が速く、この夜、ヘクトルが人材を募ったとき、自ら斥候として敵陣を探るという危険な仕事に立候補したのだった。

が、ちょうど同じ頃、ギリシア側からも敵陣を探る斥候が放たれていた。ディオメデスとオデュッセウスだった。これがドロンの予定を完全に狂わせてしまった。

ドロンは闇の中を、ギリシア軍のかがり火目指して一目散に走っていたが、この姿をいち早く、オデュッセウスが発見したのである。すでに平原の中にいたオデュッセウスとディオメデスは、すぐにも散乱した死体の陰に横たわって身を隠した。そして、そのすぐそばをドロンがギリシア陣地の方へ駆け抜けるやいなや、ふたりは起き上がって走り寄り、彼を捕まえたのである。

このふたりに捕らえられ、槍を突きつけられると、ドロンは完全に脅えきってしまった。そして、どうにか命だけは助かろうと、ギリシア側に彼の知っているかぎりの情報を漏らしてしまったのである。もちろん、その後で彼はすぐに殺されてしまったが、この情報漏洩のために、トロイア側の援軍として、その夜にトロイアに到着したばかりのトラキア王レソスの分遣隊が、オデュッセウスとディオメデスに襲われることになった。レソスの隊はトロイア軍のいちばん端に少し離れて陣取っていたうえ、まだ眠っていたので抵抗のしようもなく、次々と十二人が殺され、十三人目にレソス自身も殺された。

こうして、夜の戦いはギリシア軍に軍配が上がり、オデュッセウスとディオメデスはトラキア産の名馬にまたがって逃げ出した。

メノイティオスの息子

パトロクロス

PATROCLUS

GREECE

「こんなときアキレウスがいてくれれば。たとえそれが無理でも、もしもおまえがアキレウスの武具を借り、戦場に出てくれれば。そうすれば、我々ギリシアの兵たちもひと息つけるだろうに」

トロイア軍がギリシア陣地の防壁の間近まで迫り、ディオメデス、オデュッセウス、マカオンらギリシアの偉大な英雄たちまでが傷を負ったとき、ギリシア軍の長老[*二]ネストルがパトロクロスに向けてこういった。

パトロクロスはアキレウスと幼いときからの親友で、アキレウスの率いるミュルミドン軍の副将だった。そのため、アキレウスと一緒に彼もまた戦場から身を引いていたのだが、それだけにギリシア軍が追い詰められているいま、ネストルの言葉は彼の心に深く突き刺さった。

やがてトロイア軍がギリシア陣地に攻め入り、プロテシラオスの船に放火したとき、パトロクロスはついに堪えられなくなった。彼は涙を流しながら、美しく立派な武具を貸し、自分に出陣させてくれるようアキレウスに訴えた。これにはアキレウスも心を動かされた。そして、けっして敵兵を深追いするなと忠告した後、自分の武具を貸し与えたのだ。

こうして、アキレウスの鎧兜を身につけたパトロクロスは、まさにアキレウスそのものだった。彼が勇気に溢れたミュルミドン兵の一団を引き連れ、戦車に乗って戦いの場所に飛び出すや、船の脇まで攻め込んでいたトロイア兵たちは驚き慌てて、一斉に逃げ場所を探したほどだった。

パトロクロスはそんなトロイア兵の密集地に飛び込むと、一気に敵兵を蹴散らした。そして、彼は逃げ惑うトロイア兵を追い立てて次々と打ち倒すと、トロイアの英雄サルペドンまでも槍で突き殺した。

が、あまりの活躍に彼は敵兵を深追いし過ぎてしまった。敵兵を追ってトロイアの城壁まで近づいたとき、敵の総大将ヘクトルが彼の前に立ちはだかったのである。さしものパトロクロスも、鎧の威力だけではこの敵を倒すことはできなかった。彼は最後まで勇戦したが、ついにヘクトルの繰り出した槍が彼の下腹を貫き通したのである。

＊二　**長老ネストル**　パトロクロスがアキレウスの鎧を着て戦うように仕向けたのは、オデュッセウスの計略だったという説もある。謀略家であるオデュッセウスは、パトロクロスの死を見越しており、それによってアキレウスが参戦することを狙っていたという。

オイレウスの息子

アイアス（小） AIAS

GREECE

パトロクロスの死は、戦場に出ていたギリシアの兵士たちに大きな衝撃を与えた。しかも、パトロクロスを討ったヘクトルは、彼の着ていたアキレウスの武具を奪ったうえに、彼の死体をトロイア城内へ運び込もうとしたために、ここにパトロクロスの死体を巡って、ギリシア軍とトロイア軍の争奪戦が始まった。

この戦いで、彼の死体をギリシア側に奪い取るために、メネラオスやテラモンの子アイアスとともに、オイレウスの子のアイアスが活躍した。

トロイア戦争には、ここに挙げたようにふたりのアイアスが登場するために、前者を大アイアス、後者を小アイアスと呼んで区別する。

大アイアスが、ギリシア軍でアキレウスに次ぐ二番目に偉大な英雄とされ、事実偉丈夫なのに対して、小アイアスは背も低く性格的にも傲慢で、それほど偉大な英雄とはいい難いが、トロイア戦争中に両アイアスはしばしば並んで活躍したのである。

パトロクロスの死体の争奪戦においても、ふたりはメネラオスと一緒にヘクトル率いるトロイア兵と雄々しく戦い、死体を奪ってからは、ふたり並んでしんがりを務め、追ってくるトロイア兵を防ぎとおした。

が、小アイアスはその性格の不遜さから、最後は神の怒りを受けて死ぬことになった。トロイアが陥落したその日、小アイアスはこともあろうに女神アテナの神殿内で、女神アテナの神像にしがみついて救いを求めたトロイア王女カッサンドラを襲ったのである。そして、彼は女神アテナの神像を打ち倒したあげく、カッサンドラを犯した。

こうしたことがあって、彼も、彼を裁かなかったギリシア人も、女神アテナから大きな罰を受けることになった。アテナがゼウスに頼んで、ギリシアに帰国しようとするギリシア艦隊目がけて暴風雨を起こさせたのだ。このために、ギリシア人の多くが死に、小アイアス自身も溺死することになった。オデュッセウスの苦難に満ちた漂流[*三]も、直接の原因はこのときの暴風雨のせいだった。

＊三　苦難に満ちた漂流　オデュッセウスは、トロイア陥落後、十年間も漂流することになった。彼が故郷のイタケに帰りついたときには、十年間のトロイア戦争を含めて二十年の歳月が流れていた。

最後にはヘクトルに討ち取られたとはいえ、パトロクロスの活躍は、ギリシアの陣地内まで攻め込んでいたトロイア兵を追い払うのに役立った。が、彼の死がもたらしたものはそれだけではなかった。アガメムノンへの恨みから長く戦場を離れていた英雄アキレウスの心を、パトロクロスの死が動かしたのである。

アキレウスはギリシア軍の陣地から、ギリシア軍の一団が敵に追われて逃げ戻ってくるのを目にしたときから、悪い予感に捕らわれていた。そこへパトロクロスの死を伝える使者がやってきて、いままさに彼の死体を巡って激しい攻防戦が続いていると聞かされるや、アキレウスの心は完全に決まった。そして、その決意を表すように彼が防壁の外に歩み出て三度雄叫びの声を上げると、その声を聞いただけで、パトロクロスの死体を追っていたトロイア兵たちが恐怖のあまり逃げ出したのである。

間もなくパトロクロスの死体の前で、ヘクトルの武具と首とを取ってくることを誓ったアキレウスは、戦いのために必要な自分用の武具を作ってくれるよう、母であり女神であるテティスに願った。テティスは、息子が戦場へ出れば最後には死ぬことになるのを知っていたので、できるだけ引き止めようとした。が、彼の決意が固いのを知り、ついに鍛冶の神へパイストスのもとへ武具を注文するために飛んでいった。

翌朝、アガメムノンと和解して、愛人ブリセイスや金銀を贈られたアキレウスは、食事もとらずに鍛冶の神の作ったまぶしく輝くみごとな武具を身につけ、神馬クサントスとバリオスを戦車に繋いだ。このとき、クサントスが人語を発してアキレウスの死を予言したが、彼は気にせず、怒りもあらわに戦車を駆って戦場へと飛び出していったのである。

この様子を見ていたゼウスはトロイア側の大敗北を心配し、神々を集めると、ついにそれぞれの神々が自分のひいきする陣営を応援することを許可したのだった。こうして、地上ではギリシア軍とトロイア軍の苛烈な戦いが繰り広げられた。

その戦場で、アキレウスは何にもましてヘクトルの姿を捜したが、そのときヘクトルと並ぶ勇将アイネイアスと出会い、戦いが始まった。この戦いは圧倒的にアキレウスに有利だった。アイネイアスの投げた槍は、神の作った盾を傷つけることもできなかったが、アキレウスの槍は敵の盾をまっぷたつにし、背後へと飛んでいった。が、アキレウスが剣を抜いて切りつけようとしたとき、ポセイドン神が現れ、アキレウスにもやをかけ、アイネイアスを戦場の外へ連れ去ったのだった。

その後、アキレウスはついにヘクトルを見つけ、一騎打ちを開始したが、今度はアポロン神が出現して、ヘクトルを彼の前から連れ去った。

二度までも敵の英雄を討ち損じたアキレウスは、あたりかまわず駆け巡り、トロイア兵たちを打ち倒していった。やがて、彼は一群のトロイア兵をクサントス河に追い詰め、次々と切り殺した。その数はおびただしく、クサントス河が人馬の死体で埋まってしまうほどだった。偶然にもその場所に逃げてきたトロイア王子リュカオンは、彼を見つけると驚いて命請いしたが、アキレウスはそれも許さずに切り殺した。アキレウスの残酷さに怒りを爆発させたクサントス河神は、洪水となってアキレウスを襲ったが、これはヘパイストス神の火で干上がってしまった。

こうして、アキレウスが暴れ回るうち、恐れをなしたトロイア兵たちは、群れをなして城壁の中へ逃げていった。アキレウスがそれを追おうとするとアポロン神が人間の姿で彼を誘い、それを追いかけるうちにすべてのトロイア兵が城壁の中に隠れてしまったのである。

が、そのときになってもまだ、城門の前に戦車に乗って留まっている者がいた。ヘクトルだった。城壁の上から彼の両親であるトロイア王と王妃がいくら逃げることを勧めても、彼は勇気を振るってその場所に留まったのである。しかし、そんなヘクトルもアキレウスが間近にくると、その武具の輝きの恐ろしさに、ついに戦車を駆って逃げ出した。これをアキレウスが追い、ふたりは城壁を三周した。

アキレウスの皮膚は鎧以上に硬く、どんな武器で攻撃されても傷つかなかったという。もっとも最強の戦士であるアキレウスは、一撃として受けたことはなかった。槍、剣、弓矢、いかなる武器にも熟達していたという。

これを見ていたアポロン神は是非ともヘクトルを助けたいと望んだが、このときゼウスが黄金の秤でふたりの運命を量ると、すでにヘクトルの死が定まっていたので、どうすることもできなかった。

アキレウスに味方するアテナは大いに喜び、逃げ回るヘクトルのすぐ後ろに舞い降りると、彼の弟デイポボスの声で応援にきたと告げた。応援を喜んだヘクトルが戦車を止めて振り返ったとき、そこに味方はいなかったが、もはや逃げ出すこともままならなかった。こうして、ふたりの一騎打ちが始まったのである。

ヘクトルはアキレウスの投げた槍をみごとによけたが、女神アテナが手助けしたので、槍は即座にアキレウスの手に戻ってしまった。反対に、ヘクトルの投げた槍はアキレウスの兜の真ん中に当たったが、ヘパイストスの兜は傷ひとつ受けなかった。仕方なくヘクトルが剣を抜いて切りつけたとき、アキレウスの槍がヘクトルの喉を貫いたのだった。

このとき、ヘクトルは苦しい息の底から、自分の死体は必ずトロイアの家へ返し、けっして辱めるようなことはしてくれるなとアキレウスに頼んだが、アキレウスはそれを拒否した。そればかりか、彼はヘクトルの武具を剥ぎ取って踵に穴を開け、皮ひもを通して戦車に結ぶと、死体を引きずって戦車を走らせたのである。

この様子を城壁から見ていたヘクトルの両親は、髪をかきむしって大いに歎き、妻アンドロマケは気を失って倒れた。

が、アキレウスはその後もパトロクロスの墓のまわりで、ヘクトルの死体を引きずって戦車を走らせた。その死から十三日が過ぎ、神々の計らいによって父でありトロイア王であるプリアモスが、黄金を積んだ車を引いてギリシアの陣地へ赴いたとき、ヘクトルの死体は初めてトロイア人の手に戻ることを許されたのである。

ただし、アキレウスの暴行にもかかわらず、ヘクトルの身体には引きずられた傷はなかった。アポロン神が守りとおしたからだった。

アレスとオトレレの娘

TROY

ペンテシレイア

PENTHESILEA

ヘクトルの死によって、トロイア軍は一挙に総崩れとなるかに見えたが、有力な援軍の到来がそれを食い止めることになった。

その第一陣として、ヘクトルの葬儀が行われた日にやってきて、葬儀にも参加したのがアマゾン族のペンテシレイアだった。彼女はアマゾンの女王だったが、ずっと以前に誤って自分の姉妹を殺してしまったことがあり、そのときトロイア王プリアモスに罪を清めてもらった。それが縁で、トロイアを応援するために、アマゾン族の軍勢を率いて駆けつけてきたのである。

ヘラクレスやテセウスを困らせたこともあるアマゾン族だけに、トロイアに到着するや大いに活躍し、数多くのギリシア兵を打ち倒した。医神アスクレピオスの子で、医師としても戦士としても優れていたマカオンも、アマゾン族に打ち倒されたひとりだった。

ペンテシレイアは間もなく、アキレウスと対戦しなければならなくなった。そのとき、彼女は鎧兜に身を固めていたので、アキレウスは最初は自分の相手になっているのが美しい女だとは気づかなかった。互いに剣を繰り出した後、彼の繰り出した剣が彼女の胸に突き刺さり、彼女の頭から兜が落ちたときに、アキレウスは初めてペンテシレイアの美しさに気づき、驚いたのだった。それは女神にも近い美しさだったので、死に顔を見つめるうちに、アキレウスの心に彼女への恋心が芽生えてしまったほどだった。

アキレウスは、彼女を殺してしまったことをいまさらながらに後悔したが、もちろんどうすることもできず、とにかく彼女の死体を清め、トロイア軍に引き渡して大切に葬らせたのである。[*四]

このとき、アキレウスはかなり本気で死者に恋したようで、以前アガメムノンを罵ってオデュッセウスに打擲《ちょうちゃく》された下賤な兵士のテルシテスが、死者に恋したといって彼を嘲笑すると、腹を立てた彼はテルシテスを殺してしまった。

＊四　大切に葬らせた　アキレウスとペンテシレイアを見守っていたゼウスは、ふたりの様子に心を動かされ、アキレウスとその腕に抱かれるペンテシレイアを、オリュムポスの玉座に刻ませたという。

ティトノスとエオスの息子

TROY

メムノン MEMNON

ヘクトルの死後、トロイアにとって強力な援軍となったものには、ペンテシレイアの他にもエティオピアの王メムノンがいた。

メムノンは黒人だったが、それは彼が曙の女神エオスの息子で、子供時代にしばしば太陽神ヘリオスの炎の戦車に乗せてもらい、大空を巡っていたからだった。

そのような彼がいまやエティオピアの大軍を引き連れて、トロイアを応援するために駆けつけたのである。

アキレウスと同様に女神の息子である彼は、やはりヘパイストスの手によるみごとな甲冑を身につけており、ヘクトルに匹敵する剛の者だった。その活躍振りは華々しく、トロイアに駆けつけるやいなや、大アイアスと引き分け、次いで長老ネストルを襲おうとしたところへ、彼の息子アンティロコスが邪魔しにきたので、息子の方を打ち倒した。

それだけに、彼とアキレウスとの一騎打ちには、トロイア軍もかなりの期待を持った。

ふたりとも母が女神であり、息子の命を救うよう直接に嘆願されたので、ゼウスも大いに困った。そこで、ヘクトルのときと同じようにふたりの運命を黄金の秤にかけると、またしてもアキレウスの方が上がり、メムノンの方が下がったのである。

こうして、メムノンがアキレウスに殺されると、トロイア兵は驚き、一気に城壁の内へと逃げ込み始めた。

曙の女神エオスは大いに嘆き悲しみ、大地に伏した我が子メムノンの死体を奪い取ると、空に舞い上がった。エオスは息子を抱いてそのままマルマラ海の岸辺まで飛び続け、そこで火葬にしたが、ゼウスはエオスを憐れんで火葬の煙を多数の鳥に変えた。すると、その鳥たちはその後も毎年メムノンの墓のあるその場所に現れては、空中で二派に分かれて殺し合い、必ずその一派が死んでメムノンのための犠牲になるようになったのである。

TROY

プリアモスとヘカベの息子

パリス PARIS

自分と同じく神の息子であるメムノンを打ち倒したアキレウスは、これで一気に勝負を決めようとし、城壁の門へと駆け込んでいくトロイア兵を追って、自らもまた城門の中に入り込んだ。アイアス、オデュッセウスもそれに続いた。いまや、ギリシアの勝利は目前だった。

が、このとき、ひとりの男がトロイアを救った。パリスだった。

パリスといえば、トロイア戦争の原因となった美女ヘレネをメネラオスから奪い、味方の誰に忠告されても、ギリシアに返還しようとしなかった男である。メネラオスと一騎打ちをしようとしたときも、彼を一目見ただけで逃げ出してしまったいくじなしだった。

そんな男がトロイアの危機を救うとはいかにも奇妙だった。が、今回はこれまでとは違っていた。アポロン神が彼の味方についていたからだ。

アポロン神はアキレウスが城門の中に侵入してくるやいなや、見えない力で、パリスを物陰へと導いた。パリスは矢を弓につがえて、アキレウスに狙いを定めた。次の瞬間、激しい勢いで飛び出した矢はアポロン神に導かれ、大勢の人々の間を走り抜け、アキレウスの踵[*五]に命中した。彼は苦痛に顔をゆがめてくるりと振り返った。と、そこへパリスの射た二本目の矢が飛んできて、今度はアキレウスの胸を射抜いたのである。

この二本の矢によって、トロイア戦争に参加すれば死ぬという神託が成就され、アキレウスは戦場に倒れたのだった。

もはや、戦争の勝敗どころではなかった。パトロクロスが死んだときのように、これからアキレウスの死体の争奪戦が始まった。

すでに、トロイアの英雄グラウコスがヘクトルの復讐をしようと、アキレウスの踵に穴を開けて皮ひもを通していた。大アイアスが慌てて駆け寄りグラウコスを殺すと、アキレウスの死体を担ぎ上げた。その背後から激しく攻め立てるトロイア軍の攻撃をオデュッセウスが防いだ。こうして、一日がかりの争奪戦の後、アキレウスの死体はやっとのことでギリシアの陣地にたどり着いたのだった。

＊五　踵に命中した　踵はアキレウスの唯一の弱点だった。彼は生誕直後、母親の手により冥府の河ステュクスに浸されたため、不死の肉体を得ていた。が、その際踵を持たれていたため河に浸からなかった踵部分のみが不死ではなくなっていたのである。

テラモンとペリボイアの息子

アイアス(大) AIAS

GREECE

アキレウスの死はギリシア軍に大きな悲しみをもたらしたが、同時に思わぬ波乱ももたらした。

この波乱の張本人になったのがテラモンの子のアイアスだった。

彼は軍神アレスを思わせるたくましい戦士で、戦闘に関してはギリシア軍中アキレウスに次ぐ英雄として、トロイア戦争中もヘクトルと一騎打ちをして引き分けるなど、終始一貫活躍し続けた。が、思慮に関しては多少欠けるところがあって、それが原因で子供じみた振舞いに及び、自ら命を落とすことになったのである。

アキレウスが死んだ後、ギリシア軍は二十日間近くもその葬儀のために費やしたが、その後で、死者が生前に身につけていたヘパイストスの武具を巡って、味方同士でいさかいが起こった。女神テティスの申し出もあって、アキレウスの武具がトロイア戦争で最も活躍した英雄に与えられることになったとき、大アイアスとオデュッセウスが我こそはと名乗りを上げたからだ。ふたりは誰が見てもその資格のある英雄だったし、アキレウスの死

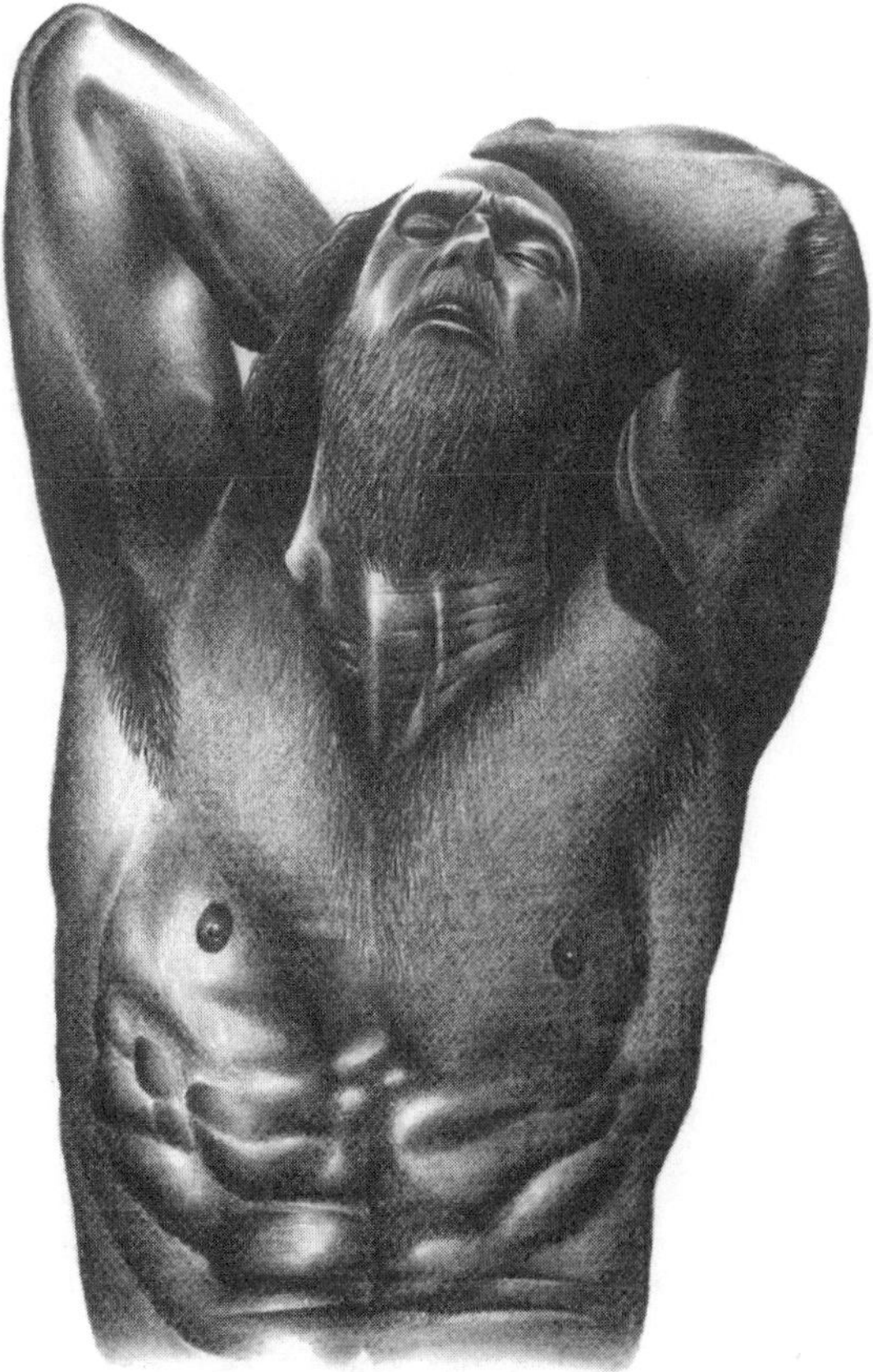

大アイアスは、アキレウスに次ぐ最強の戦士だった。船のマストを槍代わりに使い、岩石を小石のように投げたという。ただし、なんにつけ抑制のきかない性格であったことが命取りとなった。

体を奪い取る戦いでもふたり一緒に奮戦していたので、どちらかひとりを選ぶのは容易でなかった。

が、最終的に選ばれたのはオデュッセウスだった。女神アテナが彼に味方し、全軍の意見をまとめてしまったからだ。

アイアスは大いに憤った。その怒りは尋常でなく、彼を狂気に陥れた。ついに、彼は自分の価値をおとしめたギリシア人たちを殺してやろうと、ある夜武器を持って襲いかかったが、狂気のためにギリシア軍の羊の群れを、人間と勘違いして殺してしまった。そして、正気に戻った彼はこのことを大いに恥じ、地面に立てた剣に身を投げて自殺したのである。

が、彼はオデュッセウスがアキレウスの武具を手に入れたことについては、死後までも怒りを消すことはなかった。トロイア戦争後の漂流中にオデュッセウスは冥界を訪ねるが、そのとき彼はアイアスが怒りに満ちた目でにらみつけているのに出会ったのである。

ネレウスの息子

ネストル NESTOR

GREECE

ギリシア軍の長老であるネストルはみなから尊敬されており、彼が話をし始めると誰もが注意深く耳を傾けるような人物だった。

ギリシア軍が防壁の中に追い込まれるという危機的な状況に置かれ、アガメムノンが敗北を覚悟して、戦争を止めて帰国するという提案をしたときも、ネストルがアガメムノンの気持ちをなだめ、アキレウスに謝罪して参戦させるのがいいと提案すると、みながそれに賛成した。トロイア軍が斥候ドロンを派遣した夜には、ギリシア軍もディオメデスらを斥候に出して、結果的にドロンとレソスを討ち取ることになったが、それもネストルの策略によるものだった。

アキレウスの死の直後にも、このようなネストルの発言が大きな力を発揮する場面があった。

アキレウスが死んで間もなく、その死体が棺台に置かれていたときのことだ。アキレウスの母で女神のテティスは息子の死を悲しみ、自分の姉妹であるネレイス（海のニンフ）

たちを引き連れて息子の死体のそばにやってくると、英雄の死を悼む葬送歌を歌った。ニンフたちの泣き声の混じるこの歌声は、ギリシアの兵士たちを大いに脅かした。兵士たちには女神たちの姿が見えないのだから、それももっともだったが、アキレウスの死だけでも十分にショックを受けていた彼らは、これを聞くともう戦争など止めて逃げ出すべきだと考えた。

このとき、ネストルがどこからともなく聞こえてくる歌声の意味を兵士たちに説明し、彼らを押し止めたのである。

このように物事に通じた彼は、最後はそれによって自分自身の命も救うことになった。トロイア陥落後、彼は帰国の日程と航路に関して、アガメムノンと対立すると一部の人々とともに別行動をとったが、これが彼に幸いした。アガメムノンに従った多くのギリシアの艦隊が、暴風雨に遭遇して難破したのに対して、ネストルの船はそれを免れ、彼は支配地のピュロスに無事に帰り着き、老妻と再会することができたのである。

プリアモスとヘカベの息子
ヘレノス HELENUS
TROY

アキレウスを失ったことで決定的な力を失ったギリシア軍は、その後はトロイアを攻めあぐね、戦いは膠着状態を迎えるかに見えた。

このときカルカスの予言によって、トロイアの戦士ヘレノスが、トロイアを陥落させるために必要となる条件を知っていることがわかった。

ヘレノスはヘクトルの弟で立派な戦士だったが、幼い頃姉妹のカッサンドラと一緒にアポロン神殿で遊び疲れて眠っていたとき、大蛇に耳と口をなめられ予言の能力を与えられていた。トロイア戦争中も、神々の意志を受け取ってヘクトルにギリシアの英雄との一騎打ちを勧めるなど、重要な働きをした。

が、ヘクトルが死んでから、彼はパリスと意見が対立し、平和を求めて山中に身を隠していたところを、オデュッセウスに捕らえられてしまった。こうして、ギリシア軍はヘレノスから、戦争の勝利に必要な条件を教えられたのだった。

それによれば、ギリシア軍に必要なものは三つあった。ひとつは市を守護するパ[*六]ラディオン神像を、トロイアのアテナ神殿から奪い取ることだった。次にスキュロス島にいるアキレウスの子供のネオプトレモスを、トロイアに呼んできて戦争に参加させること。最後にギリシア軍がトロイアに向かう途中、蛇にかまれて悪臭を放ったために、レムノス島に置き去りにしてしまったピロクテテスを連れてきて参戦させることだった。彼はヘラクレスの弓の所有者でいまもそれを持っているのだった。

ヘレノスを捕らえたオデュッセウスが、これらの条件を実現するのにも大いに活躍した。彼はレムノス島とスキュロス島に出向き、ピロクテテスとネオプトレモスをトロイアに連れてきた。それから、みすぼらしい乞食の姿でトロイア市に侵入すると、秘かにヘレネを味方につけ、アテナ神殿からパラディオンの神像を盗み出してきたのである。

こうして、ヘレノスの語った三つの条件が満たされたとき、トロイア戦争の趨勢《すうせい》はギリシアの勝利に向けて動き出したのだった。

＊六　**パラディオン神像**　この神像は、女神アテナが幼少の頃、はずみで殺してしまったトリトンの娘パラスの霊を慰めるため、自ら彫ったものだった。トロイア建国の際、空から降ってきたため、この像のある限りトロイアは不滅であると信じられたのだった。

アキレウスとデイダメイアの息子

ネオプトレモス

NEOPTOLEMUS

GREECE

トロイアを陥落させるために絶対に必要とされた人物のひとりであるネオプトレモスは、オデュッセウスに説かれてトロイア戦争に参加するや、すぐに活躍を開始した。この頃、ギリシア艦隊をトロイアまで案内したテレポスの子エウリュピュロスがトロイア軍の応援にきたが、ネオプトレモスは彼と戦って打ち倒した。ネオプトレモスはオデュッセウスからアキレウスの武具をすべて譲られたので、戦場では彼は父の武具を着て戦うことができた。

やがて、オデュッセウスの策略で木馬が作られると、彼はその中に入る兵士のひとりになった。

オデュッセウスの策略が成功し、ついに木馬がトロイア城内に引き入れられた夜には、彼は多くのトロイア人を殺戮した後、ゼウスの祭壇にトロイアの老王プリアモスを追い詰め、彼が救いを求めたにもかかわらず何度となく剣を振るって惨殺し、聖なる場所を血で汚した。さらに、彼はオデュッセウスの意見に従って、ヘクトルの遺児でまだ幼かったアステュアナクスを乳母の腕から奪い取ると、城壁の上から大地に投げ落として殺したのである。また、ヘクトルの寡婦アンドロマケを戦利品として手に入れて妾にしたのも彼だった。

しかし、彼のやり方はあまりに残虐だったので、彼はやがてアポロン神の怒りを受けることになった。戦争後、祖母に当たる女神テティスの助言もあって、海路ではなく陸路をとった彼は、どうにか嵐を避けて無事に帰国することができた。が、帰国後に新しく迎えた妻に子供ができないので、その理由を尋ねにアポロン神を祭るデルポイの神託所を訪れたとき、彼はデルポイの規則を無視して、神官や街の人々と争いを起こしてしまった。この争いの最中に、ネオプトレモスはアポロンに導かれた神官と街の人々に取り巻かれ、大勢の刀で滅多斬りにされて惨殺されたのである[*七]。その死に方はまさに彼が殺したプリアモス王とそっくりだった。

＊七　惨殺されたのである　ネオプトレモスは、アガメムノンの息子オレステスによって殺されたともいわれている。トロイア戦争終結後に、オレステスの婚約者であったヘルミオネと結婚したことがその原因だったという。

ポイアスとデモナッサの息子

ピロクテテス PHILOCTETES

GREECE

ネオプトレモスと同じく、トロイアを陥落させるために絶対必要な人物と名指しされたピロクテテスは、ギリシア軍のトロイア遠征に参加したものの、艦隊がテネドス島に寄ったとき毒蛇にかまれ、その傷が悪臭を放ったために、たったひとりレムノス島に流されて置き去りにされた人物だった。彼の父ポイアスは、ヒュドラの毒に侵されたヘラクレスが自ら火葬壇にのぼったとき、火葬壇に火をつけた人物で、そのときに礼として絶対に的を外さないヘラクレスの弓を贈られた。ピロクテテスはこの弓を所有していたので、傷ついた身体ではあったが、たったひとりでも狩猟によって生き延びることができたのだった。

十年後、彼の必要性を知ったオデュッセウスが迎えにいったときも、彼は相変わらず傷ついた身体で、レムノス島で暮らしていた。

が、ピロクテテスは自分ひとりを置き去りにしたギリシア軍を恨んでおり、オデュッセウスがいくら説得しても、なかなかトロイアに向かおうとしなかった。死んで神となっていたヘラクレスが現れて、トロイアにいけば蛇にかまれた傷が癒やされることになると忠告したとき、彼は初めてオデュッセウスに従った。

　トロイアに到着した彼は、医神アスクレピオスの息子のひとりで、偉大な医師だったポダレイリオスの治療を受け、長い間苦しんでいた傷の痛みから解放された。

　元気を取り戻した彼は、ギリシア軍の一員として参戦すると、ヘラクレスの弓で大いに活躍し、間もなくトロイア王子パリスと弓矢の一騎打ちをすることになった。アキレウスの踵を射抜いたパリスは、自信満々の様子でピロクテテスの前に現れた。しかし、今回はアポロン神の応援もなく、パリスの射た矢はピロクテテスに命中しなかった。反対に、ヘラクレスの弓から射られた矢はみごとにパリスの身体を射抜いた。

　こうして、ヘレネを誘拐してトロイア戦争の原因を作ったパリスがついに打ち倒されたのである。

ラエルテスとアンティクレイアの息子

オデュッセウス

ODYSSEUS

GREECE

ヘレノスによって語られたギリシア軍勝利の条件を整えつつある間に、ギリシア軍は秘かに巨大な木馬の建設を進めていた。これがいわゆるトロイアの木馬で、オデュッセウスの考案によるものだった。

オデュッセウスは人間の中でいちばん悪賢いとされたほどの策略家だったが、この木馬も彼独特の策略のひとつだった。

この策略を採用したギリシア軍は、工匠のエペイオスに命じてそれを建設させた。それは実に巨大な木馬で、背丈はトロイアの城門よりも高く、その腹の中に五十人の兵士を収めることができるものだった。

木馬が完成すると、ギリシア軍は夜の間にオデュッセウスを含む五十人の兵士をその中に潜ませ、木馬の土台に「女神アテナへ」と彫り込んで、女神への供物と見えるようにしてトロイア城外に放置した。そして、残りの軍は陣地を焼き払い、これ以上の戦いを放棄して帰国するかのように艦隊に乗り込み、トロイアの地を離れて島陰に隠れた。

オデュッセウスは、戦士としても優れていたが、その知力には計りしれないものがあった。肉体的に優れた英雄の多い中、機転のきいたアイデアで活躍した彼は異彩を放っている。

翌日になってこれを知ったトロイア人は、ギリシア軍が実際に帰国したと考えて大いに喜び、女神に捧げられた木馬を、わざわざ城門上部の石のアーチを取り壊してまで、トロイア城内に引き入れた。これが、トロイアの滅亡をもたらすことになったのである。

その日、トロイア人たちはみながみな戦争の勝利を祝って贅沢な酒食にふけると、夜には身動きもできないほど酔っ払って、深い眠りに落ちてしまった。このときを見計らって、策略を用いて木馬と一緒に城内に侵入していたギリシア兵シノンが、海上で待機していたギリシア艦隊に合図ののろしを上げて呼び戻し、さらに木馬の蓋を開いて、五十人の武装したギリシア兵をトロイアの街中に連れ出したのである。それから、トロイア城内で殺戮戦が始まった。艦隊にいたギリシア兵たちも、内側から城門を開かれてどっと城内に流れ込み、トロイアの街を急襲した。

こうして、戦争の勝利という甘い眠りに包まれていたトロイアの街は、一瞬のうちに地獄と化し、トロイアは滅亡することになったのである。

両親不詳

シノン SINON

GREECE

巨大な木馬の計画を実行するとき、ギリシア軍は木馬の中に隠れた兵士たちの他に、もうひとりの兵士をその場に残した。それはギリシア軍の中でも役者にしたいほど特別に演技の上手いシノンという兵士で、木馬が必ずトロイア城内へと引き込まれるように敵を欺くのが仕事だった。

翌朝、ギリシア軍が撤退したのに驚いたトロイア人が木馬の見物に出てくるやいなや、彼はすぐにも仕事を開始した。彼はわざとトロイア兵に捕らえられ、自分の身分と立場をいかにも真実らしく訴え始めた。それによれば、彼はパラメデスの親戚だった。パラメデスといえば、オデュッセウスがトロイア戦争への出征を免れようと狂気の演技をしたとき、それを見破ってオデュッセウスに憎まれた人物である。そんなわけで、シノンもまたオデュッセウスに憎まれており、その計略によって人身御供として犠牲に供されそうになったので、慌てて軍から逃げ出したというのである。

それから、彼はさらに木馬について、それはオデュッセウスがトロイアの神殿から盗み出したパラディオン神像の代わりに、アテナ女神に捧げるために作られたものだと説明した。それがトロイアの城門よりも巨大で、とても城内に運び込めないのは、カルカスの予言によって、もしも木馬がトロイア城内に運び込まれるようなことになれば、トロイアは不滅になってしまうと告げられたからだといった。

するると、シノンの演技のみごとさに、トロイア人たちの多くがその言葉を信じたのである。トロイア人たちはシノンの身の上まで心から心配し、彼の安全を保証すると約束し、その上で木馬を城内に引き入れたのだった。オデュッセウスの作戦は、こうしてまんまと成功した。

トロイア城内で自由になったシノンは、トロイア人たちが勝利の酒によって寝静まるのを待って、城外に抜け出て艦隊に合図ののろしを上げ、木馬からギリシア兵を連れ出すという、木馬の計略で最も重要な働きをしたのだった。

TROY

カピュスの息子

ラオコオン LAOCOON

ギリシア軍の残した木馬は、最終的にはトロイア城内に運び込まれてしまったが、それ以前に木馬を運び込むことに反対した者が、トロイア人の中にいなかったわけではなかった。

ラオコオンがその先鋒だった。

ラオコオンはトロイアのポセイドン神殿の神官だったが、ギリシア軍のスパイであるシノンの言葉を信じて木馬を城内に引き込もうとしたトロイア人たちに反対し、それはギリシア軍の謀略に違いないと主張した。そして、手に持った槍を木馬目がけて投じたのである。

ラオコオンの他に予言の能力を持つトロイア王女カッサンドラも、木馬に敵兵が潜んでいるといい、木馬のまわりを駆け巡り、けっして木馬を引き入れないように訴えた。

こうして、ごく少数だったが、木馬を焼き払ったり崖から投ずるべきだと考える者もおり、彼らはみな木馬のまわりで大声を上げて自分の考えを訴えたので、あたりは一時騒然とした雰囲気に包まれた。

しかし、ほとんどのトロイア人は彼らの意見を聞き入れなかった。誰もがシノンの演技に騙されていたからだ。

しかも、この後に奇怪な事件が起こった。ラオコオンが海岸でポセイドン神に犠牲を捧げているとき、テネドス島の方から二匹の大蛇が泳いでくると、ラオコオンとそのそばにいた彼のふたりの息子を喰い殺してしまったのだ。ラオコオンはかつてアポロン神の神官を務めていたが、そのころ彼はアポロンの神殿の中で妻と交わった。二匹の蛇は、そのときの彼の行為に対するアポロン神の制裁[*八]であって、木馬の問題とは関係なかった。が、ラオコオン親子の無残な最期を知った多くのトロイア人は、ラオコオンが木馬に槍を投じたために、神々が怒って蛇を送ったのだと考えた。これは木馬が神聖なものである証拠に違いなかったから、トロイア人たちはもはや迷うことなく、みなで協力して木馬を城内へと運び込んだのである。

＊八　アポロン神の制裁　大蛇を使ってラオコオンとその息子を殺したのは、ギリシア軍に肩入れしていたポセイドンの仕業だともいわれている。

プリアモスとヘカベの息子

デイポボス

DEIPHOBUS

TROY

木馬が城内に運び込まれた後、ほとんどのトロイア人たちは自分たちが戦争に勝利したと考え、飲めや歌えの大騒ぎにうち興じた。が、このような国をあげてのお祭り騒ぎの中にあっても、必要以上の飲み喰いを控え、どうにかして木馬の秘密を探り出そうと考えている者がいた。ヘクトルの弟のデイポボスだった。

デイポボスは、パリスの死んだ後、彼の妻だったヘレネ[*九]を自分の妻に迎えたので、もしもこれが本当にトロイアの勝利であるなら、彼ほど幸せな人物はいないはずだった。が、彼はどうしてもそれを信じることができなかったのである。

やがて夜がきてあたりが静かになったとき、彼は自分の考えを確かめるため妻ヘレネを伴って、木馬のところへ出かけた。そして、妻ヘレネに頼んで、ギリシア兵の妻の声音を真似て木馬の中の兵士たちに呼びかけてもらった。彼らは木馬のまわりを歩きながら、三度、ギリシアの英雄たちの名前を木馬に向けて呼びかけた。

これには、木馬の中に潜んでいた兵士たちも驚かされた。木馬の中からは外の様子はまったく窺うことができなかったから、兵士たちは実際に自分たちの妻が呼びかけているような気がしたのである。ディオメデスのような英雄でさえ、いまにも立ち上がりかけ、オデュッセウスに力まかせに押さえ込まれて思い止まったのだった。若い兵士はなおさらで、中にはいまにも声を上げそうになったところを、オデュッセウスに両手で口を押さえつけられた者もいた。

が、とにかく彼らは沈黙を守りとおした。

木馬の外でギリシア兵たちの返事を待っていたデイポボスも、木馬の中に兵士が潜んでいることはないと考え、調査を諦めた。

こうして、トロイアは滅亡を逃れる最後のチャンスも失った。デイポボス自身にとっても生き残るチャンスは失われた。間もなく、彼はメネラオスに殺され、妻ヘレネを奪われるのである。

＊九　ヘレネを自分の妻に迎えた　デイポボスの弟であるヘレノスがトロイアを去ったのは、この結婚が原因であるともいわれている。ヘレノスは、パリスが死んだとき、ヘレネが自分に与えられるのは当然だと考えていたという。

サンガリオス河神とメトペの娘

ヘカベ HECABE

木馬の計略によって、トロイアは最後の夜を迎えることになった。

木馬から飛び出した兵士たちと、城外からなだれ込んできたギリシア兵は、家々に飛び込んで男たちを殺した。あちこちで火の手が上がった。炎はやがて城市全体を包み、舞い上がって夜空を焦がした。

こうして、巨大な不幸がトロイアの全市民にもたらされたが、その不幸の典型ともいえるのがトロイア王妃ヘカベの場合だった。

この夜、ヘカベはギリシア軍の急襲を知るや、王プリアモスや王子ポリテスとともに王城にあるゼウスの祭壇に逃れた。多くのトロイア兵が、彼らの周辺を警護した。

が、勢いに乗るギリシア軍は、ネオプトレモスを筆頭に間もなく王城内にも攻め込み、ヘカベたちの前までやってきた。そこで、王子ポリテスは警護の兵たちとともに剣を抜いて戦い、両親の目の前でネオプトレモスに殺された。年老いた王プリアモスまで剣を抜いて戦おうとしたのを、ヘカベは引き止めた。そこで、王は命請いをしたが、ネオプトレモスは許さず、ヘカベの目の前で何度も剣を振るって惨殺した。

ヘカベは戦争中に、ヘクトルやパリスといった息子たちを失ったが、この夜にはプリアモスの血を引くほとんどの男子が殺されたのである。

トロイア陥落とともにギリシア軍の捕虜となったヘカベは、やがて戦利品としてオデュッセウスに与えられた。このとき、彼女にとって唯一の希望は、国の万一に備えてケルソネソス王ポリュメストルに預けておいた末子ポリュドロスだけだった。が、間もなく、ポリュメストルがギリシア軍を恐れて裏切ったので、ポリュドロスも殺され、プリアモスの血を引くすべての男子が失われたのである。

どん底に落とされたヘカベは、このとき激しい怒りをポリュメストルに向けて表した。彼女はオデュッセウスに懇願し、ポリュメストルをトロイアに呼び出すと、彼の連れてきたふたりの息子の目をえぐって盲目にし、果たせない復讐の代わりにしたのである。

TROY

プリアモスとヘカベの娘

カッサンドラ CASSANDRA

トロイア王女カッサンドラも、トロイア陥落の夜の悲しい被害者のひとりとなった。

彼女はトロイア王女の中でもいちばん美しく、彼女と結婚することを条件に、トロイア側に味方した者がいたほどの女性だった。

彼女はトロイアが炎上し、ギリシア軍の略奪が行われた夜、恐ろしさから女神アテナの神殿に逃げ込み、アテナの神像の陰に身を隠していた。

そこに、不幸にもオイレウスの子アイアスがやってきて彼女を発見した。彼はギリシア軍の中でも、とくに信仰心に欠けた乱暴者の英雄で、彼女の美しさに心を奪われると、すぐにも襲いかかった。

カッサンドラはこのとき神像にしがみついて助けを求めたが、アイアスはその神像が倒れたことさえ気にせず、彼女を犯した。

この間、アテナ神像の目は中空に向けられ、アイアスの恐ろしい行為から目を背けたが、女神アテナはアイアスを大いに憎んだ。

アポロンに愛され、予言の力を与えられたカッサンドラは数々の予言を行った。予言は、ことごとく的中したが、誰ひとりとしてそれを信じなかった。予言の能力を与えたものの、後に愛を拒まれたアポロンが、誰からも信用されないように仕向けたからだった。

ギリシア人の多くも、アイアスの行為を知ると、彼を罰しようとした。が、彼は仲間の兵士に追われると、自ら恐ろしい行為を働いたアテナ神殿に逃げ込み、倒れている神像にしがみついて助けを請うた。このために、ギリシア人たちは恐れて彼を罰することができなかった。

これを知ったアテナは、アイアスだけでなく、ギリシア人全体を憎んだ。このため、ギリシア軍が帰国しようとしたとき、激しい暴風雨がギリシアの艦隊を襲い、多くの船が難破してほとんどのギリシア人が死ぬことになったのである。アイアスは泳いで、海に突き出た岩にたどり着いたので、どうやら命だけは助かりそうだった。が、このとき、彼は自分が神々の怒りにも勝ったと声に出して自慢したために、雷を受けて溺れ死んだ。

彼に犯されたカッサンドラは、戦利品としてアガメムノンに与えられて無事にギリシアにたどり着いたが、その直後、アガメムノンの妻クリュタイムネストラに殺された。

アトレウスとアエロペの息子

メネラオス

MENELAUS

GREECE

トロイア陥落の夜、多くのギリシア人たちが残虐な行為に及んだが、長年にわたる恨みを持ちながら、最後の最後になって、ついに残虐さに徹しきれない者もいた。トロイア戦争の張本人ともいえるメネラオスがそうだった。

トロイア戦争は、トロイア王子パリスがメネラオスの妻ヘレネを奪い去ったことから起こったが、ヘレネ自身はその後はパリスと幸せな暮らしを送った。パリスの死後は彼の兄弟のデイポボスの妻に納まった。

メネラオスはこうしたことをすべて知っていたので、かつての妻ヘレネに激しい憎しみを持っていた。

トロイア城市が炎上したこの夜も、彼はその憎しみを胸に、ヘレネのいるデイポボスの家を目指した。かつてパラディオン神像を盗むためにトロイアに侵入したおり、デイポボスの家の位置を調べておいたオデュッセウスが案内役になったので、それはすぐに見つかった。

メネラオスは勢いよく駆け込むとデイポボスを殺し、ヘレネの胸に剣を突きつけた。意外なことに、この期に及んで彼女は涙を流して命請いをした。彼女は、自分はあくまでも力ずくで誘拐され、長くこの地で生きてきたが、それはメネラオスとの間に生まれた娘ヘルミオネのことを思い、どうしても死ねなかったからだと弁明した。しかも、いましがたデイポボスが抵抗もせずに殺されたのは、メネラオスがくると信じていた彼女が、家中の武器を捨ててしまったからだというのである。

そんなことは嘘だとメネラオスは叫び、剣を握る手に力を込めた。が、それでも彼には殺すことができそうになかった。ヘレネは二十年前と同じように、いまも若々しく、あまりに美しかった。その美しさが、二十年にわたる彼の恨みを忘れさせてしまったからだ。

やがて、彼は諦めたように剣を収めると、ヘレネと接吻した。そして、もう一度新しく、ふたりの生活を始めることになったのである。

付録

主な神・英雄たち

■ア

・**アイアコス**（AEACUS） アイギナの子。彼の子孫がトロイアを滅ぼすと予言される。死後は冥界の裁判官になる。本書三百七十七ページ。

・**アイアス(小)**（AIAS） トロイア戦争で大アイアスとともに活躍した勇者。アテナ神像の脇でカッサンドラを犯したため、怒ったアテナにより、帰還時に暴風雨を起こされる。本書四百六十六ページ。

・**アイアス(大)**（AIAS） トロイア戦争時の勇者。ギリシア軍ではアキレウスに次ぐ実力を持つ。トロイアの大将ヘクトルと一騎打ちを演じて引き分ける。本書四百八十ページ。

・**アイエテス**（AEETES） コルキスの王。金羊毛皮を保管している。イアソンが訪れた際、難行を課す。本書四百十三ページ。

・**アイオロス**（AEOLUS） ヘレンとオルセイスの子。アイオリス人の祖先となった人物。

・**アイギストス**（AEGISTHUS） アガメムノンの従兄弟。クリュタイムネストラを口説き落とし、夫のアガメムノンを殺害させる。

・**⚜アイギナ**（AEGINA） アソポスの子。ゼウスに誘拐されアイアコスを生む。

・**アイゲウス**（AEGEUS） テセウスの父。ミノタウロス退治に赴いたテセウスが死んだと思い、海に身を投げる。エーゲ（アイゲウス）海にその名を残す。本書二百九十四ページ。

・**アイソン**（AESON） イアソンの父。イオルコスの王位をペリアスに簒奪され殺されるが、メデイアの魔術によって復活する。

・**⚜アイトラ**（AETHRA） テセウスの母。晩年はヘレネの奴隷として過ごす。

・**アイトロス**（AETOLUS） 兄弟間の競争に勝ってエリス王になる。アポロンの子を殺し、征服した土地をアイトリアと名づける。

・**アイネイアス**（AENEAS）　トロイアの英雄。トロイア戦争の後漂流し、たどり着いた土地でローマを建国する。本書三百二十ページ。

・⚜**アウゲ**（AUGE）　アルカディアの王女。ヘラクレスと交わりテレポスを生む。暴行されたという説もある。

・**アウゲイアス**（AUGEAS）　エリスの王。すさまじく汚れた家畜小屋を持つ。ヘラクレスが第五の難行で掃除したのは、彼の小屋。

・**アウトリュコス**（AUTOLYCUS）　オデュッセウスの祖父で名づけ親。嘘と泥棒の名人。

・⚜**アエロペ**（AEROPE）　アトレウスの妻。アガメムノンの母。

・**アカストス**（ACASTUS）　ペリアスの子。父の意に反してアルゴー探検隊に参加する。本書四百二十五ページ。

・**アガペノル**（AGAPENOR）　アルカディアの指揮官。トロイア戦争後難破し、漂着した土地にパポス市を建てる。

・**アカマス**（ACAMAS）　テセウスの子。トロイア戦争に参加し、プリアモスの娘と恋仲になる。

・**アガメムノン**（AGAMEMNON）　トロイア戦争の際のギリシア軍総大将。戦いでは勝利を手にするが、帰国後、浮気していた妻に殺される。本書三百七十ページ／四百三十三ページ。

・**アキレウス**（ACHILLES）　トロイア戦争時のギリシア軍最大の英雄。黄泉の国の河ステュクスに浸されたため、不死身となる。唯一の弱点は踵。本書三百八十七ページ／四百六十八ページ。

・**アクタイオン**（ACTAEON）　ケイロンに育てられた狩猟の名手。アルテミスの水浴を覗き見たため、鹿に変えられ猟犬に喰われる。本書二百三十四ページ。

・♔アグラウロス（AGLAURUS）　ケクロプスの子。軍神アレスと交わり、アルキッペを生む。

・アグリオス（AGRIUS）　オイネウスの兄弟。子供たちとともにカリュドン王オイネウスから王位を奪う。

・アクリシオス（ACRISIUS）　ペルセウスの祖父。双子のプロイトスとは、胎内にいるときから犬猿の仲。兄弟の争いの中で盾を発明する。本書百七十ページ。

・アゲノル（AGENOR）　ポセイドンとリュビエの子。フェニキアで大氏族を作る。本書二百九ページ。

・アスクレピオス（ASCLEPIUS）　アポロンの子。ケイロンに医学を教わる。死者を蘇生させたためにゼウスの雷に打たれて死ぬ。本書三百三十九ページ。

・アステュアナクス（ASTYANAX）　トロイア軍の大将ヘクトルの子。戦後オデュッセウスに殺される。

・アステリア（ASTERIA）　コイオスとポイベの子。ゼウスに追い回された末、うずらに姿を変える。

・アソポス（ASOPUS）　河の神。娘たちは、ギリシアの市や島の名になっている。

・アタマス（ATHAMAS）　プリクソスとヘレの父。後妻を迎えた際、子供たちを殺そうとする。本書百四ページ。

・♔アタランテ（ATALANTA）　熊に育てられた男顔負けの狩人。カリュドンの猪退治では、最初に一撃を喰らわせるという活躍をする。本書二百六十四ページ。

・♔アテナ（ATHENA）　戦いの神。ゼウスの頭から生まれる。本書五十七ページ。

・アドニス（ADONIS）　フェニキアの王キニュラスと、その娘ミュラとの近親相姦から生まれた子。眉目秀麗な若者でアプロディテに愛される。本書二百七十四ページ。

・アドメトス（ADMETUS）　テッサリアの王。アポロンの助けによりアルケスティスを娶る。死が訪れたときは、この妻が身代わりになってくれる。本書百三十九ページ。

・**アトラス**（ATLAS）　イアペトスとアシアの子。天球を支えている。本書五十五ページ。

・**アドラストス**（ADRASTUS）　テバイ攻めの七将を率いたリーダー。予言を無視してテバイを攻め、六人の将軍を死なせてしまう。ネメア競技の創始者。本書百四十七ページ。

・**アトレウス**（ATREUS）　アガメムノンの父。王位を巡って兄弟のテュエステスと骨肉の争いを演じる。以後、彼らの子孫は延々と争いを続ける。本書三百六十四ページ。

・**アプシュルトス**（APSYRTUS）　メデイアの弟。アルゴー号がコルキス国を離れる際、イアソンとメデイアに八つ裂きにされ、海に捨てられる。

・⚜**アプロディテ**（APHRODITE）　恋の女神。欲望を司る。ゼウスの子とも、海の泡から生まれたともいわれる。多くの神、英雄たちと関係を持っている。本書五十九ページ。

・**アポロン**（APOLLO）　太陽の神だが、予言や芸術も司る。ゼウスに最も愛された神。金の弓を持つ。本書六十二ページ。

・**アミュコス**（AMYCUS）　ベブリュクス人の王。アルゴー探検隊が訪れた際、ポリュデウケスと拳闘の試合を行う。本書四百七ページ。

・⚜**アミュモネ**（AMYMONE）　ダナオスの五十人の娘のひとり。サテュロスに襲われたところをポセイドンに救われ、恋仲となる。ポセイドンからレルネの泉をもらう。本書百六十六ページ。

・**アムピアラオス**（AMPHIARAUS）　テバイ攻めの七将のひとり。敗北を予言している。本書百四十九ページ。

・**アムピオン**（AMPHION）　ゼウスとアンティオペの子。音楽の才に長ける。彼が竪琴を弾くとテバイの城壁の石が自然に積み重なったという。本書二百五十五ページ。

・⚜アムピトリテ（AMPHITRITE）　海の神ネレウスとオケアノスの娘。やはり海を支配した神ポセイドンの妻となる。

・アムピトリュオン（AMPHITRYON）　ヘラクレスの義父。ゼウスに妻のアルクメネを寝取られる。本書百八十四ページ。

・⚜アリアドネ（ARIADNE）　クレタ島の王ミノスの子。結婚を条件にミノタウロス退治に向かうテセウスを助けるが、結局捨てられる。本書二百二十三ページ。

・アリスタイオス（ARISTAEUS）　養蜂家の神。エウリュディケを追って死に至らしめる。ディオニュソスとは酒の味比べをする。

・⚜アルキッペ（ALCIPPE）　軍神アレスの子。本書二百七十ページ。

・⚜アルキュオネ（ALCYONE）　トラキア王ケユクスの妻。夫婦で自分たちをゼウスとヘラになぞらえたため、鳥に変えられる。

・アルクマイオン（ALCMAION）　テバイ攻めの七将のひとりアムピアラオスの子。父を裏切った母を殺す。

・⚜アルクメネ（ALCMENA）　夫に化けたゼウスと交わり、ヘラクレスを生む。本書百八十六ページ。

・⚜アルケスティス（ALCESTIS）　アドメトスの妻。死に瀕した夫の身代わりとなって死ぬ。

・アルゴス（ARGUS）　百眼の巨人。獰猛な牡牛を退治し、サテュロスを殺す。ヘルメスに殺された後、その目はヘラにより孔雀の尾にはめ込まれる。

・アルゴス（ARGUS）　難破したところをアルゴー号に救われ、イアソンとメデイアの仲介役を務める。プリクソスの子。

・**アルゴス**（ARGUS）　ゼウスとニオベの子。ペロポネソスを支配し、その地をアルゴスと名づける。本書百五十七ページ。

・**アルゴス**（ARGUS）　優秀な船大工。アルゴー号を建造する。本書三百九十九ページ。

・⚜**アルタイア**（ALTHAEA）　メレアグロスの母。兄を殺されて逆上し、運命の木を燃やしてメレアグロスを殺す。本書百二十六ページ。

・⚜**アルテミス**（ARTEMIS）　月の女神。アポロンとは双子。銀の弓を持つ。本書六十五ページ。

・**アレス**（ARES）　軍神。ヘパイストスの妻アプロディテの浮気相手。抱き合ったまま網で捕らえられ見世物にされる。本書六十七ページ。

・⚜**アレテ**（ARETE）　スケリア島の王アルキノオスの妻。イアソンとメデイアを秘かに契らせる。

・**アンキセス**（ANCHISES）　アイネイアスの父。アプロディテの寵愛を受けていることを自慢したため、ゼウスの不興を買って片足を不自由にされる。

・⚜**アンティオペ**（ANTIOPE）　ニュクテウスの娘。ゼウスに愛され、アムピオンとゼトスを生むが、父の怒りを恐れてシキュオンへ逃走する。本書二百五十三ページ。

・⚜**アンティゴネ**（ANTIGONE）　オイディプスの子。絶望して放浪するオイディプスに最後までつきそって奉仕する。本書二百四十六ページ。

・**アンティロコス**（ANTILOCHUS）　アキレウスの友人。トロイア戦争時、父を救おうとしてメムノンに討たれる。

・**アンテノル**（ANTENOR）　戦争に反対したトロイア人。敵方の武将であるオデュッセウスを敬う。本書四百四十四ページ。

・**アンドロゲオス**（ANDROGEOS）　クレタ島の王ミノスの子。パンアテナイア祭の競技すべてに優勝。マラトンの牡牛に殺される。

・⚜**アンドロマケ**（ANDROMACHE）　トロイア軍の大将ヘクトルの妻。戦争中夫を励まし続けた良妻。アキレウスの息子ネオプトレモスに捕らわれ奴隷となる。

・⚜**アンドロメダ**（ANDROMEDA）　エティオピアの王女。海蛇の犠牲になるところを救ってくれたペルセウスの妻となる。死後は母親のカシオペアとともに星座になる。

■イ

・**イアソン**（JASON）　金羊毛皮を求めて旅に出たアルゴー探検隊の隊長。冒険後はペリアスを殺したために追放され不幸になる。本書百四十一ページ／三百九十六ページ。

・**イアペトス**（IAPETUS）　ティタンのひとり。ガイアとウラノスの子。

・⚜**イオ**（IO）　アルゴス王家の娘。ゼウスに愛されたが、ヘラの嫉妬を恐れるゼウスにより牝牛にされる。牛の姿で各地を巡り、エジプトに至る。本書百五十九ページ。

・⚜**イオカステ**（JOCASTA）　テバイ王ライオスの妻。それと知らずして息子のオイディプスと結婚する。

・**イオラオス**（IOLAUS）　イピクレスの子。ヘラクレスの戦車の御者として数々の冒険に従う。老いて後は、ヘラクレスの子供たちの力になる。

・**イカリオス**（ICARIUS）　農夫。ディオニュソスを歓待し、葡萄の栽培を教わる。葡萄酒を近所の農夫に飲ませたが、毒と思われて殺される。

・**イカリオス**（ICARIUS） スパルタ王テュンダレオスの兄弟。テュンダレオスが追放されたとき、ともに追放される。娘のペネロペはオデュッセウスと結婚。

・**イカロス**（ICARUS） 偉大な発明家ダイダロスの子。父の発明した翼で空を飛ぶが、太陽に近づきすぎて墜死する。本書二百九十一ページ。

・**イクシオン**（IXION） テッサリアの王。親族を殺した最初の人間。死後は冥界タルタロスで火車を引く罰を受けている。

・**イダス**（IDAS） アパレウスの息子。恋仇のアポロンと戦った末、マルペッサを娶る。兄弟のリュンケウスとともにカリュドンの猪退治、アルゴー探検隊に参加。本書三百三十六ページ。

・**イドモン**（IDMON） アルゴー探検隊に参加した予言者。マリアンデュノイ人の国で猪に突かれて死ぬ。

・**イナコス**（INACHUS） 神話上の最初のアルゴス王。河の神ともいわれる。娘を犯したゼウスを恨むが、逆に発狂させられる。

・⚜**イノ**（INO） カドモスの子。夫アタマスの先妻の子プリクソスとヘレを殺そうとするが、黄金の羊の登場により失敗する。

・**イピクレス**（IPHICLES） ヘラクレスの異父兄弟。ヘラクレスの華々しい活躍の陰には、この兄弟の地道な助力がある。本書百九十ページ。

・**イピクロス**（IPHICLUS） メレアグロスの叔父。カリュドンの猪退治に参加して死亡。

・⚜**イピゲネイア**（IPHIGENIA） アガメムノンの娘。アルテミスの鹿を殺した父の罪を償うため、犠牲になる。本書四百四十一ページ。

・⚜**イピメデイア**（IPHIMEDIA） オトスとエピアルテスの母。ポセイドンに恋をして海水を子宮に注ぎ、ふたりの兄弟を生んだ。

・**イリス**（IRIS）　虹の神。神々のメッセージを運ぶ伝令役を務める。

・**イロス**（ILUS）　トロイア市の創建者。牝牛が座ったところに市を建設した。それを建てることにより、市が守られるというパラディオン像を建立。

■ウ

・**ウダイオス**（UDAEUS）　竜の牙から生まれたスパルトイと呼ばれる五人の男たちのひとり。カドモスを助けてテバイの建国に尽力する。

・**ウラノス**（URANUS）　ティタン神族たちの父。息子のクロノスに男根を切り取られる。

■エ

・⚜**エイレイテュイア**（EILEITHYIA）　出産の女神。ヘラの恋仇の邪魔をする。

・**エウネオス**（EUNEUS）　レムノス島の女王ヒュプシピュレとイアソンの子。トロイア戦争の際、ギリシア軍に葡萄酒を贈る。

・**エウメロス**（EUMELUS）　ペライの王。トロイア戦争の際、艦隊十一隻を率いてギリシア軍に参加。

・**エウリュステウス**（EURYSTHEUS）　ヘラクレスに十二の難行を命じたアルゴスの王。本書百八十八ページ。

・⚜**エウロペ**（EUROPA）　フェニキアの王女。牡牛に化けたゼウスにクレタ島に連れ去られる。必ず的に当たる槍、青銅人間タロスをゼウスから与えられる。本書二百十五ページ。

・⚜**エオス**（EOS） 曙の女神。よく人間に恋するが、アプロディテの横槍でいつも不幸になる。

・**エテオクレス**（ETEOCLES） オイディプスの子。兄弟のポリュネイケスとテバイの王位を争う。

・**エパポス**（EPAPHUS） ゼウスとイオの子。エジプトでメムピス市を創建する。

・**エピアルテス**（EPHIALTES） ポセイドンとイピメデイアの息子。兄弟のオトスとともに山を積み上げて天にのぼる。アルテミスを犯そうとし、死後はタルタロスで罰を受ける。本書百十五ページ。

・**エピメテウス**（EPIMETHEUS） プロメテウスの弟。神々から最初の女性パンドラを与えられ、妻にする。本書五十二ページ。

・**エペイオス**（EPEIUS） トロイアの木馬の建造者。木馬作成のアイデアを出したともいわれる。

・**エリクトニオス**（ERICHTHONIUS） アテナを愛したヘパイストスが大地にこぼした精液から生まれた子。パンアテナイア祭を創設。本書二百七十七ページ。

・⚜**エリス**（ERIS） 不和の女神。ペレウスとテティスの結婚式に呼ばれなかったことに腹を立て、不和のリンゴを投げ込む。これが後のトロイア戦争へと繋がる。

・⚜**エリニュス**（FURY） 復讐の女神。血族に害をなした罪で冥界に落ちた者を追いかけて苦しめる。本書二十八ページ。

・⚜**エリピュレ**（ERIPHYLE） 予言者アムピアラオスの妻。ポリュネイケスに買収され、夫をテバイ攻めに参加させる。

・**エルギノス**（ERGINUS） アルゴー探検隊に参加した英雄。最初の舵取りティピュスの死後、アルゴー号の舵を取る。

・**エレクテウス**（ERECHTHEUS） アテナイの王。ポセイドンの息子を殺し、三叉の矛で突き殺される。

本書二百八十七ページ。

・♔エレクトラ（ELECTRA）　アトラスの娘。

・エレクトリュオン（ELECTRYON）　ペルセウスとアンドロメダの子。ミュケナイの王。本書百八十二ページ。

・エロス（EROS）　ゼウスとアプロディテの子。恋を司る金と鉛の矢を持つ。金の矢で射られた者は、人間であろうと神であろうと必ずエロスの指定した相手を好きになる。ローマ神話のキューピッド。

・エンデュミオン（ENDYMION）　エリス市を創建。彼に恋した月の女神セレネにより、永遠の眠りにつかされる。

■オ

・オイディプス（OEDIPUS）　テバイ王。神託どおり父を殺し、実の母と結婚する。事実を知った後は、絶望して自ら両目を潰し、各地を放浪する。本書二百三十八ページ。

・オイネウス（OENEUS）　メレアグロスの父。カリュドンの王。収穫祭でアルテミスへの犠牲を忘れたため、狂暴な猪を送られる。本書百二十四ページ。

・♔オケアニデス（OCEANIDS）　オケアノスの三千人の娘たち。水域の世話をしている。

・オケアノス（OCEANUS）　すべての神々の親ともいわれる古い神。地球を取り巻く大洋を支配している。テテュスとの間に三千人の娘たちを生む。本書二十六ページ。

・オデュッセウス（ODYSSEUS）　トロイア戦争時の英雄。戦後は十年間にわたって漂流する。本書四百九十一ページ。

・**オトス**（OTUS）　ポセイドンとイピメデイアの息子。兄弟のエピアルテスとともに山を積み上げて天にのぼる。アルテミスを犯そうとし、死後はタルタロスで罰を受ける。本書百十五ページ。

・**オリオン**（ORION）　ポセイドンの子。その巨大さは、海底に立っても頭が海面に出るほど。アルテミスに殺されて星座になる。本書八十ページ。

・**オルペウス**（ORPHEUS）　詩人。音楽家。彼の奏でる竪琴には植物も動物も耳を傾ける。アルゴー探検隊に参加し、セイレンの歌声から乗組員を救う。本書四百二十一ページ。

・**オレステス**（ORESTES）　アガメムノンの子。父を殺した母クリュタイムネストラと、その愛人アイギストスを殺す。本書三百七十四ページ。

■カ

・**ガイア**（GAIA）　この世に最初に誕生した大地の女神。タルタロス、ニュクス、エレボス、エロスと一緒に生まれる。本書十七ページ。

・**カイネウス**（CAENEUS）　本来女性だったが、彼女を愛したポセイドンにより、不死の男にしてもらう。

・**カストル**（CASTOR）　ポリュデウケスの兄弟。ふたりでアルゴー探検隊に参加。聖エルモの火として出現するともいわれる。本書三百四十七ページ。

・**カッサンドラ**（CASSANDRA）　トロイアの王女。アポロンに愛され、予言の力を与えられるが、その予言は誰からも信じてもらえない。本書三百三十ページ／五百二ページ。

・**カドモス**（CADMUS）　テバイの創建者。ゼウスに連れ去られた妹エウロペ捜索の旅に出て、テバイを創建する。本書二百二十七ページ。

・カトレウス（CATREUS）　クレタ島の王ミノスの子。子に殺されるという予言を受け、生まれた子を追い払うが、結局老いて後自分の子に殺される。
・♰カナケ（CANACE）　アイオロスとエナレテの子。ポセイドンと交わり五人の子を生む。
・ガニュメデス（GANYMEDE）　美貌の持ち主。ゼウスが遣わした鷲にさらわれて、神々の酒注ぎとなる。本書三百十四ページ。
・カライス（CALAIS）　北風ボレアスの息子。双子の兄弟ゼテスとともにアルゴー探検隊に参加。怪鳥ハルピュイアイを捕らえる。本書四百十一ページ。
・♰カリオペ（CALLIOPE）　文芸の神のひとり。アポロンと交わってオルペウスを生む。
・♰カリスト（CALLISTO）　リュカオンの子。アルテミスに貞操の誓いを立てるが、結局ゼウスと交わる。不興を買ったアルテミスの矢に射られ、星になる。本書二百六十二ページ。
・♰カリテス（GRACES）　三人の優雅の女神。アプロディテに仕えている。
・♰カリュケ（CALYCE）　アイオロスの娘。エリス市を創建したエンデュミオンの母。本書百十七ページ。
・カルカス（CALCHAS）　トロイア戦争時のギリシア軍の予言者。十年後にトロイアが陥落すると予言する。本書四百三十九ページ。

■キ

・キュクロプス（CYCLOPS）　ひとつ眼の巨人。ヘパイストスの弟子として働き、ゼウスの雷を作る。ティタン戦争の際はゼウスの味方として戦う。
・キュジコス（CYZICUS）　ドリオニア人の王。アルゴー探検隊を迎えた際、手厚くもてなす。本書四百三ページ。

・⚜キルケ（CIRCE）　アイアイエ島に住む魔女。イアソンとメデイアのアプシュルトス殺しの罪を清める。本書四百十九ページ。

■ク

・クトニオス（CHTONIUS）　大地に蒔かれた竜の歯から生まれたスパルトイのひとり。カドモスを助け、テバイ建国に尽力する。

・⚜グライアイ（GRAIAE）　三人の老婆。ひとつの目と歯を交代で使っている。

・⚜グラウケ（GLAUCE）　コリントス王クレオンの娘。イアソンと結婚するが、嫉妬したメデイアによって殺される。

・グラウコス（GLAUCUS）　ベレロポンの父。コリントスの王。馬の走力が損なわれるのを恐れ、牝馬が子を生むのを禁じたが、逆に牝馬に喰い殺される。

・グラウコス（GLAUCUS）　クレタ島の王ミノスの子。幼少の頃溺死したが、予言者ポリュドロスに蘇生させられる。本書二百二十五ページ。

・グラウコス（GLAUCUS）　漁夫だったが、薬草を食べて不死になり海神となる。魔女キルケの愛をはねつけたため、思慕するスキュラを怪物にされる。

・グラウコス（GLAUCUS）　リュキア王サルペドンの従兄弟。トロイア軍の戦士。戦場で友人のディオメデスと出会い、不戦を誓って鎧を交換する。

・クラトス（CRATOS）　権力の神。常に暴力の神ビアと一緒にいる。ふたりでプロメテウスを岩に縛りつけている。

・⚜クリュセイス（CHRYSEIS）　トロイア近辺の神官の娘。アガメムノンの妾にされたが、予言者カルカスの占いによって父のもとへ帰される。本書四百四十八ページ。

・⚜クリュタイムネストラ（CLYTEMNESTRA）　アガメムノンの妻。娘を犠牲にした夫を恨んで殺す。本書三百五十五ページ。

・クレイオス（CRIUS）　ティタンのひとり。

・クレウサ（CREUSA）　アイネイアスの妻。トロイア陥落寸前に迷子になる。

・クレオン（CREON）　オイディプスの叔父。オイディプスの退位後、テバイの王位に就く。

・クレオン（CREON）　コリントスの王。イアソンと結婚した娘のグラウケを、嫉妬したメデイアに殺される。本書四百二十七ページ。

・クレテウス（CRETHEUS）　イオルコスの創建者。英雄イアソンの祖父。本書百三十七ページ。

・クロノス（CRONOS）　ティタンの王。ゼウス、ハデス、ポセイドン、ヘラらの父。本書二十二ページ。

■ケ

・ケイロン（CHIRON）　半人半馬のケンタウロス族の中で最高の賢者。医術、弓術、音楽に優れ、多くの英雄の師となる。

・ケクロプス（CECROPS）　アッティカ初代の王。アッティカの守護神として女神アテナを選ぶ。下半身は蛇ともいわれる半神半人の存在。本書二百六十六ページ。

・⚜ケト（CETO）　海の怪物。グライアイ、ゴルゴン姉妹の母。

・**ケパロス**（CEPHALUS） プロクリスの夫。曙の女神エオスの呪いでプロクリスの誠実さを試し、最後はプロクリスに殺された。本書二百七十二ページ。

・**ケペウス**（CEPHEUS） アルカディアのテゲアの王。ヘラクレスがスパルタを攻めた際、息子たちと参加したが、ともに戦死する。

■コ

・**コイオス**（COEUS） ティタンのひとり。

・**ゴルゴン**（GORGON） 髪の毛が蛇で、見た者を石に変えるという怪物の三姉妹。メドゥサは末の妹。

■サ

・**サルペドン**（SARPEDON） クレタ島の王ミノスの兄弟。兄弟たちは王位を争った末、敗れてリュキアへ去る。トロイア戦争の際はギリシア軍相手に勇敢に戦う。本書四百六十ページ。

・**サルモネウス**（SALMONEUS） サルモネ市を創建したが、その高慢さゆえゼウスによって、タルタロスのいちばん奥に落とされる。本書百九ページ。

■シ

・**シシュポス**（SISYPHUS） コリントス市の創建者。狡猾で悪知恵がある。タナトス（死）やハデスを騙し、死後罰を受ける。本書九十七ページ。

・**シノン**（SINON） トロイアの木馬を城壁内へ移させるため、わざと捕虜になる。本書四百九十四ページ。

■セ

・**セイレン**（SIRENS）その歌声で船乗りを海に誘い込んでは殺す怪物。アルゴー探検隊の邪魔をする。

・**ゼウス**（ZEUS）ギリシア神話の最高神。ティタン戦争で親たちの世代を破り、覇権を得る。兄弟であるハデス、ポセイドンと世界を分け合い、天空を選ぶ。本書三十ページ。

・**ゼテス**（ZETES）北風ボレアスの息子。双子の兄弟カライスとともにアルゴー探検隊に参加。怪鳥ハルピュイアイを捕らえる。本書四百十一ページ。

・**ゼトス**（ZETHUS）ゼウスとアンティオペの子。武術と牧畜に秀でる。双子の兄弟アムピオンと協力し、母を助けるべく奔走する。

・**⚜セメレ**（SEMELE）ディオニュソスの母。人間に化けて近づいたゼウスに妊娠させられた。嫉妬したヘラの計略によって殺される。本書二百三十ページ。

・**⚜セレネ**（SELENE）月の女神。恋した人間のエンデュミオンを不死にする。

■タ

・**ダイダロス**（DAEDALUS）女神アテナの寵愛を受け、崇高な機械技術を教えられる。迷宮ラビュリントス、イカロスの翼などを作った偉大な発明家。本書二百八十九ページ。

・**⚜ダナエ**（DANAE）ペルセウスの母。さまざまな苦難に遭う。本書百七十四ページ。

・**ダナオス**（DANAUS）エジプトの王。王位を狙う五十人の従兄弟との結婚を余儀なくされた五十人の娘は、ヒュペルムネストラを除いて皆夫を殺す。本書百六十四ページ。

・**⚜ダプネ**（DAPHNE）テッサリアの河神の娘。エロスの矢に射られた太陽神アポロンに慕われる。アポロンに追い回された末、月桂樹に姿を変える。

・⚜タユゲテ（TAYGETE）　アトラスの娘。アルテミスに仕え、処女を誓ったが、ゼウスの誘惑を受け、鹿に変えられる。

・ダルダノス（DARDANUS）　トロイア人の祖。大陸に移動し、ダルダノス市を建てる。本書三百八ページ。

・タロス（TALOS）　ヘパイストスに作られた青銅の巨人。クレタ島を守っている。

・タンタロス（TANTALUS）　リュディアの王。息子のペロプスを刻んで神々に食べさせようとする。これにより神々に嫌われ、生きたまま冥界タルタロスに落とされる。本書三百五十七ページ。

■テ

・⚜テイア（THEIA）　ティタニスのひとり。

・⚜デイアネイラ（DEIANIRA）　ヘラクレスの妻。嫉妬心からヘラクレスを誤解し、死に至らしめる。本書百三十三ページ。

・ディオニュソス（DIONYSUS）　酒・陶酔・解放の神。シレノス、サテュロス、人間の女たちを引き連れて各地を遍歴。アテナイ人に葡萄栽培を教える。本書七十四ページ。

・⚜ディオネ（DIONE）　ティタニスのひとり。

・ディオメデス（DIOMEDES）　テバイ攻めの七将テュデウスの子。父たちに陥とせなかったテバイを攻略し、オイネウスを復位させる。トロイア戦争でも活躍している。本書四百五十四ページ。

・⚜デイダメイア（DEIDAMIA）　アキレウスの妻。スキュロス島の王リュコメデスの娘。

・ティトノス（TITHONUS）　曙の女神エオスに愛され、拉致された美青年。不死の力のみを与えられたため、果てしなく老いた末、蝉に変わる。本書三百十八ページ。
・ティピュス（TIPHYS）　アルゴー号の最初の舵取り。
・デイポボス（DEIPHOBUS）　トロイアの王子でヘクトルの弟に当たる。パリスの死後、強引にヘレネと結婚したが、結局裏切られて死ぬことになる。本書四百九十八ページ。
・テイレシアス（TIRESIAS）　偉大な予言者。ゼウスとヘラの論争に関わったため、ヘラの怨みを買って盲目にされる。テバイの陥落を予言している。本書二百五十七ページ。
・デウカリオン（DEUCALION）　プロメテウスの子。妻のピュラとともに新しい人類を創る。本書八十七ページ。
・テウクロス（TEUCER）　大アイアスの異母兄弟。弓の名手としてトロイア戦争で活躍。トロイアの木馬に潜んだ戦士のひとりでもある。
・テスピオス（THESPIUS）　英雄から孫を儲けようとし、五十人の娘をヘラクレスと交わらせ、子供を生ませる。テスピアイ市に名を残している。
・テセウス（THESEUS）　アテナイの英雄。ミノタウロス退治で有名だが、カリュドンの猪退治、アルゴー探検隊など、多くの場面で活躍している。本書二百九十八ページ。
・♆テティス（THETIS）　アキレウスの母。アキレウスを黄泉の国の河ステュクスに浸して不死身にする。
・♆テテュス（TETHYS）　ティタニスのひとり。オケアノスの妻。
・♆テミス（THEMIS）　ティタニスのひとり。プロメテウスの母。
・♆デメテル（DEMETER）　地母神。ゼウスと交わりペルセポネを生む。本書三十八ページ。

・**デモポン**（DEMOPHON）　テセウスの子。トロイア戦争でアテナイの王位簒奪者が戦死したため、アテナイの王となる。

・**テュエステス**（THYESTES）　ミュケナイ王アトレウスの兄弟。娘と交わってできた子が不仲の兄弟アトレウスを殺すという神託を受け、実行に移す。本書三百六十八ページ。

・**テュデウス**（TYDEUS）　従兄弟を殺してカリュドンを追放された後、放浪先のアルゴスでアドラストス王の娘と結婚。テバイ攻めの七将のひとり。本書百三十五ページ。

・⚜**テュロ**（TYRO）　アイソンの母。エニペウス河神に恋したが、この河神に姿を変えたポセイドンと交わり、ペリアスとネレウスを生む。

・**テュンダレオス**（TYNDAREOS）　スパルタ王。ヒッポコオンに追放されるが、ヘラクレスの助けで復位。アガメムノンがミュケナイを取り戻す手伝いをする。本書三百四十五ページ。

・**テラモン**（TELAMON）　アキレウスの父ペレウスの兄弟。アルゴー探検隊、カリュドンの猪退治など、ペレウスの参加したほとんどの冒険に同行している。本書三百八十一ページ。

・**テルシテス**（THERSITES）　ギリシア軍の中で最も素性の卑しい男。ギリシア軍の指導者を嘲笑していたが、アキレウスに殺される。本書四百五十ページ。

・**テレウス**（TEREUS）　トラキアの英雄。妻の姉妹ピロメラを犯して幽閉する。復讐に燃えた妻プロクネにより、自分の子供を食べさせられる。

・**テレポス**（TELEPHUS）　ヘラクレスの子。牡鹿に育てられる。トロイア戦争の際は、ギリシア軍の案内役として活躍する。本書二百三ページ／四百三十七ページ。

■ト

・**トアス**（THOAS）　レムノス島の王。島の女すべてが夫を殺害するという事件が起こった際、娘のヒュプシピュレに救われる。

・**トクセウス**（TOXEUS）　カリュドン王オイネウスの子。市を堅固にするための溝を飛び越えて、父に殺される。

・**トリトン**（TRITON）　ポセイドンの子。半人半蛇の海の神。

・**トレポレモス**（TLEPOLEMUS）　ヘラクレスの子。殺人罪でアルゴスを追放されるが、ロドス島で王国を作る。トロイア戦争にも参加している。

・**トロイロス**（TROILUS）　トロイア王子のひとり。彼が二十歳まで生きると、トロイアはけっして陥ちないと予言されたが、アキレウスに殺される。

・**トロス**（TROS）　初期のトロイアの王。トロイア市の創建者イロスの父。ゼウスから神馬をもらう。

・**ドロン**（DOLON）　ギリシア軍を探るトロイア側のスパイ。オデュッセウスに見破られて殺される。本書四百六十二ページ。

■ナ

・**ナウプリオス**（NAUPLIUS）　ポセイドンの子。アルゴー探検隊に参加し、舵取りとして活躍する。

・**ナルキッソス**（NARCISSUS）　美貌の持ち主だが、うぬぼれも人一倍強い。水に映った自分の顔に恋し、そのまま水仙に姿を変えた。

■ニ

・⚜ニオベ（NIOBE）　ポロネウスの子。ゼウスが最初に交わった人間の女。

・⚜ニオベ（NIOBE）　アムピオンの妻。子供の数を自慢したため女神レトの怒りを買い、レトの子であるアポロンとアルテミスに子供たちを殺される。

・⚜ニケ（NIKE）　勝利の女神。

■ネ

・ネオプトレモス（NEOPTOLEMUS）　アキレウスの子。トロイアを陥とすために必要な男という予言を受け、戦争に参加。トロイアの木馬に隠れた戦士のひとりでもある。本書四百八十七ページ。

・ネストル（NESTOR）　トロイア戦争時のギリシア軍の長老。艦隊九十隻を率いて参加する。本書四百八十三ページ。

・ネメシス（NEMESIS）　ニュクス（夜）の子。悪行に対する報復を擬人化した神。

・⚜ネレイデス（NEREIDS）　海の神ネレウスの五十人の娘たち。

・ネレウス（NELEUS）　メガラの王。ヘラクレスから殺人の罪を清める儀式を頼まれるが、これを拒んだため十一人の息子とともに殺される。本書百十三ページ。

・ネレウス（NEREUS）　海の神。ガイアとポントスの子。

■ハ

・⚜パシパエ（PASIPHAE）　クレタ島の王ミノスの妻。ポセイドンの贈った牡牛に恋し、これと交わってミノタウロスを生む。

・**ハデス**（HADES）　冥界の王。冷酷非情だが不正は働かない。兄弟であるゼウス、ポセイドンと世界を分け合い、冥界を選ぶ。本書三十六ページ。

・**パトロクロス**（PATROCLUS）　アキレウスの親友。アキレウスの鎧を着て戦った末、ヘクトルに殺される。本書四百六十四ページ。

・**パラメデス**（PALAMEDES）　アガメムノンの召使い。狂人を装って戦争参加を拒否しようとしたオデュッセウスの企みを見破る。本書四百三十五ページ。

・**パリス**（PARIS）　トロイアの王子。アプロディテとの約束からギリシアのヘレネを奪う。これがトロイア戦争の発端となる。本書三百二十六ページ／四百七十八ページ。

・**パルテノパイオス**（PARTHENOPAEUS）　テバイ攻めの七将のひとり。ボライアイの城門でペリクリュメノスに殺される。

・**ハルピュイアイ**（HARPIES）　鷲のような翼と爪を持つ怪鳥。ハデスの手先ともいわれる。

・♱**ハルモニア**（HARMONIA）　カドモスの妻。結婚式の際、ヘパイストスからネックレスをもらうが、これがテバイ攻めの七将の物語で悲劇のもとになる。

・**パン**（PAN）　山羊飼いの神。誕生直後に捨てられ、ニンフに育てられる。大声の持ち主。パニックという言葉にその名を残す。

・**パンダロス**（PANDARUS）　トロイアの兵士。トロイア戦争の停戦協議中、メネラオスを弓で射て協議を台無しにする。本書四百五十二ページ。

・**パンディオン**（PANDION）　アッティカの王。トラキアのテレウス王の助力により、テバイとの戦争に勝利し、テレウスに娘のプロクネを与える。本書二百八十二ページ。

・**パントオス**（PANTHOUS）トロイア軍の長老。アポロンの神官。

・⚜**パンドラ**（PANDORA）神々が創った最初の女性。彼女が災いの詰まった箱（パンドラの箱）を開けてしまったため、この世に不幸が広まった。

■ヒ

・**ビア**（BIA）暴力の神。常に権力の神クラトスと一緒にいる。ふたりでプロメテウスを岩に縛りつけている。

・**ビアス**（BIAS）予言者メラムプスの兄弟。メラムプスの協力により、美しい娘ペロを娶る。

・**ヒッポコオン**（HIPPOCOON）スパルタ王。十二人の息子と組んでスパルタ王テュンダレオスを追放し、王位を奪った。ヘラクレスによって殺される。

・⚜**ヒッポダメイア**（HIPPODAMIA）アトレウスとテュエステスの母。実父を罠にはめ、ペロプスと夫婦になる。

・**ヒッポリュトス**（HIPPOLYTUS）テセウスの子。継母のパイドラの策略にはまり、実父のテセウスに殺される。本書三百六ページ。

・**ピネウス**（PHINEUS）予言者。人間の将来をすべて予言してしまったために、ゼウスの怒りを受け、怪鳥ハルピュイアイに襲われているところを、アルゴー探検隊に救われる。本書四百九ページ。

・**ヒュアキントス**（HYACINTHUS）たいへんな美少年。男たちから愛される。アポロンとも関係し、妬んだ西風ゼピュロスに殺される。本書三百三十四ページ。

・♔ヒュプシピュレ（HYPSIPYLE）　レムノス島の女王。アルゴー号が立ち寄った際、イアソンとの間にふたりの子を儲ける。その後オペルテスの乳母になる。本書四百一ページ。

・ヒュペリオン（HYPERION）　ティタンのひとり。

・♔ヒュペルムネストラ（HYPERMNESTRA）　ダナオスの五十人の娘のひとり。他の娘は結婚後夫を殺すが彼女のみ夫のリュンケウスを助ける。本書百六十八ページ。

・♔ピュラ（PYRRHA）　デウカリオンの妻。新しい人類の女性を創る。

・ヒュラス（HYLAS）　美少年。ヘラクレスとともにアルゴー探検隊に参加するが、美しさのために泉の精に引き込まれてしまう。本書四百五ページ。

・ヒュロス（HYLLUS）　ヘラクレスの子。父に十二の難行を命じたエウリュステウスを殺す。本書二百五ページ。

・ピロクテテス（PHILOCTETES）　トロイア戦争に向かう際、レムノス島に置き去りにされる。ギリシア軍の勝利に必要な人物として連れ出される。本書四百八十九ページ。

・♔ピロメラ（PHILOMELA）　アテナイ王パンディオンの娘。双子の姉妹の夫テレウスに監禁され、慰みものにされる。本書二百八十四ページ。

■フ

・♔プシュケ（PSYCHE）　美しい娘で、人々から神以上の敬愛を受けたため、アプロディテの嫉妬を受ける。罰を受けるところが、偶然起こった手違いによりアプロディテの息子エロスの妻となる。

・ブテス（BUTES）　アルゴー探検隊に参加した英雄。セイレンの歌声を聞いて海へ身を投げる。

・**プリアモス**（PRIAM） もとの名はポルダルケス。トロイア戦争時のトロイア王。老いた身で戦って死ぬ。本書三百二十四ページ。

・**プリクソス**（PHRIXUS） アタマスの子。妹のヘレとともに継母イノに命を狙われるが、黄金の羊に助けられる。本書百六ページ。

・⚜**ブリセイス**（BRISEIS） アキレウスの妾にされたが、アガメムノンにも愛され、ふたりが対立する原因となった女性。

・**プロイトス**（PROETUS） テュリンス王。双子のアクリシオスとは、胎内にいるときから犬猿の仲。アルゴスを二分してテュリンスを創建する。本書百七十二ページ。

・⚜**プロクネ**（PROCNE） アテナイ王パンディオンの娘。夫のテレウスが、双子の姉妹と浮気したことを知り復讐する。本書二百八十四ページ。

・⚜**プロクリス**（PROCRIS） アテナイの王女。ケパロスと婚約していたが、曙の女神エオスの横槍により婚約破棄の危機に陥る。

・**プロテウス**（PROTEUS） ポセイドンの子。未来のわかる予言者であり、海の長老と呼ばれる。

・**プロテシラオス**（PROTESILAUS） トロイア戦争の際、最初にトロイアに上陸した兵士。ヘクトルに殺される。本書四百四十六ページ。

・**プロマコス**（PROMACHUS） テバイ攻めの七将のひとり。

・**プロメテウス**（PROMETHEUS） 最初の人間を創った神。神々の火を盗んで人間に与えたため、ゼウスに罰せられる。本書五十ページ。

■ヘ

・**ペイリトオス**（PIRITHOUS）ラピテス族の王。テセウスとともに冥界を訪れ、女王ペルセポネを娶ろうとするが、忘却の椅子に縛られてしまう。

・⚜**ヘカテ**（HECATE）ゼウスが崇拝した魔術の女神。魔女メディアに呼び出されて力を貸したことがある。

・**ヘカトンケイル**（HECATONCHEIR）五十の頭と百の手を持つ巨人。ティタン戦争の際、ゼウスの味方として戦う。

・⚜**ヘカベ**（HECABE）トロイア王プリアモスの妻。パリスを生むとき、トロイアが炎上する夢を見てこの息子を捨てる。本書五百ページ。

・**ヘクトル**（HECTOR）トロイア戦争時のトロイア軍大将。アキレウスと一騎打ちして殺される。本書四百五十六ページ。

・**ヘスティア**（HESTIA）竈の神。家庭の守り神。オリュムポスの十二神のひとりだったが、後にその座をディオニュソスに譲る。

・⚜**ペネロペ**（PENELOPE）オデュッセウスの妻。山ほどの求婚者を払いのけ、冒険に出たオデュッセウスを二十年間も待ち続ける。本書三百四十一ページ。

・**ヘパイストス**（HEPHAESTUS）鍛冶の神。ひとつ目の巨人キュクロプスを弟子に使っている。アプロディテを娶るが、浮気の連続に苦しめられる。本書六十九ページ。

・⚜**ヘベ**（HEBE）青春の神。天上で神々に酒を注ぐ役目を持つ。

・⚜**ヘラ**（HERA）ゼウスの正妻。嫉妬深く、ゼウスが愛した女たちを次々と苦しめる。一夫一婦制社会の守り神として崇められている。本書四十一ページ。

・ヘラクレス（HERCULES）　ギリシア一の英雄。ゼウスお気に入りの息子であり、英雄になるべくして生まれてきた。最後は神々の仲間入りをする。本書百九十二ページ。

・ペラスゴス（PELASGUS）　アルゴスの王。ペロポネソス人をペラスゴイというのは、ペラスゴスの名からきている。

・ペリアス（PELIAS）　イオルコスの王位簒奪者。イアソンに金羊毛皮を取ってくるよう命じ、これがアルゴー探検隊編制のきっかけになる。本書百十一ページ。

・ヘリオス（HELIOS）　太陽の神、もしくは太陽そのもの。昼は炎の戦車を駆って天空を飛び、夜は金の大杯に乗って東へ戻る。本書四十五ページ。

・ペリクリュメノス（PERICLYMENUS）　祖父ポセイドンから変身の能力を与えられた英雄。鷲になって、父を倒しにきたヘラクレスと戦う。

・ペルセウス（PERSEUS）　ゼウスとダナエの子。メドゥサを退治した英雄。本書百七十六ページ。

・♔ペルセポネ（PERSEPHONE）　冥界の王ハデスに誘拐され、冥界の女王となる。一年の三分の一を冥界で過ごしている。

・ヘルメス（HERMES）　ゼウスの伝令役、死者の国への案内人、泥棒の神など複数の顔を持つ神。本書七十二ページ。

・♔ヘレ（HELLE）　プリクソスの妹。兄とともに継母に命を狙われる。黄金の羊に助けられるが結局海に落ちて死ぬ。彼女が落ちた海はヘレスポントスと呼ばれる。

・ペレウス（PELEUS）　アキレウスの父。アルゴー探検隊に参加して活躍する。女神テティスに愛され、オリュムポスで結婚式を挙げる。本書三百八十三ページ。
・♆ヘレネ（HELEN）　スパルタ王メネラオスの妻。トロイアのパリスに略奪され、これがトロイア戦争の発端となる。本書三百五十一ページ。
・ヘレノス（HELENUS）　トロイア王子のひとり。子供の頃蛇に予言の能力をもらう。トロイア戦争時、ギリシア軍の勝利に必要な条件を予言する。本書四百八十五ページ。
・ベレロポン（BELLEROPHON）　天馬ペガソスに乗りキマイラを退治した英雄。本書九十九ページ。
・ヘレン（HELLEN）　ギリシア人を表すヘレネスの語源となった人物。息子のクストスからもアカイア人、イオニア人などが派生している。本書九十五ページ。
・ペロプス（PELOPS）　父タンタロスに切り刻まれ、神々に食べられそうになった息子。後に神々の手により復活する。本書三百六十一ページ。
・ペンテウス（PENTHEUS）　テバイ王。スパルトイのひとりエキオンの子。ディオニュソスを裁こうとするが、逆にこれをとりまく女たちに殺される。本書二百三十二ページ。
・♆ペンテシレイア（PENTHESILEA）　アマゾンの女王。プリアモスに恩を受けたためトロイア軍に加わるが、アキレウスに殺される。本書四百七十四ページ。

■ホ

・ポイアス（POEAS）　ヘラクレスを火葬する際、薪に火をつける役割を果たした人物。
・♆ポイベ（PHOEBE）　ティタニスのひとり。
・ポコス（PHOCUS）　アキレウスの父ペレウスの異母兄弟。あらゆる競技に優れていたが、嫉妬したテラモン（やはり異母兄弟）に殺される。

・**ポセイドン**（POSEIDON）　海を支配する神。常に三叉の矛を携えている。兄弟であるゼウス、ハデスと世界を分け合い、海を選ぶ。本書三十四ページ。

・**ポダレイリオス**（PODALIRIUS）　トロイア戦争時のギリシア軍の外科医。トロイアの木馬に入ったひとり。

・**ホライ**（HOURS）　エイレネ（平和）、エウノミア（秩序）、ディケ（正義）の三女神の総称。季節を司る。

・**ポリュダマス**（POLYDAMAS）　トロイア軍の論客。大将ヘクトルに有益な忠告を行うが、ほとんど聞き入れられない。

・**ポリュデウケス**（POLYDEUCES）　カストルの兄弟。拳闘に優れ、アルゴー探検隊では巨人のアミュコスを素手で倒すという活躍をする。本書三百四十七ページ。

・**ポリュデクテス**（POLYDECTES）　ペルセウスにメドゥサ退治を命じたセリポス島の王。本当にメドゥサの首を取ってきたペルセウスによって石にされる。

・**ポリュドロス**（POLYDORUS）　トロイアの王子。プリアモスが最も愛した子。戦争への参加を禁じられていたが、結局アキレウスに討たれる。

・**ポリュネイケス**（POLYNEICES）　オイディプスの子。兄弟のエテオクレスとテバイの王位を争う。本書二百四十三ページ。

・**ポリュペモス**（POLYPHEMUS）　アルゴー探検隊に参加。ヒュラスが泉の精に引き込まれた際、ヘラクレスとともに島に留まる。

・**ポリュメストル**（POLYMESTOR）　ビストン人の王。トロイア戦争時、トロイアの王子ポリュドロスを預かったが、守り切れなかった。罰として目をえぐられる。
・**ポルキュス**（PHORCYS）　海の老人のひとり。
・**ボレアス**（BOREAS）　アテナイ人の守護神。北風ともいわれる。ゼテスとカライスの父。
・**ポロネウス**（PHORONEUS）　アルゴリス地方で最初に人間を創ったとされる半神半人。人類に火を与えたともいわれる。本書百五十一ページ。

■マ

・♆**マイア**（MAIA）　ヘルメスの母。ゼウスと交わったが、ヘラの嫉妬を受けずにすむ。
・**マカオン**（MACHAON）　トロイア戦争時のギリシア軍の外科医。ポダレイリオスの兄弟。
・♆**マルペッサ**（MARPESSA）　アポロンとイダスに思慕された乙女。人間であるイダスを選んで夫婦となる。本書百十九ページ。

■ミ

・**ミノス**（MINOS）　クレタ島の王。ポセイドンに贈られた牡牛に恋した彼の妻は、これと交わってミノタウロスを生む。本書二百十七ページ。
・**ミノタウロス**（MINOTAUR）　頭が牛、体は人間という怪物。ミノス王により迷宮ラビュリントスに幽閉され、テセウスに退治される。本書二百二十一ページ。

■ム

・♆ムサイ（MUSES）　歌の女神。

・♆ムネモシュネ（MNEMOSYNE）　ティタニスのひとり。

■メ

・メガペンテス（MEGAPENTHES）　プロイトスの息子。父の仇であるペルセウスを殺したといわれる。

・♆メデイア（MEDEA）　コルキス王アイエテスの娘。魔法を駆使する。英雄イアソンに恋し、金羊毛皮を守る竜に勝つ方法を教える。本書四百十五ページ。

・♆メドゥサ（MEDUSA）　髪の毛が蛇、見た者を石に変えるという怪物ゴルゴン三姉妹の末の妹。もとは人間の乙女だが、アテナ神の不興を買って怪物に変えられる。これに抗議した姉たちも同様に怪物にされる。

・メネステウス（MENESTHEUS）　冥界に幽閉されたテセウスの留守を狙い、アッティカの王位を簒奪した人物。

・メネラオス（MENELAUS）　アガメムノンの弟。スパルタ王。妻のヘレネをトロイアのパリスに奪われ、これがトロイア戦争の発端となる。本書三百七十二ページ／五百五ページ。

・メノイティオス（MENOETIUS）　ティタン神族のひとり。ティタン戦争の際、ゼウスの敵にまわり、冥界のタルタロスに投げ込まれる。

・メムノン（MEMNON）　トロイア軍の戦士。太陽神ヘリオスの車に乗っていたため黒人となる。アキレウスとの一騎打ちで殺される。本書四百七十六ページ。

・**メラニオン**（MELANION）　アタランテの従兄弟。アプロディテの助力を受け、アタランテを娶る。
・**メラムプス**（MELAMPUS）　予言者一族の祖。助けた蛇に耳をなめられたことにより、動物の言葉を解するようになり、最初の予言者となる。本書百四十三ページ。
・**メレアグロス**（MELEAGER）　カリュドン王オイネウスの息子。カリュドンの猪にとどめをさしたが、アタランテへの思慕から叔父を殺害。母に運命の木を燃やされて死ぬ。本書百二十八ページ。

■モ

・♆**モイライ**（FATES）　三人の運命の女神の総称。人間の運命を司る役目を持つ。本書七十八ページ。

■ラ

・**ライオス**（LAIUS）　テバイの王。オイディプスの父。自分の子に殺されるという神託どおり、オイディプスに殺される。本書二百三十六ページ。
・**ラエルテス**（LAERTES）　イタケの王。オデュッセウスの父。育ての親ともいわれている。
・**ラオコオン**（LAOCOON）　トロイアの神官。トロイアの木馬を城壁内に入れることに反対するが、二匹の大蛇に息子とともに殺される。本書四百九十六ページ。
・♆**ラオディケ**（LAODICE）　プリアモスの子。テセウスの息子アタマスと恋仲になる。トロイア陥落の日、裂けた大地に飲み込まれる。
・**ラオメドン**（LAOMEDON）　トロイア五代目の王。ポセイドン、ヘラクレスなどを騙した結果、そのツケはすべて娘のヘシオネの不幸となる。本書三百十六ページ。

・**ラケダイモン**（LACEDAEMON）　ゼウスとタユゲテの子。スパルタ人の祖となる人物。本書三百三十二ページ。

・**ラダマンテュス**（RHADAMANTHYS）　クレタ島の王ミノスの兄弟。兄弟たちと王位を争った末、クレタ島を出てエーゲ海南部を支配。死後は冥界の判官になる。

■リ

・**リュカオン**（LYCAON）　アルカディア人の王。人間を料理した息子たちの罪により、ゼウスによって狼に変えられる。本書二百五十九ページ。

・**リュコス**（LYCUS）　スパルトイのひとりクトニウスの子。テバイで摂政となり、二十年間統治する。本書二百五十一ページ。

・**リュコス**（LYCUS）　マリアンデュノス人の王。アルゴー探検隊が訪れた際、歓待している。

・**リュコメデス**（LYCOMEDES）　スキュロスの王。トロイア戦争のための徴兵から守るべく、アキレウスをかくまう。

・**リュンケウス**（LYNCEUS）　ダナオスの娘たちと結婚したペラスゴスの五十人の息子たちのひとり。唯一ひとり生き残る。妻はヒュペルムネストラ。

・**リュンケウス**（LYNCEUS）　イダスの双子の弟。千里眼で地下の鉱脈も見抜く。兄弟でアルゴー探検隊に参加。見張り役を務める。本書三百三十六ページ。

■レ

・⚜レア（RHEA）　ティタニスのひとり。ゼウス、ポセイドン、ハデスらの母。クロノスがゼウスを飲み込むのを防ぐ。

・⚜レダ（LEDA）　白鳥に化けたゼウスに求愛され、ヘレネを生む。カストル、ポリュデウケス、クリュタイムネストラらの母。本書百二十一ページ。

・⚜レト（LETO）　ゼウスの最初の妻。アポロン、アルテミスの母。本書四十八ページ。

参考文献

●概説書

〈新装版〉ギリシア神話／呉茂一 著　新潮社　一九九四

ギリシア神話／ピエール・グリマル 著　高津春繁 訳　白水社（文庫クセジュ）一九八九

ギリシア神話／高津春繁 著　岩波新書　一九九四

ギリシア悲劇・物語とその世界／呉茂一 著　社会思想社（現代教養文庫629）一九九二

ギリシアローマ神話ものがたり／コレット・エスタン、エレーヌ・ラポルト 著　多田智満子 監修　創元社　一九九三

ギリシア神話・神々の時代／カール・ケレーニイ 著　植田兼義 訳　中公文庫　一九九二

ギリシア神話・英雄の時代／カール・ケレーニイ 著　植田兼義 訳　中公文庫　一九九二

ギリシアの神々／ジェーン・E・ハリソン 著　ちくま学芸文庫　船木裕 訳　一九九四

ギリシア神話・神々と英雄たち／バーナード・エブスリン 著　三浦朱門 訳　社会思想社（教養文庫）一九九四

●関連書籍

神々の指紋・ギリシア神話逍遙／多田智満子 著　平凡社（Heibonsha Library）一九九四

ギリシア神話の女たち／楠見千鶴子 著　筑摩書房　一九八八

金枝篇（三）／フレイザー 著　永橋卓介 訳　岩波文庫　一九九四

洪水伝説／J．G．フレイザー 著　星野徹 訳　国文社　一九八四

星の神話伝説／草下英明 著　社会思想社（教養文庫）一九九三

オデュッセウスの世界／M．I．フィンリー 著　下田立行 訳　岩波文庫　一九九四

●物語
ギリシア・ローマ神話／ブルフィンチ 著 野上弥生子 訳 岩波文庫 一九九二
愛と変身のギリシア神話／吉田敦彦 監修 同文書院 一九九三
ギリシア神話／串田孫一 著 ちくま文庫 一九九〇
●古典
オデュッセイアー（上）（下）／ホメーロス 著 呉茂一 訳 岩波文庫 （上）一九八九（下）一九八九
イーリアス（上）（中）（下）／ホメーロス 著 呉茂一訳 岩波文庫 （上）一九八九（中）一九八九（下）一九八九
ギリシア神話／アポロドーロス 著 高津春繁 訳 岩波文庫 一九八九
神統記／ヘシオドス 著 廣川洋一 訳 岩波文庫 一九九二
仕事と日／ヘシオドス 著 松平千秋 訳 岩波文庫 一九八九
ギリシア悲劇Ｉ／アイスキュロス 著 ちくま文庫 一九九一
ギリシア悲劇Ⅱ／ソポクレス 著 ちくま文庫 一九九一
世界古典文学全集・エウリピデス／松平千秋 編 筑摩書房 一九八一
ギリシア案内記（上）（下）／パウサニアス 著 馬場恵二 訳 （上）一九九二（下）一九九二
ホメーロスの諸神讃歌／沓掛良彦 訳註 平凡社 一九九〇
●その他
ユリイカ臨時増刊・総特集ギリシア神話／青土社 一九九三
ギリシアローマ神話事典／マイケル・グラント、ジョン・ヘイゼル 著 西田実他訳 一九九〇
ギリシア・ローマ神話辞典／高津春繁 著 岩波書店 一九九四

おわりに

本書を書きながら、物語というのは結構すごいものだなとたびたび思った。何がすごいといって、つじつまの合わないことやとんでもない飛躍が平気で起こるところなど、現代人（かどうか自信はないが）として、ただただ驚きだった。ギリシア神話は以前から何度も繰り返し読んでいたので、あらかじめつじつまの合わないことなどは知っていたが、いざ自分が書くとなると、どうしてもつじつまを合わせたいなどというつまらない考えが起きてしまうのである。ちょっとでも何かを書いた人なら納得できると思うが、飛躍するというのはとんでもなく大変なことなのだ。いや、何かを書くというような狭い事柄に限定しなくてもよいだろう。実際の自分の生活や行動のことを考えればいい。昨日の自分と断絶したり飛躍したりすることが、どれほど大変か誰でもわかるだろう。

しかし、こんなふうに考えたのもある段階までで、途中から違う考えも浮かんできた。それは、断絶や飛躍というのは、現在でもいたるところで頻繁に起きているのではないかということだ。つまり、人間はどうにかいろいろなものを納得したいので、無理矢理つじつまを合わせるような説明をしてしまうだけで、本当はすぐそこにある断絶や飛躍に気がつかない振りをしているだけなのではないかと思えたのだ。

いったいどっちなんだと、問い詰められると少し困る。

いまいえるのは、断絶や飛躍を発見したときに、それを殺すのではなく、生かすような態度で臨んだ方がいいのではないかということだ。

例えば、本書でも取り上げたテバイの英雄カドモスは、妹エウロペを捜すためにフェニキアを旅立ちながら、いつの間にか、そんな大事な目標をすっかり捨ててしまっている。しかし、この英雄に向かって、根性がないとか初心を忘れるなといっても仕方がないように思う。彼は妹の捜索を打ち切ることで、テバイの建設という時代を画する重要な仕事を成就したからだ。

こういう生き方を大いに認めないと、時代を変えるような大きな変化はけっして生まれてこないのではないだろうか。

草野巧

この作品は、一九九五年一月に単行本として新紀元社より刊行されました。

文庫版あとがき

まずはじめに、『ギリシア神話 神・英雄録』が文庫化されたことに感謝したい。この本が単行本として最初に出版されたのは西暦一九九五年なので、もう二十年も前のことである。そんな昔に書いた本が新しく文庫本として世に出るのだから、著者としてはこんなにうれしいことはない。しかし、二十年も前の本だからといって、読者は少しも心配することはないと思う。なんといっても二千年以上昔のギリシア神話を紹介する本なので、内容が古びてしまうなどということはありえないからだ。本の書き方としてもけっして古びていないと思う。この本はギリシア神話の物語を楽しんでもらうことを目的にしているが、ただ物語をテーマごとに並べている本ではない。むしろ、個々の神や英雄にスポットを当てながら、ギリシア神話の物語が楽しめるように工夫されている。この種の本は高価な単行本より、安価な文庫本の方が読者も受け入れやすいだろうし、これを機にできるだけたくさんの人に読んでほしい。

草野巧

Truth In Fantasy
ギリシア神話 神・英雄録

2014年11月19日　初版発行

著者　　草野巧（くさの　たくみ）
編集　　新紀元社編集部／堀良江

発行者　藤原健二
発行所　株式会社新紀元社
〒160-0022
東京都新宿区新宿1-9-2-3F
TEL：03-5312-4481　FAX：03-5312-4482
http://www.shinkigensha.co.jp/
郵便振替　00110-4-27618

カバーイラスト　丹野忍
本文イラスト　シブヤユウジ
デザイン・DTP　株式会社明昌堂
印刷・製本　大日本印刷株式会社

ISBN978-4-7753-1304-6